Emiliano Tardif:

«Steh auf und geh!»

Marie-Sylvie Buisson

Emiliano Tardif:
«Steh auf und geh!»

Deutsche Übersetzung:
Margrit Meyendriesch

Parvis-Verlag
CH-1648 Hauteville / Schweiz

Originaltitel:
Emilien Tardif: «Lève-toi et marche!»
© TF1 Edition, Editions de l'Emmanuel, Paris, 1995

© September 1996: für die deutsche Ausgabe:
PARVIS-VERLAG
CH-1648 HAUTEVILLE/SCHWEIZ
Alle Rechte, auch die des Teilabdruckes, vorbehalten
Gedruckt in der Schweiz
ISBN 3-907523-74-1

Vorwort

Niemals werden wir diese vier Tage voll von Glück, von glühendem Eifer und unermeßlicher Hoffnung vergessen, die den Aufenthalt von Pater Tardif, eines katholischen Priesters aus Kanada, in diesen ersten Septembertagen des Jahres 1994 gekennzeichnet haben. Nahezu hunderttausend Menschen haben sich auf den Weg gemacht, um den heiligen Messen für die Kranken beizuwohnen, während das ganze Land sie am Fernsehen mitverfolgte und man Dutzende von Heilungen «live» miterleben konnte.

Die Nachforschungen über die wunderbaren Heilungen im Libanon haben sich ein Jahr lang auf etwa zweihundert Fälle erstreckt. Die libanesische Ärzteschaft — die sich auf bemerkenswert hohem Niveau befindet — hat keinerlei Konzessionen gemacht. Examen, Gegenexamen und Diskussionen unter Fachärzten haben es ermöglicht, den Charakter gewisser Heilungen als «vom gegenwärtigen Stand der Wissenschaft aus unerklärbar» zu bezeichnen. Die Reaktionen der Ärzte waren unterschiedlich, in ihrer Gesamtheit jedoch positiv, wobei sie indessen alle notwendige nüchtern-wissenschaftliche Objektivität walten ließen. Die meisten Ärzte, denen wir begegneten, empfingen uns sehr wohlwollend; manche haben uns Gespräche mit den Patienten und Untersuchungen angeboten —, wir danken ihnen für ihre Mitarbeit. Drei von ihnen haben uns aber brüsk den Rücken gekehrt, als sie das Wort «Wunder» hörten, und sie wollten uns nicht einmal sehen oder uns zuhören.

Wir haben in diesen Bericht jene Fälle nicht aufgenommen, bei denen es schwierig ist zu erkennen, ob die Heilung das Ergebnis jahrelanger ärztlicher Behandlung war, die bis zu diesem Zeitpunkt keine Besserung gezeigt hatte, welche aber gerade in der zweiten Septemberwoche 1994 eingetreten war, nachdem sich Pater Tardif dort aufgehalten hatte, oder ob es sich um ein unmittelbares göttliches Eingreifen handelte. Da war z.b. jener Herzkranke, der dem Tode nahe zu sein schien und der, während das Heilungsgebet gesprochen wurde, alle Symptome eines Wunders bemerkte, mit großer Wärme in der Herzgegend, und der sich dann kraftvoll erhob, während sein Arzt uns sagte, daß dies das Ergebnis seiner Behandlung gewesen sei.

Bei diesem präzisen Fall vermag indessen niemand zu sagen, was auf die Medikamente, was auf die Psychologie und was auf ein Wunder zurückzuführen ist. Warum sollte man in solchen Fällen aber auch unbedingt eine genaue Unterscheidung treffen wollen? Jede Heilung ist eine Gabe Gottes, ob sie nun der Medizin zu verdanken ist als dem allgemein üblichen Weg, oder einem spontanen göttlichen Eingreifen mehr außergewöhnlichen Charakters.

Die Fälle der Heilung von Krebskranken (vier ernst zu nehmende Krankenberichte, die gegenwärtig untersucht werden: Gehirn, Hals und zwei Fälle von Knochenerkrankung) sind aus Gründen der Vorsicht ebenfalls bei dieser Darstellung unberücksichtigt geblieben. Es ist nämlich mehr als ein Jahr der Beobachtung erforderlich, um zu der Schlußfolgerung einer echten Heilung und nicht eines bloß zeitweiligen Nachlassens der Symptome zu gelangen. Es hat bei diesen Patienten aber keine Weiterentwicklung der Krankheit stattgefunden, und in jedem der oben angeführten Fälle sind die Metastasen vollständig verschwunden.

Bei den Untersuchungen stießen wir auch auf unerwartete Hindernisse. Man mußte z.B. die Zustimmung einiger geheilter Personen erlangen, sich beobachten zu lassen. Warum ist es nötig, sagten sie, sich von einem Arzt untersuchen zu lassen, wo es doch ganz offensichtlich ist, daß der Herr eine Heilung geschenkt hatte? Wie z.B. bei jenem Blinden, der seine volle Sehkraft wiedergewonnen hatte, zehn Zehntel auf jedem Auge! Wäre es nicht eine Beleidigung Gottes und seines Wirkens, es durch einen Arzt bescheinigen zu lassen? Und außerdem, wozu soll man zwei Monatsgehälter ausgeben, um durch ärztliche Examen das bestätigen zu lassen, was ja jeder sieht, daß es einem nämlich ganz vorzüglich geht? Manche haben sich auch aus Furcht vor Repressalien geweigert, über ihre Heilung Zeugnis abzulegen, vor allem, wenn es sich um Moslems handelte; andere weigerten sich aus Schamgefühl oder um in Ruhe gelassen zu werden: es macht schließlich immer «Umstände», wenn man einen wunderbar Geheilten im Hause hat, wegen der vielen Neugierigen, die dann unweigerlich die Haustür belagern!

Wir haben uns von den gleichen wissenschaftlichen Kriterien leiten lassen, wie sie vom medizinischen Büro in Lourdes definiert worden sind; dieses Büro ist nämlich die Instanz, die damit beauftragt ist, den wunderbaren Charakter der in diesem berühmten marianischen Wallfahrtsort stattgefundenen Heilungen zu «kontrollieren». Dieses Büro hat seit 1883 die Heilung von ungefähr zweitausend Kranken anerkannt, die auf sichere, definitive und unerklärliche Weise von ihren Leiden befreit worden sind. Von diesen Heilungen haben aber die kirchlichen Autoritäten nur 65 als wunderbar anerkannt. Die letzte anerkannte Heilung ist die von Delizzia Cirollo, die im Jahre 1976 im Alter von zwölf Jahren von einem bösartigen Tumor am Knie geheilt worden war und die im Juli 1989 durch den Erzbischof von Catania (Sizilien) anerkannt worden ist.

Die Kirche anerkennt durch kanonisches Urteil eine geringere Zahl von Heilungen, als es bei den Ärzten der Fall ist, da sie strengere Maßstäbe anlegt. Sie fordert, daß die Krankheit organisch und nicht nur funktionell gewesen sein mußte. Es muß sich ferner um eine wirklich ernste Krankheit handeln, wobei das psychosomatische Moment nicht zu sehr im Vordergrund stehen darf. Die laufenden Behandlungen dürfen in keinem Zusammenhang mit der Heilung stehen. Diese muß augenblicklich stattfinden und vollständig sein; sie muß den Beobachtungen der ärztlichen Erfahrung widersprechen und für den augenblicklichen Stand der Wissenschaft unerklärlich sein.

Die in unseren Tagen vorgebrachten Einwände gegen die Realität oder sogar die Möglichkeit von Wundern gehen von dem Gedanken aus, daß diese eines Tages eine wissenschaftliche Erklärung finden werden. Der Fortschritt im Wissen über das Wesen der psychosomatischen Erkrankungen und die Rolle der Autosuggestion ist ja recht beachtlich. Wenn die Kirche auch sehr gern anerkennt, daß gewisse Heilungen sich durch den Einfluß psychischer Faktoren auf den Organismus erklären lassen, vor allem, wenn es sich um funktionelle Erkrankungen handelt, so ist es doch schwierig, alle Heilungen durch psychologische Aspekte erklären zu wollen, besonders wenn es sich um organisch bedingte Leiden handelt.

Ein Wunder hat noch niemals jemanden zu überzeugen vermocht, der nicht glauben wollte. Die außerordentlich strengen Kriterien der Überprüfung und die systematische Aussonderung von Betrügern ist der Kirche ein Anliegen, denn sie legt Wert auf die größtmögliche Echtheit. Wunder können nur mit den Augen des Glaubens anerkannt werden. Selbst wenn der Arzt ein Glaubender ist, kann er in seiner Eigenschaft als Arzt nicht die Behauptung aufstellen, daß eine Heilung auf ein unmittelbares Eingreifen Gottes zurückzuführen sei. Einzig und allein die innere Überzeugung des Gläubigen vermag in einer unerklärlichen Heilung das Wirken Gottes zu erkennen. Wenn die Wunder unwiderlegbare Zeichen wären, dann würden alle Augenzeugen, wie Pater Descouvemont es in seinem Werk: *Schwierigkeiten des katholischen Glaubens* bemerkt, automatisch zum Glauben gelangen. Das ist aber durchaus nicht der Fall. Man braucht nur an die Pharisäer im Evangelium zu denken, die den auferweckten Lazarus einige Tage nach seinem Begräbnis gesehen hatten und dennoch den Beschluß faßten, Jesus zu töten.

Es hat Zeichen gegeben. Es wäre gut, sich Gedanken darüber zu machen, was sie zu bedeuten haben. Diese unerklärlichen Heilungen rufen zahlreiche Fragen hervor:

Gibt es diese Gabe des Wunderwirkens auch bei anderen Personen?

Die im Jahre 1967 nach dem Zweiten Vatikanischen Konzil entstandene charismatische Erneuerung ist ein wirklicher Frühling für die katholische Kirche. Diese Erneuerung des «Heilungs-Charismas» ist heute unter den Priestern und sogar unter den Laien weit verbreitet. In der Sendung von Pater Tardif und vieler anderer begegnen wir Dem, der das Evangelium selbst ist: Jesus Christus, der der gleiche ist, gestern, heute und in alle Ewigkeit.

Warum anerkennt die katholische Kirche, die so außerordentlich vorsichtig ist in allem, was die Wunder betrifft, den Dienst von Pater Tardif dadurch, daß Hunderte von Bischöfen ihn zu sich eingeladen haben?

Die Wunder sind niemals ein Beweis für den, der nicht glauben will. Sie können aber ein Anstoß zum Glauben sein. Die Früchte der Wahrheit sind von den Bischöfen, als den Verantwortlichen für die rechte Unterscheidung, anerkannt worden: «Im Namen Jesu Christi sehen die Blinden, hören die Tauben und gehen die Gelähmten...»

Hat es in der Geschichte andere Wundertäter gegeben, so wie der Pater Tardif? Soll man ihn als einen Heiligen betrachten? Warum bedient sich Gott des Dienstes eines Menschen und greift nicht unmittelbar selber ein?

Die «Wundergabe» ist von bedeutenden Zeugen Christi häufig ausgeübt worden und im Laufe der Geschichte auch von zahlreichen Heiligen. Pater Tardif weist jedoch darauf hin, daß Heiligkeit und Wunder nicht unbedingt zusammengehören: die Heiligkeit ist die Vollkommenheit der Liebe, die nach dem Tode eines Menschen durch die Kirche wegen der hervorragenden Tugenden dieses Menschen anerkannt worden ist. Im Gegensatz dazu sind die Wunder eine frei geschenkte Gabe, die Gott jemandem zu seinen Lebzeiten anvertrauen kann, um damit dem Volke Gottes zu dienen.

Haben die Kranken, die die Wohltat einer wunderbaren Heilung erfahren hatten, sich durch einen besonders starken Glauben ausgezeichnet?

Im Evangelium heilt Jesus oft einen Menschen, indem er zu ihm sagt: «Dein Glaube hat dich geheilt! Es geschehe dir, wie du es geglaubt hast», wobei er dem Kranken eine aktive Rolle zuweist. Es gibt aber auch zahlreiche Kranke mit sehr starkem Glauben, die von Gott nicht geheilt werden. Andererseits ist aber auch festzustellen, daß Gott zahlreiche Personen heilt, die keinen oder nur einen ganz geringen Glauben an Jesus Christus hatten. Eine Heilung ist immer ein freies Geschenk Gottes an eine Person. Zahlreiche Nichtchristen sind bei den Gebetsversammlungen im Libanon und anderswo geheilt worden, wie z.B. jene sunnitisch-moslemische querschnittsgelähmte Frau, die mit dem Bus im Rollstuhl aus Damaskus gekommen war und sich geheilt erhob. Aus Tokio haben wir das Beispiel eines herzkranken buddhistischen Japaners, der vor der Kirche in seinem Wagen auf seine Frau wartete, die sich in der Kirche befand, wo Pater Tardif eine Versammlung leitete, und er wurde geheilt, obwohl er nicht einmal gebetet hatte. Kurz, keine menschliche Logik vermag diese von der Vorsehung bewirkten «Zufälle» Gottes zu erklären.

Wie reagiert ein Mensch, der eine wunderbare Heilung an sich erfahren hat?

Der Schock ist jedesmal sehr stark: die Person ist wegen der Tatsache, daß Gott sich ihrer auf so greifbare Weise angenommen hat, ganz erschüttert. Die jeweiligen Umstände sind jedoch sehr unterschiedlich: im allgemeinen ist die Heilung ein Aufruf zum Glauben. Der betreffende Mensch hat eine neue und persönliche Erfahrung der Liebe Gottes zu ihm gemacht. Er erfährt eine wirkliche Bekehrung, eine größere Tiefe in seiner Beziehung zu Gott, die sich durch eine Änderung der Lebensweise zu erkennen gibt: mehr Großmut, mehr Offenheit für die anderen und Mitleid mit den Leidenden, sowie die Übernahme neuer Engagements im Leben. Aber nicht in jedem Fall ist es so! Andere sind glücklich, von ihrem Leiden befreit zu sein. Sie nehmen in aller Ruhe ihr früheres Leben wieder auf, ohne ihre Dankbarkeit gegenüber dem Herrn irgendwie durch Taten erkennen zu lassen.

Wie geschieht ein Wunder?

Die Ähnlichkeit der Symptome, die die beobachteten Personen im Augenblick ihrer Heilung empfanden, ist beeindruckend. Diese Menschen befanden sich entweder mitten in der Volksmenge oder allein zu Hause vor dem Fernsehgerät. Sie kannten sich nicht, sie hatten niemals von derartigen Ereignissen gehört. Alle aber bezeugen das gleiche, nämlich das Gefühl einer großen Wärme oder einer Art von elektrischem Strom oder ein Kribbeln an der kranken Körperstelle im Augenblick ihrer Heilung. Überall in der ganzen Welt wird diese gleiche Beobachtung mitgeteilt.

Es bleibt noch eine Frage übrig, die alle Menschen sich stellen:

Warum heilt Gott nicht alle, die leiden?

Hier handelt es sich um das große Geheimnis des Bösen und des Leidens. Gott nimmt uns nicht aus unserer menschlichen Daseinsweise heraus. Er wandelt sie in sich um. Pater Tardif antwortet sehr eingehend auf diese wesentliche Frage.

Diese Untersuchung hat es ermöglicht, in die staunenerregende und unbekannte Welt der Wunder einzutreten, die in der Mentalität des heutigen Menschen von äußerster Wichtigkeit ist. In unserer Epoche gibt es allzu viele Scharlatane, die angeblich das Glück anzubieten haben, die aber in Wirklichkeit die Leute in ihren Leiden nur betrügen. Die Menschen haben das Recht auf die freie, wirksame und wahre Antwort der Liebe Gottes zu ihnen. Daher ist es so dringend nötig, sie zu verkünden.

Kapitel I

14. August 1993, in Paray-le-Monial (Frankreich)

— Ich bin geheilt, ich kann gehen!, ruft ein blonder junger Mann aus, dessen Augen durch Tränen gerötet sind.

Mit einem einzigen Satz springt er aus seinem Rollstuhl auf. Paul Boncour, ein Querschnittsgelähmter von neunzehn Jahren, hat soeben plötzlich eine seltsame Wärme gefühlt, die seine Wirbelsäule durchströmte, sowie eine unbekannte Kraft, die seine Beine belebte. Er macht einige zögernde Schritte und geht dann allein und ohne Hilfe die zehn Stufen zum Podium hinauf. Vor ihm befinden sich 18000 Menschen, die zu einer heiligen Messe für die Kranken in Paray-le-Monial versammelt sind. Weinend vor innerer Bewegung gelingt es ihm schließlich, vor dem Mikrofon zu sprechen:

— Die Ärzte haben gesagt, daß ich nie wieder gehen könnte! Und Jesus hat mich jetzt von meiner Lähmung befreit! Danke, mein Gott!

Seine Mutter, die neben seinem jetzt leeren Rollstuhl sitzt, ist ganz erschüttert und bricht in Tränen aus: es war zuviel an Leiden und jetzt an Freude und innerer Bewegung! Die Leute in ihrer Nähe bemühen sich um sie und beglückwünschen sie. In diesem Augenblick erlebt sie noch einmal das ganze Leid der letzten drei Jahre.

Juli 1990. Es war ein furchtbarer Schock. Vier Kilometer von Saintry entfernt, auf der Straße Paris—Melun, wird der Renault brutal zerdrückt unter dem Gewicht eines Lasters von 38 Tonnen. Übrig bleibt ein grauenhaftes Gemisch von zerdrücktem Blech und Benzingeruch. Der Laster hatte die Vorfahrt nicht beachtet. Drei Menschen werden aus den Trümmern herausgezogen. Nur einer von ihnen atmete noch.

Als Paul eine Woche später im Krankenhaus aus seinem Koma erwachte, war das erste, was er sah, das Lächeln seiner Mutter:

— Gott sei gelobt! Er hat die Augen geöffnet, hörte er sie sagen. Er vermag einige Worte zu sprechen:

— Was ist mit mir los?

— Ruh dich aus! Alles ist gut. Ich bin bei dir, mein Liebling...

Dann schläft er wieder ein.

Die furchtbare Wirklichkeit enthüllt sich ihm jedoch am nächsten Tag. Paul mit seinen sechzehn Jahren ist jetzt querschnittsgelähmt: er wird es nun lernen müssen, im Rollstuhl zu leben; die Ärzte haben ihm nämlich keine Hoffnung auf Besserung gegeben.

Nach einer Periode der Verzweiflung entschließt sich Paul mit der Hilfe seiner Familie dazu, sich mit aller Kraft dafür einzusetzen, ein möglichst normales Leben zu führen und sein Studium fortzusetzen. Seine Mutter, eine Floristin, ist sehr gläubig. Unaufhörlich betet sie für ihn: daß Gott ihn heile oder ihm wenigstens die Kraft gebe, mit seiner Behinderung innerlich fertig zu werden. Er aber ist keineswegs praktizierend:

— Die Religion, das ist nichts für mich, sagt er oft.

Er glaubt nur an sich selbst und setzt all seine Energien ein, um so gut wie möglich weiterzuleben.

Drei Jahre später, im Juli 1993, kommt seine Mutter in sein Zimmer und sagt:

— Paul, kennst du den Pater Emiliano Tardif?

Paul zieht ein zweifelndes Gesicht. Schon wieder so eine Geschichte von einem Pfarrer, womit seine Mutter ihn immer wieder zu langweilen pflegt...! Sie aber ist schon an den

Widerstand ihres Sohnes gewöhnt und fährt nachdrücklich fort:

— In vierzehn Tagen kommt er nach Paray-le-Monial. Wenn er für die Kranken betet, dann geschehen Heilungen...

— Ach was! Ganz sicherlich nicht bei Gelähmten, entgegnet ihr Paul in aggressivem Ton. Die Wunde ist ja noch ganz frisch. Er findet es rücksichtslos, daß man bei ihm von so einer vagen Hoffnung auf Heilung spricht.

— Sei so gut und geh hin, Paul, wiederholt seine Mutter. Ungeachtet der noch abweisenderen Miene des Jungen besteht sie noch einmal darauf:

— Tu es mir zuliebe, ich bitte dich darum!

Sie sieht nicht so aus, als ob es nur ein Spaß von ihr wäre. Paul erahnt das Leid seiner Mutter und denkt an die so schwierigen Jahre, wo sie ihn lehren mußte, mit seiner Behinderung zu leben. Er kann es ihr nicht abschlagen.

14. August 1993 in Paray-le-Monial. Diese mitten in Burgund gelegene Stadt ist das Ziel traditionsreicher Pilgerfahrten zu Ehren des Herzens Jesu. Pater Emiliano ist für 24 Stunden dort, er ist gekommen, um einen von der «Gemeinschaft des Emmanuel» organisierten Tag des Gebetes für die Kranken zu leiten.

Wenn es auch den Anschein hat, als ob Frankreich träge geworden sei in allem, was die religiöse Praxis betrifft, so haben sich doch immerhin an diesem Wochenende des 15. August mehr als 18000 Personen dort versammelt, die aus dem ganzen Lande gekommen sind! Auf dem riesigen, im Jahre 1986 für den Empfang von Papst Johannes Paul II. hergerichteten Platz stehen die Menschen Kopf an Kopf. Pater Tardif kommt aus Italien. Morgen wird er nach Belgien weiterreisen, um dort Exerzitien für die Priester der Diözese Brüssel zu halten.

Die Messe für die Kranken wird gleich beginnen. Zwei Reihen von Rollstühlen mit etwa hundert Kranken stehen unmittelbar vor dem Podium. Paul betet nicht, aber er ist sehr bewegt beim Anblick der vielen Behinderten, die ihn umgeben. Er befindet sich in der ersten Reihe der Versammlung:

— Das ist ja eine unglaubliche Atmosphäre des Gebetes hier!, ruft er aus. So etwas hat er noch nie gesehen. Nach der Kommunion betet der Pater und verkündet, was Christus in der Versammlung wirken wird:

— Sechs Gelähmte werden jetzt aufstehen!

Dies ist der Augenblick, in welchem Paul die Gnade des Heilungswunders erfährt...

Der Pater verkündet weitere Heilungen:

— Ein Mann mit Lungenkrebs wird jetzt vollständig geheilt...

Pater Tardif scheint auf geheimnisvolle Weise das Wirken Gottes in der Volksmenge wahrzunehmen, denn er beschreibt mit großer Genauigkeit die Heilungen, die sich gerade vollziehen. Eine Gruppe von Ärzten am Fuß des Podiums empfängt Dutzende von Personen, die der Überzeugung sind, daß sie eine Heilung erfahren durften. Die Ärzte hören ihr Zeugnis und notieren ihre gemeinsamen Beobachtungen. Die Überprüfungen durch die Ärzte werden dann später vorgenommen.

Ein elegantes Paar, Eduard und Anna Lambert, sitzt mitten unter der Volksmenge. Ihre Gesichter sind von großem Ernst geprägt. Maria, ihre zweite Tochter von 31 Jahren, erwartet sie in Auxerre, 150 km von dort entfernt. Sie konnte sich nicht mit dem Gedanken anfreunden, zum Beten mit ihnen hierher zu kommen. Maria Lambert ist seit fünfzehn Jahren drogensüchtig. Sie gibt sich sieben bis acht Heroinspritzen am Tag. Seit 1992 ist sie außerdem an Aids erkrankt. Pater Tardif spricht weiter:

— Jesus heilt drei Personen, die an Aids erkrankt sind, unter ihnen befindet sich ein junges Mädchen, das nicht hier anwesend ist...

Die Lamberts können kaum einen Freudenschrei unterdrücken, obwohl sie gar nicht wissen, ob es sich um ihre

Tochter handelt oder nicht. Anna springt auf und applaudiert mit Begeisterung. Aber dann setzt sie sich ganz schnell wieder hin, denn ihre Bekannten, vornehme Leute aus Versailles, die neben ihr sitzen, ahnen nichts von dem Drama ihrer Tochter. Wenn sie bloß nichts merken!

Die Menge klatscht in die Hände und lobt den Herrn; manche fangen an zu weinen... Die Volksmenge ist immer noch da, als Pater Tardif um 19 Uhr schon zum Bahnhof eilt, zum Schnellzug in Richtung Belgien...

Zwischen dem Vortrag am Morgen und dem des Nachmittags wurde mir eine kurze Begegnung mit Pater Tardif gewährt, genauer gesagt: es waren fünf Minuten, die man mir zugestanden hat. Ich begebe mich mit meinen Freundinnen zu ihm, nämlich Jacqueline Massoud Phares und ihre Mutter Wadad. Sie sind Libanesinnen und eigens aus Beirut nach Frankreich gekommen, um Pater Tardif ein offizielles Einladungsschreiben vom Erzbischof von Beirut, Mgr. Abi Nader, zu überreichen.

— In den Libanon kommen?

Sein Gesicht spiegelt die größte Überraschung wider, als er die Einladung ins Land der Zedern vernimmt. Das wäre allerdings nicht das erste Abenteuer dieses Mannes von 64 Jahren. Seit zwanzig Jahren reist er ununterbrochen in der Welt umher, von einem Flugzeug ins andere springend, und jede Woche ist er in einem anderen Land.

Das Abenteuer, das Gott diesen katholischen Priester leben läßt, besteht darin, für die Kranken zu beten und vom Herrn Hunderte von Heilungen zu erlangen. Gelähmte, Krebskranke, Gehörlose usw., sie alle werden auf wunderbare Weise geheilt. Die Kirche bezeichnet dies als das «Charisma» der Heilung. Es gibt aber dabei keine Unklarheit. Einem Journalisten, der ihn im Juli 1994 fragte:

— Können Sie ungefähr angeben, wie viele Kranke Sie schon geheilt haben?, antwortete er:

— Ich? Keinen! Christus jedoch, er hat Unzählige geheilt!

Kurz, ein ganz gewöhnlicher Tag, der aber trotzdem ganz außergewöhnlich ist: Das Evangelium ganz aktuell, gleichsam in Direktübertragung, zur Zeit der Massenmedien und der Flugzeuge, welche die Kontinente überqueren. Jesus allerdings durcheilte vor zweitausend Jahren zu Fuß die Straßen von Galiläa, um die Volksmengen zu belehren und die Kranken zu heilen. Heute bedienen sich seine mit der Kraft des Heiligen Geistes erfüllten Zeugen der Satelliten, und sie reisen rund um die Welt, um die gleiche und ewige Frohe Botschaft zu verkünden:

— Christus ist auferstanden! Durch seinen Tod hat er den Tod besiegt! In Ihm wird uns das ewige Leben wiedergegeben, das verloren war!

Dieser liturgische Gesang wird am Osterfest in allen Kirchen des Ostens angestimmt. Er verkündet die Grundlage des christlichen Glaubens. Es ist natürlich auch der gleiche Glaube, der das Leben von Pater Tardif beseelt.

Pater Tardif, ein Kanadier, ist ein Ordensmann aus der Kongregation der Herz-Jesu-Missionare von Issoudun, deren Mutterhaus sich, wie der Name schon besagt, in Frankreich befindet, einer kleinen, einige Dutzend Kilometer von Bourges entfernten Stadt. Seit mehr als dreißig Jahren lebt er als Missionar in der Dominikanischen Republik. Seine Familie, die seit etwa zweihundert Jahren in Quebec lebt, stammt ursprünglich aus dem Morbihan (Bretagne). Auch heute noch findet man in der Umgebung von Vannes häufig den Namen «Tardif» oder «Le Tardif». Als neuntes von vierzehn Kindern der Familie nahm er schon früh an den Arbeiten des elterlichen Bauernhofes teil. Als Erwachsener erinnert er sich: «Wenn ich in den Ferien aus dem Seminar nach Hause kam, war ich es gar nicht mehr gewohnt, die Kühe zu melken. Meine Brüder lachten, denn es war noch keine Stunde vergangen, da hatte ich schon Krämpfe in den Armen!» Pater Emiliano spricht etwas traurig davon, daß Frankreich im

Jahre 1763 diese von England eroberten Gebiete aufgegeben hat, die der Gouverneur von Neu-Frankreich (Quebec) als «diese mit Eis und Schnee bedeckten Landstriche» bezeichnet hatte. In der Sprache der Algonkins, jenes Indianerstammes, der eine zeitlang mit Frankreich verbündet war, bedeutet «Kanada»: «Ort der Begegnung». Und in der Tat, Pater Tardif strahlt wie alle Bewohner von Quebec diese so warme Herzlichkeit aus, von der die Europäer immer beeindruckt sind. Frankreich und seine Sprache stehen seinem Herzen nahe.

Als er zum Oberen seiner Ordensprovinz ernannt wurde, hat er sich zunächst viele Jahre hindurch in den sozialen Kämpfen der armen Bauernbevölkerung in der Dominikanischen Republik engagiert. Er hat zahlreiche Genossenschaften ins Leben gerufen, sowie Projekte für die wirtschaftliche Entwicklung der ländlichen Gebiete und von landwirtschaftlichen Schulen. Er hat sich dort mit ganzer Kraft eingesetzt, ohne sich Ruhe zu gönnen, bis er schließlich infolge Erschöpfung zusammenbrach. Im Juli 1973 hat sich dann sein Leben von Grund auf geändert, als er an sich selbst die wunderbare Heilung von akuter Lungentuberkulose erfuhr, die ihn aufs Krankenlager geworfen und seine sofortige Rückkehr in seine Heimat Kanada erforderlich gemacht hatte. Wenig später entdeckt er dann, daß ihm ein außerordentliches Heilungscharisma gegeben worden ist. Von da an durcheilt er die Welt und predigt in allen fünf Erdteilen, wobei er jedoch für seine geliebten Antillen eine besondere Vorliebe bewahrt.

— Den Libanon besuchen...? Ist das nicht unvernünftig? Kann man sich dort wirklich ohne Gefahr versammeln?

Der Blick aus den klaren Augen von Pater Emiliano bekommt einen fragenden Ausdruck. Aber es ist der Blick eines Kindes: er ist von außerordentlichem Vertrauen geprägt. Ich fühle, daß meine Antwort von entscheidender Bedeutung sein wird.

— Ja, Pater. Papst Johannes Paul II. hat seinen Besuch für den Mai angekündigt. Ein Besuch kann heute also durchaus in Erwägung gezogen werden! Nach diesem so grausamen Krieg haben die Leute dort es wirklich nötig, getröstet und ermutigt zu werden...

Der Pater antwortet nicht und schiebt seine Hand in die Tasche. Dann zieht er ein kleines Notizheft heraus. Als er es geöffnet hat, erkennt man die mit einer feinen und engen Schrift bedeckten Seiten. Ich wechsle einen kurzen Blick mit Wadad und Jacqueline. Es ist ein ernster Augenblick. Was er jetzt antworten wird, das kann den Lauf vieler Dinge verändern. Man kann sogar sagen: vieler Menschenleben. Schweigend bete ich zum Heiligen Geist:

— Herr, dein Wille geschehe!

Ich weiß, daß Jacqueline und ihre Mutter das gleiche tun...

— Hören Sie, nimmt Pater Tardif das Wort, hier ist mein Programm! Ich sehe, daß ich im nächsten Jahr noch ein wenig verfügbare Zeit habe, Anfang September 1994. Im allgemeinen ist mein Terminkalender für mehrere Jahre vollkommen ausgebucht. Aber im nächsten Jahr muß ich mich am 8. September über Paris nach Bangui begeben. Ich werde dann von Puerto Rico kommen, wo ich am 1. September eine Predigtreise beende. Ich kann also am Abend des 2. September in Paris ankommen und dann am 3. das Flugzeug nach Beirut nehmen und am Morgen des 7. von Beirut nach Paris fliegen, von wo ich am Morgen des 8. in die Zentralafrikanische Republik fliege. Würde Ihnen das recht sein?

Wieder hebt er fragend die Augen. Im Grunde genommen ist das für diesen Weltreisenden eine ganz alltägliche Angelegenheit. Er wechselt ununterbrochen von einem Erdteil in den anderen, ohne auf seine Müdigkeit zu achten. Ich antworte ihm:

— Mgr. Abi Nader hat uns ausdrücklich angewiesen, daß Ihre Daten die unsrigen sind! Wir werden Sie also mit Freuden vom 3. bis 7. September in unserem geliebten Libanon empfangen.

Der Pater entgegnet:

— Haben Sie eine Einladung durch den Bischof?

Jacqueline reicht ihm schnell einen Umschlag, den sie schon in der Hand gehalten hatte. Die Türe öffnet sich einen Spalt. Pierre-Ives, ein freiwilliger Helfer aus der Gemeinschaft des Emmanuel, ist mit dem Ordnungsdienst betraut. Er gibt uns diskret ein Zeichen, daß die für die Begegnung vorgesehene Zeit zu Ende ist. Wir müssen also gehen...

Bis bald, Pater Emiliano, bis zum nächsten Jahr in Beirut!

Ich stoße einen tiefen Seufzer aus, eine Mischung aus glücklicher Erleichterung — und auch ein wenig Sorge. Die Organisation solcher Volksversammlungen ist schließlich kein Kinderspiel. Der Libanon ist ganz ausgeblutet nach einem siebzehnjährigen Krieg mit 300000 Toten und Verschollenen, und das bei dreieinhalb Millionen Einwohnern. Der ganze israelisch-palästinensische Konflikt scheint sich im Libanon auszutoben: die Beschlüsse der Uno, die niemals in die Praxis umgesetzt werden, 600000 palästinensische Flüchtlinge im Libanon. Neunzig Prozent des Territoriums wird durch die Syrer beherrscht, und der Rest im Süden ist von Israel besetzt. Hinzu kommen noch alle die anderen: die mächtige, vom Iran geschürte Hisbollah, der Irak, die Kurden, Saudi-Arabien usw. Das besagt, daß die Mission von Pater Tardif mit den größten Schwierigkeiten zu rechnen haben wird. Acht Jahre humanitärer Einsatz im Libanon haben mich Geduld gelehrt. Und so lautet dort die Regel: Alles so vorbereiten, als ob alles sich verwirklichen ließe; und wenn es Schwierigkeiten gibt und das Gefürchtete eintrifft — und das ist häufig der Fall —, dann gilt es, sich anzupassen, die Sache aufzugeben oder der Gefahr ins Auge zu sehen!

Wer hätte sich zum Beispiel vorstellen können, was für ein Abenteuer mich kaum zwei Wochen zuvor erwartet hatte, am 25. Juli 1993, kurz vor meiner Begegnung mit Pater Emiliano in Frankreich? Um sechs Uhr morgens fuhr ich durch Tripoli, eine große Stadt im Norden des Libanon und kehrte dann nach Beirut zurück. Ich beendete eine Aufgabe, die mich drei Tage lang in Akkar, Koubayat und Andakat in Anspruch genommen hatte. Es handelte sich um den Aufbau von zwei Bibliotheken mit Büchern in französischer Sprache. Da es in diesen Bergdörfern kaum Zerstreuungen gibt, lesen die Leute viel mehr als in Frankreich. Ich begebe mich also in aller Ruhe nach Beirut. Plötzlich sehe ich ein blendendes Licht, gefolgt von einer starken Explosion. Auf der Straße sehe ich drei Autos, die sich vor dem meinigen befanden, in Flammen aufgehen. Alles rennt durcheinander, Schreie werden laut... Was war geschehen? Der Krieg ist doch seit drei Jahren zu Ende. So gut es geht, suche ich in der Menschenmenge durchzukommen, die sich gleich in Eile nach der Stadt begibt. Ein wenig später an diesem Morgen erfahre ich, was geschehen ist: diese Granate, abgefeuert von einem Vorposten der israelischen Armee, die sich in der Gegend von Tripoli aufhielt, war das Zeichen für den Beginn neuer Feindseligkeiten Israels gegen den Libanon. Kurz darauf bombardieren die Israelis die Bekaa und den ganzen Süden des Landes. Jetzt beginnt ein gewaltiger Auszug: in einer einzigen Woche begeben sich 500000 Menschen auf die Straßen, um nach Beirut zu flüchten und so den Bombardierungen zu entgehen.

Vier Tage später befinde ich mich auf dem Flugplatz, um die 24jährige Anna-Sophia Gache abzuholen, eine freiwillige Helferin, die für zwei Jahre in den Libanon kommt, um bei den humanitären Projekten der «französischen Gesellschaft für internationale Solidarität» mitzuhelfen, dies ist jene Organisation, bei der auch ich im Libanon mitarbeite. Ganz verstört kommt sie an:

— Ich habe im Flugzeug zwischen zwei Journalisten gesessen, zwei Kriegsberichterstattern. Sie haben die Qualitäten ihrer kugelsicheren Westen miteinander verglichen. Ich aber habe keine... Ich wüßte auch gar nicht, wo man so etwas in Paris kaufen könnte!

Ich beruhige sie, aber es stimmt schon, daß die Lage sehr gespannt ist. Man spricht von einer allgemeinen israelischen

Invasion. Soll Beirut etwa schon wieder bombardiert werden? Vorsichtige Leute haben sich in die Berge geflüchtet, und die Flugzeuge, die ins Ausland fliegen, sind immer gleich ausgebucht.

Mein Wagen durchquert schnell die westlichen Stadtteile von Beirut und wendet sich dann nach Norden, nach Jounieh, wo sich die Räume des Hilfswerkes befinden. Gewiß, in Beirut hat man viel getan, um die Kriegswunden zu heilen, und man hat die Straßen passierbar gemacht, aber für jemanden, der aus dem Westen kommt, ist es jedesmal ein Schock, die Gebäude zu sehen, die von Granaten durchlöchert sind und wo sich jetzt die Flüchtlinge einquartiert haben. Um ihre Wäsche zu trocknen, bedienen sie sich der Löcher in den Wänden, die von den Bomben verursacht worden sind. Unterwegs wird das Auto von mehreren Straßensperren der Syrer angehalten: man wird befragt, die Personalien werden festgestellt, und manchmal wird der Wagen auch durchsucht.

Der Alarm wird zwölf Stunden andauern. Es gab 800 Tote, 3700 Verwundete und 2000 zerstörte Häuser, und dann wird es ganz plötzlich wieder still. Die internationalen Medien haben den Libanon vergessen. Die Flüchtlinge kehren zurück und reparieren ihre Häuser, so gut es geht. Das Leben geht weiter, als ob nichts geschehen wäre. Die Fähigkeit dieses Landes, einfach zur Tagesordnung überzugehen, hat mich immer wieder in Erstaunen versetzt.

An diesem Abend, zwei Tage vor meiner Abreise nach Frankreich, bin ich in Achrafieh eingeladen, zusammen mit dem maronitischen Erzbischof von Beirut, Mgr.Abi Nader, in die raffiniert ausgestattete Wohnung der Familie Massoud. Anton Massoud, ein 84jähriger reicher Kaufmann dieses Ortes, besitzt eine unverwüstliche Gesundheit und betreibt erfolgreich seine Geschäfte. Die schlimmsten Bombardierungen haben ihn niemals daran hindern können, sich Tag für Tag um fünf Uhr morgens in sein Büro zu begeben. Er ist ein echter «Gentleman» von vorzüglichen Umgangsformen; ein

Mann, der in der maronitischen Kirche zahlreiche verantwortliche Aufgaben übernommen hat (es handelt sich um die mit Rom verbundene orientalische katholische Kirche).

Er hat vor kurzem die Herz-Jesu-Kirche im Zentrum von Beirut auf seine Kosten bauen lassen. Sie ist der göttlichen Barmherzigkeit geweiht. Er hat einen Glaubensakt gesetzt — niemand wagt in dieser Sache von «Herausforderung» zu sprechen —, diese Kirche im Stadtteil Badaro aufbauen zu lassen, in der Nähe von Ain-el-Remaneh, an der Demarkationslinie, dieser berühmten grünen Linie, die seit fünfzehn Jahren Beirut in zwei Teile zerschnitten hat. Dort haben die ständigen Bombardierungen und Massaker dazu geführt, daß der Krieg im Libanon als einer der grausamsten des 20. Jahrhunderts in die Geschichte eingegangen ist. Ungeachtet der zahlreichen Granateneinschläge ist der Bau der Kirche niemals unterbrochen worden. Es gab so wenig Arbeit, daß die Arbeiter sich lieber der Gefahr der Bomben aussetzten als der des äußersten Elends. Im Jahre 1988, mitten im Krieg, ist mit dem Bau begonnen worden, und die Kirche wurde niemals beschädigt, während die ganze Umgebung von Granaten durchlöchert war, als Folge besonders eifriger Artillerieübungen dort. Beirut hat 72 Kirchen verloren, die seit 1975 aus Haß gegen das Kreuz zerstört worden sind.

— Nachdem ich das Buch *Jesus hat aus mir einen Zeugen gemacht,* von Pater Tardif gelesen hatte, habe ich niemals aufgehört zu denken, daß dieser Mann in unserem Land viel Gutes tun könnte, hatte Anton Massoud gesagt. Danach hatte er das Buch Mgr. Abi Nader geschenkt, der sein Freund seit mehr als 40 Jahren ist. Dieser äußerst gebildete Prälat, der fließend französisch spricht, war während des Krieges dreimal entführt und übel zugerichtet worden. Er hat indessen niemals aufgehört, Woche für Woche die furchtbare Demarkationslinie zu überschreiten, dieses äußerst gefährliche Gebiet, das die bevorzugte Zielscheibe aller möglichen Geschosse ist und die Straße der tausend Märtyrer —, um den Christen im Westen von Beirut Trost zu spenden und den schwierigen Dialog mit den Moslems weiterzuführen, koste es, was es wolle. Der Preis des vergossenen Blutes.

Ein Ereignis von der Bedeutung eines Besuches von Pater Tardif setzt die offizielle Einladung des Erzbischofs voraus, der damit die Zuständigkeit der ganzen Kirche repräsentiert. Die orientalischen Kirchen haben eine reiche und alte Tradition. Es sind die Kirchen des Anfangs, deren Sprache das Aramäische ist, das Christus selbst gesprochen hat. Die Liturgie, die Riten, die Gerichtsbarkeit, das alles weist viele Besonderheiten auf und geht bis zu den Wurzeln der Geschichte eines ganzen Volkes zurück. Zu Recht sind die Menschen dort stolz auf ihre Vorrechte und verhalten sich manchmal ablehnend gegenüber diesen oder jenen Initiativen, die als westliche Eigentümlichkeiten betrachtet werden und als nur wenig angepaßt an ihre Mentalität und ihre Traditionen. Die charismatische Erneuerung, eine Bewegung, welcher Pater Tardif angehört, ist im Libanon fast unbekannt. Wird wohl das Heilungscharisma von Pater Tardif gut aufgenommen werden? Die Geschichte der Heiligen des Ostens kennt jedoch zahlreiche Wunderheiler, vor allem den berühmten heiligen Simeon, den Säulensteher aus dem 4. Jahrhundert, dessen Wundertaten riesige Menschenmengen zusammenströmen ließen. Wie wird der Erzbischof zum «Fall» Tardif reagieren?

Es wird ein vorzügliches Abendessen serviert: Taboulé mit Petersilie, Quebbes, Sambussis und ein vorzüglicher Erdbeersorbet. Der hervorragende Wein des Libanon wird sehr geschätzt. Er stammt aus den Weingärten der Bekaa; die ersten Setzlinge sind von den Jesuiten des 18. Jahrhunderts aus Bordeaux eingeführt worden. Als der Nachtisch serviert wird, bringt Anton Massoud das Gespräch auf das Thema, um dessentwillen wir alle hier versammelt sind:

— Ich habe Ihnen das Buch von Pater Tardif zusenden lassen. Haben Sie die Zeit gefunden, es zu lesen?

Schweigen... Monsignore hält seine Antwort zurück und betrachtet aufmerksam sein Glas, das er zwischen Daumen und Zeigefinder hin- und herrollen läßt. Plötzlich bricht es aus ihm hervor:

— Ich habe es in einem Zug gelesen! Das ist das Evangelium, in all seiner Einfachheit, in all seiner Kraft. Ganz hervorragend!

Ganz schüchtern wage ich den Vorschlag:

— In zehn Tagen werde ich die Gelegenheit haben, dem Pater Tardif in Frankreich zu begegnen. Könnten wir ihn wohl hierher einladen?

— Sie werden reisen? — Ja, warum nicht?, antwortet der Erzbischof. Augenblicklich zeigt sich auf vier Gesichtern ein strahlendes Lächeln: Anton und Wadad Massoud, deren Tochter Jacqueline, sie selbst eine Familienmutter, die am Essen teilnimmt, und ich. Grundsätzlich scheint die Sache in Ordnung zu gehen. Das ist das Wichtigste... Wegen der Einzelheiten wird man sich immer noch einigen können.

— Wir müssen noch überlegen, nimmt der Erzbischof das Gespräch wieder auf, zu welchem Zeitpunkt wollen wir ihn einladen?

Noch einmal ergreife ich das Wort:

— Der Terminkalender des Paters ist vier Jahre im voraus ausgebucht! Wenn durch Zufall irgendwo eine Lücke ist, könnten wir dann nicht damit einverstanden sein, daß sein Datum auch das unsrige ist?

— Sehr richtig! Kommen Sie morgen in mein Sekretariat. Die Einladung können Sie dann dort abholen. Er kann dann in der Herz-Jesu-Kirche predigen...

In meinem Inneren denke ich: die ist viel zu klein! Es wird gar nicht anders gehen, als daß man etwas anderes vorbereitet, aber das ist jetzt nicht der Augenblick, darüber zu diskutieren.

Und so kam es, daß Wadad, Jacqueline und ich uns nach Paray-le-Monial begeben haben, um Pater Tardif nach dem Libanon einzuladen. Auftrag erfüllt!

Kapitel II

Mai 1994 in Beirut (Libanon)

Zehn Monate später, im Mai 1994. Auf den Höhen über Beirut treffen wir uns unter Freunden zu einer stillen Begegnung. Die Nacht ist angenehm warm. Auf der Terrasse, von der aus man die Stadt überblicken kann, wird ein Getränk serviert. Von der Stadt her blinken uns tausend Lichter an, die sich hinziehen bis zum Meer. Der Duft von Jasmin und Rosen erfüllt die Luft. Der Libanon versinkt fast in einem Blumenmeer. Hier ist der Frühling wirklich eine wunderschöne Jahreszeit.

Souhad Fahed ist da, die ihr viertes Kind erwartet, und Johannes, ihr Mann, 44 Jahre alt, Richter am Beiruter Gericht. Er ist auch einer der Verantwortlichen der «Gemeinschaft des Wortes Gottes», einer dynamischen Bewegung christlicher Laien. Seine ganze Familie war am 28. Februar des Jahres in der Kirche Unserer Lieben Frau von der Befreiung gewesen, als ein Attentat stattgefunden hatte. Er erzählt:

— An diesem Sonntag hatte Peter, unser Ältester von sieben Jahren, sich nicht genug beeilt, um sich für die heilige Messe vorzubereiten, und daher ist die ganze Familie zu spät gekommen, was sonst kaum einmal vorkommt. Für gewöhnlich gehen wir ganz vorne hin, in die Nähe des Altars, damit die Kinder der heiligen Messe besser folgen können. Diesmal mußten wir uns jedoch in die letzte Reihe setzen, und das hat uns das Leben gerettet. Im Libanon ist es den Kindern in der Kirche erlaubt, dort umherzugehen, und sie sind es gewohnt, sich ganz vorne hin, an die Stufen des Altars zu setzen. Die

Kirche war ganz voll, es waren etwa sechshundert Personen dort. Plötzlich, nach der Predigt, sahen wir ein blendendes Licht, gefolgt von einer fürchterlichen Detonation, und wir stürzten zu Boden. Es herrschte ein unbeschreibliches Durcheinander, der Schock war von apokalyptischer Brutalität. Die Leute schrien und riefen nach ihren Angehörigen. Durch die dichten Staubwolken sah man überall auf der Erde umherliegende Körper. Ich suche meine Frau. Ich sehe sie, wie sie unser Töchterchen in den Armen hält. Peter aber ist verschwunden. In einem verzweifelten Reflex stürze ich ins Innere der Kirche, während die Volksmenge sich nach draußen drängt. Ich klettere über rauchende Trümmer und finde mein Kind, das halb ohnmächtig geworden ist. Glücklicherweise sieht es nicht so aus, als ob es verletzt worden wäre.

Wir fanden uns heil und gesund zu Hause wieder und dankten dem Herrn, der uns am Leben erhalten hatte. Eine Stunde später klagt Peter über Schmerzen im Bein. Seine Mutter untersucht ihn: die Hose war durchlöchert, und ein winziger Splitter eines Sprengkörpers war in seine Wade eingedrungen. In der Nähe des Herzens hätte das zum Tode führen können. Hier aber handelte es sich nur um eine leichte Verletzung. So erinnerte der Herr uns daran, daß unser Leben immer in seinen Händen liegt.

Die Bombe war in den Blumen versteckt gewesen, die unterhalb des Altares aufgestellt worden waren. Es gab elf Tote, unter ihnen auch kleine Kinder, und siebzig Verwundete, von denen mehrere nun für ihr ganzes weiteres Leben behindert sind. Man entdeckte aber auch, daß das Attentat noch sehr viel schlimmer hätte ausgehen können. Eine zweite Höllenmaschine hatte die Orgel zur Explosion bringen sollen, vierzig Kilo Sprengstoff waren dort versteckt. Damit wäre das ganze Gebäude in die Luft gesprengt worden, und es wären alle 600 dort anwesenden Personen getötet worden. Man hat nämlich eine Leitung gefunden, die unter dem Teppich im Gang verborgen war und die die erste Bombe mit dem in der Orgel versteckten Sprengkörper verband. Isabelle Abou Khalil, ein Kind von dreieinhalb Jahren, hatte während der Messe gespielt und sich mit den Füßen in der Leitung verfangen. Damit hatte sie zwar die Explosion verursacht, aber gleichzeitig die Verbindung zur Orgel unterbrochen. Sie wurde zerfetzt aufgefunden.

Nach dem ersten Moment, wo man starr vor Schrecken war, wurde der ganze Libanon von einer Welle des Entsetzens gepackt. Christen und Moslems drückten gemeinsam ihre Verzweiflung aus. Eine Bombe während der Sonntagsmesse! Welcher elende Schurke hatte sich nur einen solchen Plan ausdenken können in einem Land, das ohnehin schon so unendlich viel gelitten hatte? Wird es damit denn niemals ein Ende nehmen? Nach mehr als achtzehn Jahren des Terrorismus fließt immer noch Blut. Wer sind die Schuldigen? Man ruft nach Gerechtigkeit! Das einfache Volk aber weiß genau, daß man die wirklich Schuldigen niemals finden wird. Der maronitische Patriarch Sfeir spricht mutige Worte:

— Wir fordern Gerechtigkeit und daß alles getan wird, um die Schuldigen zu finden.

Papst Johannes Paul II. erklärt seine tiefe Verbundenheit mit den Christen des Libanon und bekräftigt aufs neue seinen Entschluß, zu kommen und dem Land der Zedern einen Besuch abzustatten.

Pater Elias Daou, der Priester einer benachbarten Pfarrei, berichtet von der mutigen Reaktion eines seiner Pfarrangehörigen, der durch das Attentat verwundet worden war und den er im Krankenhaus besucht hatte:

— Man will uns daran hindern, am Sonntag in die heilige Messe zu gehen? Nun gut! Von jetzt an werde ich es alle Tage tun!

Wegen des Attentates werden jetzt die Kirchen verschlossen gehalten, um sie besser überwachen zu können; in den Gebieten mit christlicher Bevölkerung hat man auch für einen beachtlichen Militäreinsatz gesorgt. In diesem Frühling sind Verzweiflung, Angst und der Pessimismus auf ihrem Höhepunkt angelangt.

Drei Wochen später verkündet der Apostolische Nuntius, Mgr. Puente, daß der Besuch von Papst Johannes Paul II. auf ein unbestimmtes Datum verschoben worden ist. Wiederum breitet sich unter den Christen das Gefühl der Entmutigung und der Verlassenheit aus. Isoliert und gedemütigt, fühlen sie sich sehr allein gelassen.

Am Tage nach der Bekanntmachung, daß die Reise des Papstes abgesagt worden ist, läutet bei mir das Telefon. Eine Sekretärin sagt zu mir:

— Herr Massoud wünscht Sie zu sprechen.

Seine warme, immer beruhigende Stimme scheint von weither zu kommen. Das Telefon funktioniert nicht besonders gut.

— Können Sie zu Pater Tardif Kontakt aufnehmen? Es wäre gut, wenn er uns bestätigen könnte, daß er wirklich zu uns kommen wird. Es sind jetzt noch dreieinhalb Monate bis zu seiner Ankunft. Nach all dem, was hier geschieht, hat er vielleicht seinen Plan geändert...

Ich frage ihn:

— Wie schätzen Sie denn selbst die Lage ein?

— Wir sind hier im Libanon, antwortet er. Der Plan sollte aufrecht erhalten werden. Hier ist plötzlich Ruhe und dann plötzlich eine Explosion!

Das gleiche denke auch ich. Wo aber befindet sich der Pater? Er durcheilt ja unaufhörlich die ganze Welt. Eine Verbindung wird erst am 24. Juli möglich sein. Pater Tardif kommt dann aus Italien und wird von da aus nach Kanada reisen. Eine Zwischenlandung von zwei Stunden auf dem Flugplatz von Roissy in Paris ist vorgesehen. Nach Frankreich zurückgekehrt, erwarte ich ihn, als er aus dem Flugzeug steigt. Am Abend zuvor waren zu einer Versammlung mit ihm mehr als zehntausend Personen in Rom zusammengekommen. Heute wird dieses Ereignis auf den ersten Seiten der bekanntesten italienischen Zeitungen erwähnt. Während der heiligen Messe für die Kranken hatte es etwa sechzig Heilungen gegeben. Ein aufsehenerregendes Ereignis!

Plötzlich erscheint die Silhouette von Pater Emiliano in der Tür, wo die Reisenden aussteigen. Er zeigt ein erstaunlich jugendliches Lächeln.

— Guten Tag! Ah, der Libanon! Geht es gut? Warum hat der Papst seine Reise abgesagt?

Ich antworte ihm:

— Weniger aus Gründen der Sicherheit als wegen der politischen Probleme. Der Friedensprozeß im Vorderen Orient ist keine leichte Sache. Der Vatikan hat vor kurzem den Staat Israel anerkannt, weil Israel die palästinensische Autorität anerkannt hat, und das ruft große Unruhe hervor... Können wir noch immer Anfang September auf Sie zählen?

— Aber selbstverständlich!

Pater Tardif sieht nicht so aus, als ob die letzten Ereignisse im Libanon ihn übermäßig beeindruckt hätten. Er wechselt schnell das Thema und ist unerschöpflich im Erzählen. Er berichtet fröhlich von vielen kleinen Begebenheiten wie auch von Wundern, die der Herr gewirkt hatte, besonders in diesen letzten Wochen.

— In Venezuela hatten wir einen Mann, der stumm war. Seit sieben Jahren sprach er nicht mehr. Seine Zunge löste sich während des Gebetes für die Kranken. Seine ersten Worte waren: «Danke, Herr!»

Er lacht wie ein Kind, das einen kleinen Streich erzählt. Die Zeit vergeht wie im Flug. Von Roissy aus rufe ich in einer Telefonzelle Beirut an. Mgr. Abi Nader ist am Apparat:

— Ich verbinde Sie mit Pater Tardif!

Dieser begrüßt ihn:

— Guten Tag, Monsignore! Bald werde ich bei Ihnen sein! Wir werden die Wunder Gottes schauen und uns gemeinsam daran erfreuen!

Die Bestätigung ist nun offiziell. Nur noch sechs Wochen, dann findet die vorgesehene Begegnung mit Pater Tardif im Libanon statt. Da ich in Frankreich viel Arbeit habe, kann ich erst am 15. August wieder nach Beirut reisen. Ich habe neunzehn Tage, um alles vorzubereiten. Es ist noch gar nichts organisiert worden.

Ich nehme einige Videokassetten in den Libanon mit, wo die im vergangenen Jahr von der Gemeinschaft des Emmanuel organisierte Zusammenkunft mit Pater Tardif in Paray-le-Monial zu sehen ist. Gleich nach meiner Rückkehr stellen wir ein kurzes Programm für das erste libanesische Fernsehen zusammen, die LBC (Lebanese Broadcasting Corporation), wo ich ein kurzes Interview gebe. Die Fernsehgesellschaft erklärt sich damit einverstanden, es fünfmal am Tag kostenlos auszustrahlen, und zwar in den letzten drei Tagen vor der Versammlung. Sie ist auch bereit, die Messe und den Vortrag vom Sonntag, dem 4. September, «live» auszustrahlen.

In fieberhafter Eile bereiten wir alles vor. Vierzehn Tage vor dem Ereignis wissen wir immer noch nicht, wo wir hingehen sollen. Welchen Ort soll man wählen, wenn man überhaupt keine Vorstellung davon hat, wie viele Menschen daran teilnehmen werden? Wir einigen uns schließlich auf dreihundert Personen. Dann aber entdecken wir, daß jeder der etwa in Frage kommenden Orte schon anderweitig vergeben ist. Es steht nichts zur Verfügung. Das große Stadion von Beirut ist durch den Krieg vollständig zerstört worden. Der größte Sportplatz des Libanon ist der neben der Schule der christlichen Schulbrüder, der «Mont la Salle», aber er ist am Abend für eine Hochzeitsveranstaltung vorgesehen.

Wohin sollen wir nun gehen? Anton Massoud schlägt vor, die «Schule der Göttlichen Weisheit» in Jdaideh, einem Vorort im Norden von Beirut, in Erwägung zu ziehen. Dort befinden sich zwei große Sportplätze neben einem ausgedehnten Hof, das Ganze mit Mauern eingefriedigt. Es ist möglich, dort ein Podium aufzubauen, das von allen gesehen werden kann. Die Plätze sind noch frei. Unverzüglich lassen wir sie für uns reservieren. Ein Team von der «Gemeinschaft des Wortes Gottes» begibt sich dorthin und erklärt sich bereit, sich um die praktische Vorbereitung zu kümmern. Das ist ein wirkliches Opfer, denn in der zweiten Augusthälfte ist praktisch niemand verfügbar. Josef Farah, 35 Jahre alt, übernimmt die Verantwortung für das Technische und arbeitet mit bemerkenswerter Sachkenntnis. In diesem Lande ist die Organisation auch der kleinsten Dienstleistung immer sehr kompliziert. Man mietet fünftausend Stühle und später noch einmal achttausend dazu. Diese große Zahl flößt mir einigen Schrecken ein: möglicherweise kommen nicht genug Leute, und wenn die Stuhlreihen zu drei Viertel leer sind, dann macht das immer einen schlechten Eindruck! Ich werde dann auch hier wieder einmal die Gelegenheit haben festzustellen, daß der Glaube, das heißt, das Gottvertrauen meiner libanesischen Freunde, weitaus größer ist als bei mir. Mein verengter französischer Rationalismus hat immer einen viel größeren Einfluß auf mein Denken als ich es mir vorzustellen vermag!

Ein wichtiges Problem, das noch gelöst werden muß, ist das der Elektrizität, denn hier im Lande gibt es zahlreiche Stromsperren. Nun sind aber die Versammlungen für den Abend vorgesehen, weil es dann nicht mehr so heiß ist. Man muß also beim zuständigen Ministerium ein Bittgesuch einreichen, damit die Stromversorgung gewährleistet wird. Vorsichtshalber wird auch noch ein Generator bereitgestellt und ein Ingenieur für den Fall, daß es eine Panne gibt! Alle Libanesen, die es sich irgend leisten können, haben sich für dieses System entschieden: sie abonnieren einen Generator in ihrem Stadtteil. Dieser liefert elektrischen Strom, immer wenn die normale Stromversorgung ausfällt, und das sind etwa zwölf bis vierzehn Stunden am Tag. Das kostet den Gegenwert von 50 DM im Monat. Diese Summe ist für die meisten libanesischen Familien sehr hoch, denn sie beträgt fast ein Viertel eines Monatslohnes. Daher bedient man sich in den meisten Fällen der Kerzen, und so kommt es, daß es dort so viele Augenschäden gibt, besonders bei den Kindern im schulpflichtigen Alter, weil sie nur ein so schlechtes Licht zur Verfügung haben. Die Augenärzte, die um Rat gefragt werden, antworten immer wieder das gleiche:

— Sorgt für gutes Licht!

Aber es ist kein Geld dafür vorhanden...

Es bleibt noch das Problem des Autoverkehrs und der Parkplätze. Kann man sich an die Polizei wenden, um den Autoverkehr in der Nähe der Schule zu regeln? Es werden Pläne ausgearbeitet und vorgeschlagen, aber niemand glaubt an ihre Verwirklichung: wer könnte sich auch einbilden, eine Menschenansammlung im Orient disziplinieren zu können? Dies ist jedoch meine größte Sorge.

Das gleiche Problem zeigt sich im Bereich der Schule selbst. Es kann schnell zu einem Unfall kommen: wenn dann die Leute sich drängen, kann man unter ihre Füße geraten. Und wenn es zu einem Attentat oder sonst einem gefährlichen Zwischenfall kommt — wenn zum Beispiel ein Irrsinniger eine Waffe abfeuert —, nach welchem Plan sollen dann die Leute den Platz verlassen? Ich bestehe auf einem Minimum an Sicherheit: die Durchgänge zwischen den Stühlen sollen frei bleiben, und vor allem soll das Podium durch einen Freiraum von mindestens fünf Metern geschützt werden. Andernfalls könnte es unversehens gestürmt werden, wie es sonst überall auf der Welt der Fall ist.

In den Vereinigten Staaten oder in Frankreich z.B. ist der Ordnungsdienst einwandfrei. Dort kann niemand sich dem Pater nähern, wenn er sich ruhig von seinem Wagen zum Mikrofon begibt, vor dem ihn Zehntausende von Menschen erwarten. In Zaire und in Mexiko aber herrscht ein unbeschreibliches Durcheinander. Alle versuchen, unbedingt ein Stückchen Stoff von der Kleidung des Paters zu ergattern, das sie dann als eine Art Reliquie von seiner Person betrachten.

Wie wird nun der Libanon reagieren, der sowohl von der orientalischen wie auch von der westlichen Mentalität geprägt ist, eine Mischung, die starke, undisziplinierte und eigensinnige Charaktere hervorgebracht hat, die aber mit ausgezeichneten Fähigkeiten zum Nachdenken und einem echten Sinn für das Gemeinwohl ausgestattet sind?

— Wenn ich nicht beschützt werde, dann muß ich mich halt in Fetzen, wenn nicht gar in der Unterwäsche vor der Menge präsentieren, sagt Pater Tardif, wobei er schallend lacht. Bei ihm ist nichts dramatisch. Er nimmt alles von der guten, der positiven Seite! Und vielleicht werden ja nur ein paar hundert Menschen da sein. Dann wird alles liebenswürdig und gesittet zugehen, ohne daß es besondere Probleme gibt...

Eine Gruppe von Ärzten kommt zusammen unter der Leitung des Augenarztes Charbel Fahed, dem Bruder des Richters, und des Facharztes Laure Irani, eines Spezialisten für rheumatische Erkrankungen, der gerade sein Studium in Paris beendet hat. Diese beiden sind damit beauftragt, die Zeugnisse von eventuellen Heilungen entgegenzunehmen und betreffs ihrer Echtheit eine erste Auswahl zu treffen.

Da Pater Tardif im Libanon ein Unbekannter ist, wie soll man es da fertigbringen, die Menschen zu mobilisieren? Die hochsommerliche Hitze, die Anfang September noch keineswegs gebrochen ist, hat die Leute aus Beirut in die Berge getrieben. Sie sind in die Ferien gefahren. Werden sie zurückkehren, um einer Messe beizuwohnen, die von einem ganz unbekannten Priester gefeiert wird? Ich zähle meine Bekannten auf: diese Pfarrei kann vielleicht dreißig Jugendliche schicken, jene geistliche Bewegung im höchsten Fall fünfhundert Personen. Die Pfadfinder erklären uns, daß die Zeit Anfang September die allerungünstigste ist, um ihre Leute zu mobilisieren, da der Beginn des neuen Schuljahres im Libanon auf Anfang Oktober festgesetzt ist. Gewiß, es gibt Gläubige, die mit der charismatischen Erneuerung bekannt sind. Zusammen mit ihren Freunden und Bekannten könnten da vielleicht zweitausend Personen zusammenkommen, was für ein kleines Land wir den Libanon schon sehr beachtlich wäre. Dreitausend Bücher über das Zeugnis von Pater Tardif: *Jesus hat aus mir seinen Zeugen gemacht* sind extra für den Libanon gedruckt und zum Selbstkostenpreis im Lande verteilt worden. Die Leute sind zu arm, um Bücher kaufen zu können, es sei denn, daß sie sehr preiswert sind. Auf welchen unterirdischen Kanälen kann die Botschaft also weitergegeben werden? Unmöglich, das abzuschätzen. Wer kennt heute wirklich Pater Tardif?

Es gibt indessen einige ermutigende Anzeichen. In den christlichen Dörfern der Bekaa und im Norden des Libanon haben sich Gebetsketten gebildet, wo man für alle Leidenden und Kranken in den Familien betet. Eine Gebetskette, das ist eine Gruppe von Personen, die sich ablösen in einem ununterbrochenen Gebet. Man erfährt, daß ein Dutzend Autobusse in Zghorta, im Norden des Libanon, bereitgestellt worden sind, um nach Jdaideh zu fahren, da der Priester der Pfarrei Sankt Maroun seine Pfarrangehörigen dazu aufgerufen hat. Vor allem gibt es aber auch das «Bürgersteig-Radio», dieses unhörbare Flüstern, das von Haus zu Haus getragen wird, das bei dem leisesten Gerücht bereits in Aktion tritt und sich bis in die fernsten Winkel des ganzen Landes ausbreitet. Wir werden aber erst nach den Ereignissen dessen ganze Bedeutung ermessen können.

Niemand von all denen, die mit den Vorbereitungen beschäftigt sind, vermag auch nur im mindesten vorherzusagen, wie viele Personen wohl kommen werden. Es bleibt ein vollkommenes Rätsel. Ich selbst bin bei meinen Vorhersagen am pessimistischsten: wenn zweitausend Personen kämen, so würde das schon ans Wunderbare grenzen! Johannes Barbara, der Verantwortliche der «Gemeinschaft des Wortes Gottes», ist etwas optimistischer: er spricht von drei- bis viertausend!

Aber letzten Endes, ist das nicht die Sache Gottes? Wir haben getan, was wir zu tun hatten, und Gott wird tun, was seinem Wohlgefallen entspricht. Er ist es, der die Menschen hierher bringen wird, und zwar die, die er gewählt und berufen hat.

Kapitel III

Samstag, 3. September 1994

Samstag, 3. September 1994, 15 Uhr, am Flughafen von Beirut. Pater Tardif wird in einigen Minuten eintreffen. In der Politik ist im Augenblick alles ruhig, es gibt keine Gründe, die zu einer neuen Auseinandersetzung führen könnten. Der Idealfall für ein Land, wo eine ganz unbedeutende Kleinigkeit zum Vorwand dienen kann, um Unruhen und politische Ansprüche wieder aufleben zu lassen.

In der Empfangshalle des Flughafens, die für die Ehrengäste reserviert ist, drängen sich viele Menschen, denen es gelungen ist, hereinzukommen, um bei der Ankunft von Pater Tardif dabei zu sein. Mgr. Abi Nader, Anton Massoud und ich selbst, wir sind ein wenig nervös: wird unser Freund wohl im Flugzeug sein, das jetzt aus Paris kommen wird? Oder hat er vielleicht den Anschluß in Puerto Rico verpaßt? Wird das Flugzeug auch pünktlich eintreffen, da wir um 17 Uhr, also in weniger als zwei Stunden, eine heilige Messe in der Herz-Jesu-Kirche haben werden?

Draußen wartet der Begleitwagen der Polizei. Darin befinden sich sechs Mann, die mit einem Maschinengewehr bewaffnet sind. Plötzlich hören wir ein Geräusch: der Airbus 320 hält auf der Landepiste. Ein großer Cadillac nähert sich bis an die Fluggastbrücke. Im Wagen befinden sich der Erzbischof, Anton Massoud und ich. Die Tür öffnet sich: die Passagiere beginnen auszusteigen. Die wohlbekannte Silhouette wird in der Tür des Flugzeugs sichtbar. Ich winke ihm heftig mit der Hand. Er bemerkt mich sofort, und ein

Lächeln der Erleichterung zeichnet sich auf seinem Antlitz ab. Er ist jetzt nicht mehr in der Fremde! Eine Woge innerer Erregung nimmt mich gefangen, und in meinem Inneren beginne ich zu beten:

— Herr Jesus, die Würfel sind gefallen! Wir legen alles in deine Hände. An dir ist es nun, für alles Weitere zu sorgen!

Pater Emiliano ist ganz überrascht:

— Was für ein Empfang! Bis ans Flugzeug zu kommen! Wie lieb ist das!

Ich umarme ihn, stelle die Anwesenden vor, und dann steigen wir alle in den Cadillac. Vor dem Eingang des Salons für die Ehrengäste steht Mutter Maria Gabriela, die Oberin der Schwestern vom Allerheiligsten Altarssakrament, welche für die Herz-Jesu-Kirche zuständig sind. Wie im Orient üblich, küßt sie die Hand von Pater Tardif. Dieser ist ganz überrascht und zieht geschickt die Hand zurück. Von Lateinamerika her ist er mehr an eine Gleichheit der Beziehungen unter den Menschen gewohnt als an die salbungsvolle Ehrfurcht des Ostens! Aber gutmütig wie immer weiß er jede Situation mit einem Lächeln zu meistern. Er schüttelt einige Hände. Die Bediensteten des Flughafens nehmen seinen Paß und holen sein Gepäck, während schon das Fernsehen herankommt:

— Seien Sie willkommen im Libanon! Alle Libanesen grüßen Sie. Pater Tardif, bitte sagen Sie ihnen «Guten Tag!»

— Der Herr Jesus hat mich zu Ihnen gesandt. Er sei gelobt! Er will, daß wir alle gerettet werden! Ich tue nichts anderes, als diese Frohe Botschaft zu verbreiten!

Yolande Labaki, eine im libanesischen staatlichen Fernsehen gut bekannte Journalistin, kommt ohne Umschweife auf das Wesentliche zu sprechen:

— Ist es wahr, daß dann, wenn Sie beten, Heilungen geschehen?

Pater Emiliano antwortet:

— Der Herr erneuert heute, gleichsam in einem neuen Pfingsten, die Zeichen und Wunder, die er in seinem Evangelium verheißen hat. Und die Heilungen gehören dazu!

Wir machen uns auf den Weg. Man muß durch ganz Beirut hindurchfahren, um zum Haus des Erzbischofs zu gelangen. In einer Stunde beginnt die Messe in der Herz-Jesu-Kirche. Die untergehende Sonne wirft ihre rosa Strahlen auf die weißen Häuser. Der Kiefernwald im Zentrum der Stadt beginnt wieder heranzuwachsen und läßt das tiefe Blau des Himmels noch intensiver erschienen. Die Stadt erstrahlt im Gold dieser Abendstunde. Alles ist ruhig und von heiterer Gelassenheit geprägt. Das Haus des Erzbischofs ist schattig, alt und einfach. Anton Massoud hat Mineralwasser kommen lassen, das von allen gern genommen wird. Es ist nämlich noch sehr heiß.

Die Koffer werden ausgeladen, und die Wagen begeben sich mit heulenden Sirenen nach Badaro. Der Konvoi bahnt sich mühsam einen Weg durch die legendären Straßenverstopfungen von Beirut. Die Fahrer versuchen mit erstaunlicher Gelassenheit, in dem Gewühl vorwärtszukommen. Man ist sie schließlich gewohnt, diese offiziellen Konvois, die mit irrsinnigem Tempo alle Arten von Persönlichkeiten transportieren, alle Wagen mit von außen gut sichtbaren Maschinengewehren.

Am typischsten in dieser Hinsicht sind die Amerikaner. Sie sind ohne Zweifel der Ansicht, daß sie sich noch mitten im Krieg befinden, wo die Straße ein Ort aller nur denkbaren Gefahren war. Keiner der Diplomaten, auch wenn er nur einen ganz untergeordneten Rang bekleidet, verläßt den Bunker, der die Botschaft der Vereinigten Staaten in Beirut beherbergt, ohne einen gepanzerten Wagen und einer Leibwache, bestehend zunächst aus einem schweren Fahrzeug mit einem beweglichen Geschütz, unter dem sich acht bewaffnete Männer befinden. Diese halten ihre Gewehre nach allen Richtungen in die Luft und scheinen die Absicht zu haben, auf alles schießen zu wollen, was sich bewegt. Am

Ende des Konvois befindet sich ein weiteres Fahrzeug mit ähnlicher Ausrüstung und dazwischen drei oder vier Wagen, die rund um dieselben angeordnet sind. So kann kein Geschoß den Wagen dieses Bürgers aus dem Heimatland Rambos erreichen. Das Ganze wird durch ein charakteristisches durchdringendes Sirenengeheul angekündigt. Ein wahrhaft beeindruckendes Spektakel!

Heute zeigt sich die Straße in ihrer gewohnten bunten Vielfalt. Der Orient ist farbig und lebhaft. Die Autos hupen, es wird gelacht, man scherzt, der Straßenverkehr macht den Eindruck totaler Unordnung, aber es sieht nur so aus, denn ungeachtet des gegenteiligen Anscheins fahren die Libanesen gut. Sie haben die Gabe, sehr schnell zu reagieren, und jeder liebt seinen Wagen sehr, der allerdings nicht versichert ist. Die Autos bremsen sehr scharf, sie streifen sich fast und legen dann plötzlich an Geschwindigkeit zu, aber schließlich geht alles gut.

Die heilige Messe mit Pater Tardif an diesem Samstag, dem 3. September um 17 Uhr, war nicht angekündigt worden. Es war die übliche Messe in der Pfarrkirche, wie sie jeden Samstag als Vorabendmesse vor dem Sonntag gefeiert wird. Ich hatte mir schon Sorgen gemacht, ob das Flugzeug nicht etwa Verspätung hätte, obwohl die Linie der Air France an sich zuverlässig ist. Ich dachte auch daran, daß Pater Tardif, von der Reise ermüdet, vielleicht an dieser ersten Eucharistiefeier nicht teilzunehmen wünschte. Aber er hat sich mit seiner gewohnten Einfachheit einverstanden erklärt, und ich freue mich auf die Überraschung der Pfarrangehörigen. Diese Messe wird es ihm ermöglichen, den orientalischen Ritus der maronitischen Messe kennenzulernen, die im Grunde genommen der lateinischen Messe ähnlich ist, aber auf ganz andere Art zelebriert wird. Außer der Sprache, arabisch und aramäisch, der Reihenfolge der liturgischen Gebete und den Lesungen ist auch die Segnung von Brot und Wein wesentlich anders als das, was Pater Tardif wahrscheinlich jemals zuvor gesehen hat. Die Nachricht, daß der Pater möglicherweise bei der Messe anwesend sei, hat sich von Mund zu Mund unter denen verbreitet, die mit den Vorbereitungen des Empfangs beauftragt waren. Wahrscheinlich werden einige von ihren Familienmitgliedern bei dieser Messe anwesend sein.

Der Wagen schlängelt sich durch und hält etwa einen Kilometer vor der Kirche an. Die Straße ist blockiert. Ich frage den Erzbischof:

— Ist etwa für diesen Nachmittag irgendeine Kundgebung in diesem Stadtteil vorgesehen?

— Nicht daß ich wüßte, antwortet er.

Der Wagen fährt wieder los, aber er kommt nur ganz langsam vorwärts: die Polizisten der Begleitung sind aus ihrem Auto ausgestiegen und versuchen, einen Weg freizubekommen; zu Fuß schimpfen sie auf die anderen Wagen los, die dann gehorsam weiterzufahren versuchen. Selbst wenn alles blockiert ist, verstehen es die Libanesen immer, einen Zwischenraum zu finden, um sich durchzuschlängeln und die Durchfahrt freizugeben. Amüsiert schaut Pater Tardif diesem beirutischen Wirrwarr zu. Er erweckt den Eindruck, sich in bester Verfassung zu befinden. Diesem Mann von 64 Jahren scheint die Ermüdung durch die Flugreise über den Atlantik und der Mangel an Schlaf nichts anhaben zu können.

Nach einer letzten Wendung erscheint die Kirche in ihrer ganzen Schönheit: die Architektur ist harmonisch. Sie ist modern, die Linienführung von strenger Klarheit und hat den sakralen Charakter des Bauwerkes zu respektieren gewußt; eine Einladung zu Gebet und Sammlung, wie man es nur selten sieht. Die modernen Kirchen strahlen nicht immer die Herz und Geist erhebende Atmosphäre der alten Kirchen mit ihren mehr klassischen Formen aus.

— Warum haben Sie diese Kirche zu Ehren des heiligsten Herzens Jesu erbaut?, richtet sich Pater Tardif fragend an Anton Massoud. Dieser antwortet:

— Es gab noch keine Kirche im Libanon, die ihm geweiht war. Christus hat aber all denen besondere Gnaden der Einheit und der Versöhnung verheißen, die sich bedingungslos seiner Liebe ausliefern, dem Feuer der Liebe seines Herzens. Ich dachte mir, dies sei gerade das, was der Libanon nötig hätte.

Anton Massoud ist Geschäftsmann. Sein ganzes Leben lang hat er sich mehr um seine geschäftlichen Angelegenheiten als um die Theologie gekümmert. Aber mit diesen wenigen einfachen Worten hat er einen sehr tiefen mystischen Gedanken ausgedrückt.

— Ist es Ihnen bekannt, lieber Herr, daß ich ein Ordensmann aus der Kongregation der Missionare des heiligsten Herzens Jesu bin?, entgegnet Pater Tardif. Ich bin sehr bewegt über das, was Sie mir sagten, denn es ist gerade diese Spiritualität, die auch die meinige ist!

— Dann ist es also, entgegnet Anton Massoud voll Freude, das Herz Jesu, das Sie hierher geführt hat!

Jetzt nähert sich das Auto dem Gitter, hinter dem der Vorplatz zur Kirche beginnt. Es scheint eine Kundgebung dort stattzufinden, da die Leute sich dichtgedrängt zur Kirche begeben, aber vergebens versuchen hineinzukommen und sich deshalb auf den Straßen, den Höfen und den Treppen zusammengefunden haben.

Was geht denn hier vor sich? Für eine Hochzeit sind es doch viel zu viele Menschen. Und außerdem wird am Samstagabend während der Zeit der Messe für die Pfarrei keine Hochzeit gefeiert. Es gibt nur eine Erklärung: diese Leute sind für die heilige Messe von Pater Tardif gekommen. Wie aber haben sie von diesem Plan erfahren, der doch erst weniger als vier Tage zuvor gefaßt und kaum einem Dutzend Personen mitgeteilt worden war? Das Gerücht hat eine unglaubliche Macht. Die Telefone waren zweifellos ununterbrochen in Betrieb. Wieviel Menschen mögen es sein? Draußen sind es mindestens viertausend. Das bedeutet, daß die Kirche bis auf den letzten Platz gefüllt ist: mehr als dreitausend Personen drängen sich dort aneinander.

Pater Tardif, der ja schließlich große Menschenansammlungen gewohnt ist, läßt indessen eine Regung — der Schüchternheit erkennen:

— Ich hatte heute abend nicht mit einer solchen Meßfeier gerechnet. Aber gelobt sei Jesus Christus! Alles ist schließlich für ihn!

Weil niemand Pater Tardif zuvor schon einmal gesehen hat, kennt man ihn nicht. Die Leute grüßen den Erzbischof und erkennen ihn nicht unter den drei oder vier Priestern, welche Monsignore begleiten. Hinten in der Kirche legt der Pater eine weiße Albe an und nimmt in aller Ruhe mitten unter den anderen an der Prozession teil.

— Mit meinem Aussehen passe ich überall hin, hat er mir eines Tages erzählt. In Lateinamerika glaubt man, ich sei von dort. Die Juden und die Armenier halten mich für einen der ihren. In Vorderasien sind alle Leute der Überzeugung, ich sei am Ufer des Euphrat geboren. In Europa gibt es gar keinen Kommentar, ich gehöre dazu. Aber ich bin ein echter Kanadier!

Die Prozession setzt sich in Bewegung. Ein junger Kleriker ergreift ein riesiges Kreuz, zwei andere folgen ihm mit Kandelabern, dann kommen etwa fünfzehn Priester. Einer von ihnen trägt mit erhobenen Händen ein reich verziertes Evangelienbuch. Den Abschluß bildet der Erzbischof in majestätischer Haltung mit Mitra und Hirtenstab. Die zahlreichen Mitglieder des Kirchenchors lassen mit der Kraft einer Trompete einen wundervollen vielstimmigen Gesang ertönen: ein Musikwissenschaftler hätte seine helle Freude an dieser Musik, welche aus uralten Zeiten stammt und seit zweitausend Jahren in der semitischen Tradition heimisch ist. Diese Gesänge aus dem alten Orient haben zur Entstehung zahlreicher anderer Richtungen geführt: das religiöse Liedgut des Westens mit der Gregorianik, die hebräische Musik und die islamische Psalmodie, welche von jenen Melodien inspiriert worden ist, die sich im Mönchtum der Urkirche entwickelt hatten. Der Ruf zum Gebet vom Kirchturm aus ist in diesen

Gegenden früher allgemein üblich gewesen. Alle kamen dann zum Gebet in die Kirche. Die aus dem Westen eingeführten Glocken haben dann diesen Ruf ersetzt. Die Moslems haben später diese christliche Praxis nachgeahmt und bedienen sich ihrer auch heute noch von den Minaretts ihrer Moscheen aus.

Diese sakrale Musik beinhaltet eine Vielfalt von Gesängen in aramäischer und arabischer Sprache, mit Vierteltönen, die in Europa unbekannt sind und wobei die Solisten sich abwechseln mit dem Chor und den Gläubigen. Diese Gesänge führen zu tiefer innerer Bewegung und lassen auch in den verhärtetsten Herzen einen Geist gesammelten Gebetes entstehen... Hinzu kommen das Gold, der Weihrauch und die Kerzenflammen in dieser so schönen Kirche, in der nun so viele Menschen versammelt sind; dies alles ist der lebendige Ausdruck der ungebrochenen Vitalität des orientalischen Christentums. Jahrhundertelange Verfolgungen haben in den Gemeinden einen außerordentlichen Geist der Kraft und des Widerstandes geformt.

Die Prozession ist in der Mitte der Kirche angelangt. Plötzlich erkennt eine Frau den Pater und legt ihre Hand auf seine weiße Albe. Das ist im Orient die traditionelle Geste der Verehrung. Überrascht lächelt Pater Tardif ihr zu und schreitet dann weiter zum Hauptaltar. Diese Geste ist ein Signal. Alle haben verstanden: im Nu strecken sich alle Hände aus: zehn, zwanzig, hundert! Der Pater lächelt, er sieht etwas verlegen aus angesichts dieser Begeisterung des Volkes. Ich versuche, die Leute daran zu hindern, aber Monsignore sagt zu mir:

— Lassen Sie die Leute! Das sind sie hier so gewohnt! Das macht ihnen Freude!

Jetzt ist die Prozession hinter dem Altar angekommen. Pater Tardif schaut mit einem Blick voll Mitleid über diese zusammengedrängte Menschenmenge. Sogar die Tribüne ist übervoll. Draußen angebrachte Lautsprecher ermöglichen es den vielen vor der Kirche zusammengedrängten Menschen, den Handlungen der heiligen Messe zu folgen. Es sind viele

Kranke da. Ich nehme ganz vorne meinen Platz ein, zwischen zwei Rollstühlen. Ein junger Mann, der seit zehn Monaten im Koma liegt, ist dort auf einer Bahre ausgestreckt. Eine Krankenschwester neben ihm kontrolliert das Tropfgerät. Eine Frau kniet neben ihm, sie hat eine Hand auf die Stirn des Kranken gelegt und betet mit der ganzen Kraft ihres Mutterherzens. Dieser Anblick von Leid ist fast nicht zu ertragen.

Der Erzbischof heißt Pater Tardif mit einigen arabischen Worten willkommen. Die heilige Messe beginnt mit ihrer wundervollen Liturgie, wo die Gesänge der Priester mit denen des Volkes einander abwechseln. Pater Tardif folgt in seiner gewohnten Liebenswürdigkeit, so gut es geht, der heiligen Handlung, denn er versteht nicht ein einziges Wort. Man steht auf, man wirft sich nieder, man kniet sich hin, man setzt sich. Er tut das Gleiche, aber immer eine Sekunde später. Dann kommt das Evangelium und danach die Predigt. Pater Emiliano wird sie halten. Mit ganz einfachen Worten gibt er sein Zeugnis:

— Im Juli 1973 bin ich sehr schwer krank geworden. Ich litt an akuter Lungentuberkulose. Sechzehn Jahre lang hatte ich in der Dominikanischen Republik gearbeitet, und wegen der Krankheit mußte ich in meine Heimat, nach Quebec in Kanada, zurückkehren. Dort brachte man mich in ein Krankenhaus für Tuberkulosekranke. Ich wurde sorgfältig untersucht. Die Ärzte haben mir gesagt, daß ich vielleicht nach einer Behandlung von einem Jahr nach Hause zurückkehren könnte. Dann besuchten mich fünf Laien aus einer charismatischen Gebetsgruppe. Damals hatte ich noch nichts von der charismatischen Erneuerung gehört. Ich hätte am liebsten über die Charismatiker gelacht, denn ich war nicht richtig informiert worden. Ich dachte, das wäre übertrieben, was die Leute da machten.

Mehr aus Höflichkeit als aus Überzeugung war ich aber doch damit einverstanden, daß sie für mich beteten, denn ich glaubte nicht wirklich daran, daß durch ein einfaches kleines

Gebet der Herr mich heilen könnte. Sie haben mir die Hände aufgelegt, und der Herr hat mich geheilt. Drei oder vier Tage später waren meine Lungen vollständig verheilt. Normalerweise wäre mehr als ein Jahr der Behandlung nötig gewesen, um dieses Ergebnis zu erzielen! Wie groß ist da das Erstaunen der Ärzte gewesen! Sie verstanden nicht, was da geschehen war. Sie haben neue Röntgenaufnahmen gemacht, und sie sahen, daß meine Lungen vollständig geheilt waren!

Ich habe also das Krankenhaus verlassen, und ich änderte daraufhin meine Vorstellungen bezüglich der Charismatiker. Vorher war meine Meinung über sie durchaus nicht günstig gewesen. Nach meiner Heilung aber begann ich anders zu denken. Ich fing an, ihre Gebetsversammlungen zu besuchen und mit ihnen zu beten. Als ich dann später in mein Einsatzgebiet in der Dominikanischen Republik zurückgekehrt war, fing ich an, meine Arbeit ebenfalls im Sinne dieser Erneuerung durch den Heiligen Geist zu verrichten.

Weil ich geheilt worden war, bat man mich, in verschiedenen Gebetsgruppen mein Zeugnis zu geben. Am Ende betete ich für die Kranken. Ich betete, aber nichts geschah. Nichts, in den Monaten August, September, Oktober, November... Am 18. November aber geschah es zum erstenmal in meinem Leben, daß ich für einen Kranken betete, der an Arthrose litt, und daß ich sah, wie dieser Mann von 51 Jahren zu weinen begann. Er verspürte eine große Wärme. Ich weiß nicht, was geschah. Als ich mein Gebet für ihn beendet hatte, ist er aufgestanden, hat seine Krücken fortgeworfen und hat angefangen zu gehen, und zwar ohne die geringste Schwierigkeit. Das war das erstemal in meinem Leben, daß ich während meines Gebetes eine Heilung feststellen konnte. Dieses Charisma der Heilung hat sich nach und nach weiterentwickelt. Ein Charisma ist eine geistliche Gabe: Je mehr man sie ausübt, um so mehr entwickelt sie sich. Danach habe ich die Sprachengabe erhalten, sodann das Charisma der Prophezeiung und zwei Jahre später das Charisma des Wortes der Erkenntnis.

Im April 1975 wurde ich eingeladen, in Rom an einer Begegnung der Verantwortlichen der charismatischen Erneuerung teilzunehmen. Mein Oberer aber wünschte, daß ich in der Dominikanischen Republik bleiben sollte. An diesem Tag bin ich daher, statt mich nach Rom zu begeben, in die Berge gegangen, um dort in einer kleinen Kapelle die heilige Messe zu feiern; es waren ungefähr achtzig Personen da. Nach der heiligen Kommunion betete ich für die Kranken, wie ich es einmal im Monat tat.

Als das Gebet beendet war, habe ich zum erstenmal in meinem Leben ein Wort der Erkenntnis erhalten. Es war das Wort «Epilepsie». Ich habe es innerlich sehr stark erhalten: Es kam nicht durch das Ohr zu mir, aber als eine Gewißheit, die man mit einem nicht abzuschüttelnden Gedanken vergleichen könnte. Da habe ich im Glauben das Risiko auf mich genommen und habe gesagt:

— Es ist jemand hier bei uns, der an Epilepsie leidet, und der Herr ist dabei, ihn zu heilen.

Ich wußte ja, daß es ein solches Charisma gibt. Ich hatte gelesen, daß andere Priester es in Quebec ausübten. Ich aber hatte es noch niemals erhalten. Und im gleichen Augenblick hat die anwesende Lehrerin gesagt:

— Es ist mein Töchterchen, seht doch, wie sie zittert.

Ihre kleine Tochter, die an der Epilepsie gelitten hatte, war dabei, geheilt zu werden. Sie hat niemals wieder darunter gelitten. Das war mein erstes Wort der Erkenntnis. Sie sehen, daß die Charismen nicht alle gleichzeitig gekommen sind.

Und nun predige ich seit 21 Jahren überall in der Welt. Der Libanon ist das 63. Land, in welchem ich die Freude habe, das Evangelium zu verkünden. Überall begleitet der Herr sein Evangelium durch Zeichen und Wunder seiner Liebe. Darum lade ich euch ein, an Jesus, den Retter, zu glauben.

Pater Tardif spricht französisch, ebenso wie zahlreiche Libanesen. Johannes Barbara übersetzt Satz für Satz ins Arabische. Wenn man aber die Reaktionen der Gläubigen betrachtet, dann spürt man, daß sie gut das Französisch von Pater Tardif verstehen.

— Er hat einen komischen Akzent, bemerken einige von ihnen.

Die heilige Messe geht weiter bis zur Austeilung der heiligen Kommunion. Hier bricht nun der Ordnungsdienst zusammen, den bis dahin Jugendliche durchgeführt und die zum erstenmal einer solchen Menschenmenge gegenübergestanden hatten. Man drängt sich, man schlängelt sich durch, man läßt die Schultern in Aktion treten, man stößt sich. Pater Tardif kann die heiligen Hostien nicht weiter austeilen. Man zieht ihn von überall her: von hinten, von der Seite, andere kriechen auf allen Vieren nach vorne bis zu seinen Füßen und stehen dann plötzlich auf, unmittelbar vor ihm. Das Ziborium, das Gefäß mit den heiligen Hostien, kann jeden Augenblick zur Erde fallen. Ich stürze nach vorn und ziehe den Pater in die Sakristei. Die Austeilung der heiligen Kommunion übernehmen nun andere Priester. Mehr als fünftausend Hostien sind an diesem Abend verteilt worden.

Danach, als alles wieder still geworden ist, nähert sich Pater Tardif dem Mikrofon, das sich auf dem Altar befindet.

— Wir wollen jetzt für die Kranken beten...

Unsere kleine Gruppe ist ins Gebet versunken: Anna-Sophia hat sich hingekniet und den Kopf in ihre Hände gelegt; Roger Daher, einer der Organisatoren, ist damit beauftragt, Fotos aufzunehmen, soweit es nötig ist; auch seine Lippen bewegen sich. Johannes Barbara nähert sich mit ernstem Gesicht dem Pater, um zu übersetzen.

Das Allerheiligste ist auf Bitten von Pater Tardif auf dem Altar ausgesetzt worden. Der Mittelpunkt hier ist nämlich nicht der Pater Tardif, sondern selbstverständlich Christus, der unter der Gestalt des Brotes geheimnisvoll gegenwärtig ist. Die eucharistische Anbetung ist in dieser Basilika von zentraler Bedeutung. Das Allerheiligste ist den ganzen Tag über ausgesetzt, ebenso wie in Paris in der Herz-Jesu-Basilika auf dem Montmartre, mit der unsere Pfarrei in Beirut eine Partnerschaft geschlossen hat. Die Monstranz, welche die heilige Hostie umgibt, ist eine wundervolle Goldschmiedearbeit, ein wahres Kunstwerk. Sie hat eine bewegte Geschichte: Von Kaiser Napoleon III. wurde sie der Herz-Jesu-Basilika in Algier geschenkt. Vor kurzem aber ist diese Kirche im Zuge der Islamisierung in eine Moschee verwandelt worden. Daher wurde die Monstranz dieser neuen Herz-Jesu-Basilika in Beirut übergeben. Beirut ist nämlich eine Hochburg des Widerstandes gegen die aggressive Islamisierung, die von gewissen fundamentalistischen Strömungen im Libanon betrieben wird.

Pater Tardif fährt fort:

— Ich werde einige Worte der Erkenntnis aussprechen und verkünden, was Jesus jetzt in dieser Versammlung zu wirken beginnt.

Dann fängt er mit einfachen Worten an zu beten. Herr Massoud flüstert mir ins Ohr:

— Wenn es nur ein einziges Wunder gäbe, dann wäre das großartig! Morgen würde der ganze Libanon es wissen...

Ich flüstere ihm zu:

— Beten wir, es wird viele Wunder geben...

Die riesige Versammlung hält den Atem an. Alle sind sehr gesammelt. Pater Tardif verkündet die Heilung mehrerer Gelähmter, Asthmatiker und Hautkranker. Dann sagt er:

— Es befindet sich unter uns ein Mann von 44 Jahren, der an einem Magenkrebs litt. Der Herr ist dabei, ihn zu heilen... Zehn Gehörlose werden jetzt geheilt. Gebt euch zu erkennen! Erhebt den Arm, daß man euch sieht und daß wir zusammen dem Herrn die Ehre geben können! Ihr fühlt eine Wärme in euren Ohren. Es ist der Herr, der dabei ist, euch zu heilen! Eure Hörapparate sind euch hinderlich. Nehmt sie fort! Ihr werdet bemerken, daß ihr sie nicht mehr nötig habt und daß ihr jetzt sehr gut hören könnt!

Jetzt werde ich aber unruhig. Die im täglichen Leben so überschwengliche orientalische Mentalität ist im Inneren einer Kirche sehr zurückhaltend. Man spricht nicht, man gestikuliert nicht. Man achtet nur auf das Gebet und die Liturgie. Wie werden diese Menschen es jetzt wagen, sich zu erkennen zu geben und vor aller Welt die Arme zu heben? Der Pater besteht darauf:

— Gebt euch zu erkennen!

Er ist das schon gewohnt. Die Heilungen werden durch den Herrn gewährt, um den Glauben zu bestärken. Sie sollen also bekanntgemacht werden. Die Freude ist groß, und plötzlich erhebt sich eine Hand. Sogleich bricht tosender Beifall aus. Es handelt sich um eine Frau von etwa dreißig Jahren.

— Eine, sagt der Pater. Nähern Sie sich bitte, liebe Frau, kommen Sie, um Ihr Zeugnis zu geben. Hierhin bitte... Und die anderen neun, wo sind sie?

— Dort hinten, ganz hinten rechts, ruft die Menge. Ein anderer Arm erhebt sich jetzt.

— Zwei, sagt der Pater. Acht müssen noch gefunden werden!

Links vom Altar werden Rufe laut, die von Beifall begleitet sind: — Hier, hier!

Ein ganz junges Mädchen, rot vor Aufregung, hebt die Hand.

— Drei! Und die anderen?

Dann geben sich auch noch andere zu erkennen: vier, fünf... Schließlich werden sieben gezählt. Aber es geben sich nicht alle zu erkennen. Im Orient bleibt man außerhalb des Familienkreises oft sehr diskret. Das Leben ist so schwierig, und wenn man auf sich aufmerksam macht, dann bekommt man oft Ärger. Die erste Person ist jetzt am Altar angekommen, es ist eine bescheiden gekleidete Frau aus dem Volk:

— Seit elf Jahren war ich auf dem linken Ohre taub. Im Augenblick des Heilungsgebetes habe ich eine starke Wärme in meinem kranken Ohr gespürt. Ich war ganz überrascht und fragte mich, woher das wohl kommen könnte. Dann habe ich meinen Hörapparat entfernt, und ich bemerkte, daß ich jetzt sehr gut hören kann...

Die Stimme versagt ihr, und sie bricht in Tränen aus. Dann faßt sie sich aber wieder und ruft mit lauter Stimme:

— Gelobt sei Jesus! Danke, Herr!

Die ganze Versammlung klatscht Beifall. Aber jetzt gerät auf der linken Seite der Kirche etwas in Bewegung. Schreien, ein Flüstern, laute Rufe, Beifallklatschen. Plötzlich erscheinen über den Köpfen der Menge zwei Krücken, die in größter Freude von einem Mann hin- und hergeschwenkt werden. Vor ihm befindet sich ein anderer Mann, der mit einiger Mühe zu gehen beginnt.

— Er geht, er geht, ruft die Menge.

Abdo Moukarzel, 56 Jahre, litt seit vierzehn Jahren an einer Arthrose der linken Hüfte. Er vermochte sich nicht auf sein Bein zu stützen, nur mit Hilfe seiner Krücken konnte er sich mühsam vorwärtsschleppen. Viele kennen ihn im Stadtviertel. Er begibt sich zum Mikrofon und gibt in großer Bewegung sein Zeugnis:

— Ich habe in meiner linken Hüfte so etwas wie einen elektrischen Strom gefühlt und eine starke Wärme im ganzen Bein. Und dann habe ich festgestellt, daß ich darauf stehen konnte...

Auch hier wird seine Stimme von Schluchzen erstickt. Seine Augen aber strahlen vor Freude.

— Wie gut ist Gott, daß er mich von diesem Elend befreit hat! Ich bin dessen nicht würdig...

Pater Tardif ruft aus:

— Danke, Herr! Fahre fort zu heilen, Jesus, heile alle deine leidenden Kinder! Es steht ein Mann draußen vor der Kirche. Er hat nicht hereinkommen können wegen der großen Menschenmenge. Er leidet an seinem rechtem Schultergelenk. Seit einem schweren Autounfall kann er es nicht mehr bewegen. Jetzt ist der Herr dabei, dich zu heilen. Du spürst, daß du deinen Arm bewegen und ihn hochheben kannst, was du jahrelang nicht mehr zu tun vermochtest... Wo bist du?

Wir sind ganz überrascht, mit welcher Genauigkeit in den Einzelheiten der Heilige Geist den Pater Tardif inspiriert. Dieser fährt fort:

— Ja, diejenigen, die sich draußen vor der Kirche befinden, werden auch vom Herrn besucht...

Der Mann mit der jetzt wieder beweglichen Schulter bahnt sich mühsam einen Weg. Die dichtgedrängte Menge macht ja jede Bewegung fast unmöglich. Er zeigt vor der ganzen Versammlung, daß er geheilt ist, indem er seinen Arm erhebt. Es handelt sich um Anton Geryesse, einen sechzigjährigen Mann, der in der Pfarrei gut bekannt ist. Er ist wie auch sonst zur Messe am Samstagabend gekommen, ohne zu wissen, daß Pater Tardif gekommen war. Er hat wegen der Volksmenge nicht hineingehen können. Jetzt ist er zu seiner großen Überraschung draußen geheilt worden.

An diesem Abend werden etwa dreißig Personen geheilt. Das Staunen ist überwältigend, die Wirkung unbeschreiblich. Das Fernsehen ist gekommen und die Journalisten auch. Die Ereignisse werden sich, obwohl es ein Samstagabend ist, mit Windeseile im ganzen Libanon verbreiten.

Pater Tardif hört auf zu beten. Der Erzbischof beendet die heilige Messe. Anna-Sophia, Roger und ich befürchten, daß sich jetzt alle Leute auf Pater Tardif stürzen werden. Man muß ihn unbedingt schützen, damit er nicht allzu erschöpft wird, denn es stehen ihm noch drei anstrengende Tage bevor. Wir stellen uns in der Sakristei neben ihn, führen ihn in ein angrenzendes Zimmer und verschließen die Tür. Alle wollen hereinkommen. Viele Geistliche erbitten teils einen Segen von ihm, teils ein besonderes Gebet für sich oder ein Familienmitglied. Sie sind sehr ungehalten, weil wir uns weigern, die Tür zu öffnen.

Schließlich wird es nach und nach aber wieder ruhig. Wir sind noch ganz ergriffen von all dem, was geschehen ist. Mehr als dreißig Heilungen vor unseren Augen! Die Atmosphäre hat etwas Undefinierbares. Der Himmel scheint sich über der Erde geöffnet zu haben. Niemand vermochte sich vorzustellen, daß es so etwas geben könnte. Alles geschah zu schnell, zu eklatant. Man kann weder sprechen noch einen Kommentar dazu geben. Das Ereignis spricht für sich, unverfälscht, in all seinem strahlenden Glanz.

— So, jetzt habe ich aber Hunger, bemerkt Pater Tardif.

Wir übrigens auch. Die heilige Messe hat fast zwei Stunden gedauert. Wir fahren zu Familie Massoud, wo man ein köstliches libanesisches Abendessen vorbereitet hat: Taboulé mit Petersilie, Huhn mit Mandeln, Sambussis, eine Art von Beignets mit Fleisch und Nüssen... Familie Massoud hat ein Abendessen nur im engsten Kreis gewählt. Sie wissen, daß das ohne Zweifel der einzige Augenblick ist, wo sie in aller Ruhe dem Pater Tardif nahe sein können. Wadad, die Hausherrin, eine lebhafte Frau von 65 Jahren, beugt sich zu ihm hin und sagt in vertraulichem Ton:

— Sagen Sie mir, lieber Pater, wir sind ja unter uns, nicht wahr? Wie machen Sie es, so viele Heilungen zu erlangen? Glauben Sie, eigens von Gott dazu ausgewählt worden zu sein, oder kann das alles auch jedem anderen gegeben werden?

Frauen haben oft einen gesunden praktischen Menschenverstand. Sorgfältig ausgearbeitete theologische Erklärungen interessieren sie meist nicht sonderlich. Sie drückt sich dann noch genauer aus:

— Wie machen Sie das letzten Endes?

Pater Tardif begreift die Tiefe und die Bedeutung der Frage. Aber es ist schon spät. Daher gibt er nur eine kurze Antwort:

— Das wurde mir vom Heiligen Geist gegeben wie ein Gedanke, der meinen Geist durchzieht. Mit dem Unterschied, daß das, was Christus da vollbringt und was er mir zu verkünden gibt, nicht der Phantasie entspringt. Das ist das Wesentliche. Wenn ich Heilungen ankündige und sie verwirklichen sich nicht, dann höre ich sofort auf: Der Herr hat kein Geflunker nötig!

Er bricht in Lachen aus und fährt fort:

— Aber wissen Sie, die Gabe der Heilung gibt der Herr heute an vielen Orten. Ich bin Mitglied einer Laiengemeinschaft in der Dominikanischen Republik, die sich «Diener Christi» nennt. Nun gut, von den zweihundert Personen, die dieser Gemeinschaft angehören, haben dreizehn bis heute diese Gabe empfangen! Und überall in der Welt erneuert sich die Ausübung der Gaben des Heiligen Geistes, welche man Charismen nennt, und ganz besonders die Gabe der Heilung. Vielleicht gibt der Herr sie morgen auch Ihnen, liebe Frau!

Die Augen Wadads werden ganz rund vor Verwunderung angesichts einer solchen Möglichkeit. Das tägliche Leben würde dadurch sehr aus den Fugen geraten.

— Das würde mich aber sehr erstaunen, beruhigt sie sich.

Die Hausangestellte von der Insel Mauritius räumt die Teller ab. Es ist Zeit, nach Hause zurückzukehren, denn das Programm des nächsten Tages verspricht sehr anstrengend zu werden.

Als wir im Auto sind, frage ich Pater Tardif über seinen ersten Eindruck vom Libanon und dieser so erstaunlichen heiligen Messe in der Herz-Jesu-Kirche.

— Das, was mich zuerst beeindruckt hat, ist der sehr große Glaube des libanesischen Volkes. Jedesmal bin ich aufs neue erstaunt, wenn ich sehe, was der Herr alles tun kann durch den Glauben der Leute. Je mehr Vertrauen sie haben, um so größere Dinge vermag der Herr zu wirken!

Kapitel IV

Sonntag, 4. September 1994

Am nächsten Morgen fahren wir um acht Uhr nach Harissa, dem libanesischen Lourdes, das etwa 15 km nördlich von Beirut liegt. Der Wagen erklimmt den steilen Weg in die Berge und hält dann am Fuß der Statue Unserer Lieben Frau vom Libanon.

Drei Soldaten von den Fidschiinseln, von der Finul, einer der Uno angeschlossenen Gruppe im Südlibanon, sind hierher gekommen, um vor der Gottesmutter zu beten. Kaum ist Pater Tardif eingetreten, da erkennen sie ihn schon, denn er war ja bereits in ihr Land gekommen.

— Bitte ein Foto!

Wirklich, die Welt ist klein. Der Pater erfüllt liebenswürdig die Bitte. Der mit Kiefernwald bedeckte Berg stürzt sich unmittelbar in das türkisfarbene Meer. Tief unten liegt die Bucht von Jounieh, mit weißen Häusern gesäumt, alles in allem ein Bild von wundervoller Harmonie. Unsere Liebe Frau vom Libanon befindet sich in 600 m Höhe, fast senkrecht über der Stadt, nicht weit vom Meeresufer entfernt. Sie thront hoch über der Stadt Beirut, die sich bis weithin erstreckt, bis zu einer Art Halbinsel, die in das Mittelmeer hereinreicht. Der September ist der lichtvollste Monat im Libanon. Durch die Schönheit der Natur erhebt sich das Herz ganz von selbst zu Gott.

Das ganze Jahr über kommen zahlreiche Libanesen zu diesem Heiligtum, Christen und Moslems miteinander; besonders kommen sie aber im Mai, dem Monat Mariens. Da stehen Frauen im Tschador neben anderen, die schwarz gekleidet sind —, es hat so viele Witwen gegeben in diesem Krieg. Sie alle beten ihren Rosenkranz. Man erzählt von vielen erhörten Gebeten hier in Harissa. Maria, die Mutter Gottes, der in Jesus Christus Mensch geworden ist, oder die Mutter des großen Propheten Jesus, des heiligsten im Islam, wird von diesem frommen Volk mit allen Fasern seines Herzens geliebt und verehrt.

Selbst mitten in den schlimmsten Bombardierungen ist das Heiligtum niemals ohne Besucher gewesen. Die Granaten fielen auf Jounieh und seine Umgebung. Sie wurden von den syrischen Stellungen auf den Gipfeln der umgebenden Berge abgefeuert, so daß die Benutzung der Straßen zur tödlichen Gefahr wurde. Trotzdem waren immer Leute da, um die ganze Last ihrer täglichen Sorgen der Gottesmutter anzuvertrauen, deren ausgebreitete Arme ganz Beirut zu umarmen scheinen. Diese riesige Statue aus weißem Gußmetall mit mütterlichem Ausdruck ist am Ende des 19. Jahrhunderts in Lyon hergestellt worden.

Unmittelbar neben der Statue erhebt sich eine beeindruckende Basilika zum Himmel. Ihr Dach hat die Form des umgekehrten Schiffsvorderteils einer der berühmten phönizischen Trieren, die vor dreitausend Jahren die Meere der damals bekannten Welt durchzogen. Eine der Seiten ist mit einer hohen Glaswand versehen, durch die man die riesige Statue der nach Beirut schauenden Gottesmutter erblicken kann. Man hat den Eindruck, als ob sie in die Basilika eintreten wollte. Eine vielbenutzte Drahtseilbahn verbindet das Heiligtum mit der weit unten liegenden Stadt Jounieh.

Pater Tardif betrachtet die gezackte Form der Bucht, diesen wundervollen Küstenstrich, wo Christus selbst sich so oft mit seinen Jüngern aufgehalten hatte. Der Libanon ist eine heilige Erde, das Land, das den Gottessohn und seine Mutter aufgenommen hat, welche in dieser Gegend so sehr verehrt wird.

Während Mgr. Abi Nader Pater Tardif die Basilika zeigt, erwähnt er auch die Geschichte der Maroniten, ein Thema, das ihm sehr am Herzen liegt:

— Wissen Sie, daß es sich bei dieser christlichen Gemeinschaft um die einzige im Orient handelt, die katholisch geblieben ist?

— Und wo liegen ihre Ursprünge?, fragt Pater Tardif.

— Sie hat sich um ein Kloster gebildet, das im 4. Jahrhundert durch den heiligen Maroun gegründet worden ist, daher stammt ihr Name «Maroniten». Sehr rasch hat sich dann eine Gemeinde gebildet mit den Bauern aus der Umgebung, die es sich zur Gewohnheit machten, zusammenzukommen, um mit den Mönchen zu beten. In Syrien und im Libanon sind zahlreiche Klöster entstanden. So hat sich dann eine wirkliche Kirche gebildet. Die Maroniten aller Zeiten haben sehr hart kämpfen müssen, um ihre Freiheiten zu bewahren. Die Invasionen der Byzantiner, der Perser und später der Araber haben sie immer wieder in ihrer Existenz bedroht, welche mit dem übereinstimmt, was das Wesentliche ihres Lebens ist: frei ihren Glauben zu praktizieren.

Die bedrückende ottomanische Besatzung, welche vierhundert Jahre dauerte, war ganz besonders grausam. Sie nahm erst 1916 ein Ende durch die Übereinkunft von Sykes-Picot. Als die maronitischen Bauern sich in den Bergen verstecken mußten, haben sie Zehntausende von Terrassen an den Felsabhängen angelegt, um ein paar Hektar Weizen und Mais anbauen zu können. Ihr Oberhaupt, der maronitische Patriarch, hat immer neben seinen religiösen Verantwortlichkeiten auch eine politische Rolle als Verteidiger der Gemeinde zu übernehmen gehabt. Er bekleidet einen ehrenvollen Rang in der Kirche, der mit dem des Papstes in Rom verglichen werden kann, welcher ja der Patriarch des Westens ist und außerdem den anerkannten Ehrenvorsitz führt. Während der vierhundert Jahre der türkischen Besatzung mußten sich die Patriarchen im hintersten Winkel des heiligen Tales verbergen, im Norden des Libanon, in der

Kadisha, das ist ein Tal, welches fast unerreichbar ist, es sei denn durch einen stundenlangen Marsch über gefährliche Wege. Das ist der Zufluchtsort der Maroniten und der Ort ihres geistlichen Widerstandes. Es ist auch der des Überlebens der Seele eines ganzen Volkes. Dorthin haben sich die furchterregenden Reiterscharen der türkischen Armee nur selten vorgewagt.

Während dieser ganzen Zeit ist auch die eremitische Tradition sehr lebendig geblieben. Der entlegenste Teil des Tales ist mit Eremitagen übersät. Hunderte von Mönchen gaben ihr Leben dem Herrn in beständigem Gebet, in einer Einsamkeit, die durch nichts gestört werden konnte, und in harter Aszese. Die erste Druckerei des Vorderen Orients wurde hier zu Anfang des 17. Jahrhunderts von maronitischen libanesischen Mönchen im Kloster Sankt Antonius von Qozhaiya aufgebaut. Man bediente sich eines Drucksystems, das es erlaubte, arabische Texte in syrischer Schrift zu drucken, wodurch es ermöglicht wurde, politische Dokumente und Botschaften des miltärischen Widerstandes zu verbreiten, ohne daß die Ottomanen sie verstehen konnten.

Im Jahre 1913 wurde durch die Blockade der Häfen und die Sperrung der Straßen durch die Ottomanen eine furchtbare Hungersnot ausgelöst, bei der ein Drittel der libanesischen Bevölkerung in den Bergen ums Leben kam. Man kann noch alte Leute antreffen, die sich an die Erzählungen ihrer Eltern erinnern, wie entsetzlich sie gelitten hatten. Damals aß man Gras und Wurzeln, und die Menschen starben an den Straßenrändern. Dann aber nahm die Bevölkerung dank einer hohen Geburtenrate bald wieder zu, ungeachtet einer starken Auswanderungsbewegung.

Ich unterbreche den Erzbischof und füge dieser Beschreibung noch einige Tatsachen aus der jüngsten Geschichte hinzu:

— Die Entwicklung des Verkehrswesens, das Dampfschiff und dann das Flugzeug haben eine massive Emigration der maronitischen Gemeinschaft begünstigt, welche sich in ein paar Generationen fast in der ganzen Welt ausgebreitet hat. Jede Familie hat heute die Hälfte ihrer Mitglieder außerhalb des Landes verstreut. Dreieinhalb Millionen Libanesen wohnen im Lande und zwölf Millionen außerhalb. Sie bilden eine Diaspora, die sehr zusammenhält, und viele haben im Ausland ihr Glück gemacht. Heute hat die Konsumgesellschaft dazu geführt, daß die jungen Leute aus den Bergen irgendeine Arbeit in den Schnellrestaurants der europäischen Vorstädte, vier Stunden mit dem Flugzeug von ihrem heimatlichen Dorf entfernt, der harten Mühsal der Bearbeitung des unfruchtbaren Bodens auf den Terrassen der Berge vorziehen. Allmählich wird der Libanon ein brachliegendes Land, was man seit Jahrhunderten nicht gekannt hat... Buschwerk macht sich in den Olivenhainen breit, bunte Blumen wachsen zwischen den Weinstöcken, die nicht mehr gepflegt werden. Schakale bevölkern die Wälder.

Der Erzbischof fährt fort:

— Dieser letzte Krieg hat zu unzähligen Tragödien geführt und auch dazu, daß die Position der Christen im Libanon in gewisser Hinsicht geschwächt worden ist. Man stellt jedoch eine außerordentliche Erneuerung des Glaubens und der priesterlichen Berufungen fest, als ob das Leid den Leuten geholfen hätte, sich etwas mehr auf das Wesentliche zu besinnen. Hier in Harissa, dem maronitischen Heiligtum, das für alle Libanesen geöffnet ist, schlägt das christliche Herz des Libanon. Die Gottesmutter wird hier sehr geliebt.

Ehe Pater Tardif wieder in den Wagen steigt, sammelt er sich einen Augenblick, um dieses so sehr vom Leiden gezeichnete Volk der Gottesmutter anzuvertrauen.

Dann halten wir wie vorgesehen im Kloster der Einheit, bei den Karmelitinnen, die dort in strenger Klausur ihr Leben verbringen. Dieses Kloster ist im Jahre 1963 von fünf spanischen Ordensfrauen gegründet worden. Sie kamen mit einem Frachtschiff aus Marseille zu diesen altehrwürdigen Ufern und begannen ein Leben des kontemplativen Gebetes, der Buße und der Arbeit. Sehr schnell fühlten sich die Libanesinnen angezogen von diesem radikalen Ruf, alles für Christus hinzugeben, und sie haben sich ihnen angeschlossen. Heute ist es ein Kloster von großer Ausstrahlungskraft, und viele Leute kommen dorthin, weil sie sich nach dem geistlichen Leben sehnen, oder auch nur, wie es während des Krieges der Fall war, um Trost und Kraft zu schöpfen.

Der Zustrom der Flüchtlinge, denen es gelungen war, den Massakern der Christen im Schouf in den Jahren 1983 und 1985 zu entfliehen, ging auch am Kloster nicht spurlos vorüber. Dutzende von ausgehungerten, umherirrenden Familien haben an die Klosterpforte geklopft. Wie könnte man auch diese Leute draußen stehen lassen, die wirklich alles verloren haben außer dem Leben und den Kleidern, die sie im Augenblick der Flucht getragen hatten?

Da haben die Schwestern den kleinen Garten der Klausur geöffnet, wo ihr Leben sich abspielt. (Sie verlassen das Kloster nie, außer im Falle höherer Gewalt.) Sechs große Häuser aus Zement und Blech wurden für sechs Familien zusammengebastelt, von denen jede sechs, acht oder zehn Kinder hatte. Alles mußte improvisiert werden. Heute, zehn Jahre später, sind die Familien immer noch da.

Die politische Lage scheint sich aber zu entspannen. Der Staat bemüht sich, die Rückkehr der Umsiedler in ihre Heimatdörfer in die Wege zu leiten. Die meisten Häuser sind nämlich in die Luft gesprengt worden, und alles muß neu aufgebaut werden.

— Nur mit einem Bagger die Trümmer wegzuräumen, das kostet schon 5000 Dollar, seufzen die Leute.

Die stehengebliebenen Häuser sind vollständig geplündert worden: die elektrischen Anlagen, die Rohre, die Kacheln in den Badezimmern..., alles ist gestohlen worden. Die so außerordentlich armen Familien haben keinen Pfennig, nicht einmal, um zu essen, und noch weniger, um ihre Häuser wieder aufzubauen. Außerdem ist die Angst noch nicht beseitigt. Die benachbarten Drusen, die Verantwortlichen für

die Massaker, sind immer noch dort: sie halten die Straßen
unter Kontrolle. Wer kann sagen, ob man nicht wieder einen
Angriff zu erleiden haben wird?

Das Heimweh nach dem Dorf, wo man geboren ist, erweist
sich jedoch als stärker. Josef, um die vierzig Jahre alt, ein
Familienvater, der hier lebt, erklärte mir:

— Es gibt nicht eine einzige Nacht, wo ich nicht von meinen Olivenbäumen, meinen Weinbergen und meinen Mis-
pelsträuchern träume. Dort bin ich daheim! Ich muß dorthin
zurückkehren. Mein Herz und mein Leben sind in Bhandoum
geblieben...

Tränen füllen die Augen dieses Mannes, den man für
«einen harten Typ» halten könnte. Er sagt jedoch nichts über
das unerträgliche Bild, das sich ihm immer wieder aufdrängt:
der christliche Friedhof verwüstet, die Kreuze zerbrochen,
das Grab seiner Eltern geschändet. Die Wut der Angreifer
wollte jede christliche Spur vernichten, sogar die der Toten.
Josef faßt sich aber wieder und spricht mit einem Seufzer, der
aus der Tiefe seines Herzens aufsteigt, über den Sinn seines
Lebens: seinen Glauben. Sein Glaube ist auch die Ursache
seines Dramas, denn weil er ein Christ ist, hat er alles verloren:

— Wir haben Vertrauen auf Gott! Gott kann uns nicht
verlassen!

Und tapfer lächelt er und hebt den Kopf.

Dieser Ausruf, gleich einer Herausforderung, ist der Schrei
der Liebe aller Christen des Libanon. Als Französin bin ich
immer wieder zutiefst beeindruckt von diesem so teuer
bezahlten Vertrauen. Die Lauheit des Christentums im
Westen, der so verwöhnt, so untreu, so wenig erprobt ist,
erfüllt mich mit tiefer Scham angesichts des täglichen
Heroismus dieser Menschen, dieser Armen. Diese Kraft
durchtränkt diese ganze Erde des Libanon. Pater Tardif ist
erst wenige Stunden hier, aber er spürt es schon:

— Es ist etwas Besonderes hier, flüstert er.

Der Wagen hält im kleinen Klosterhof vor der Kirche mit dem hübschen orientalischen Glockenturm und der weißen byzantinischen Kuppel. Der Besuch von Pater Tardif im Karmel ist nirgendwo bekanntgemacht worden. Außer ihm sind nur Monsignore da, Roger, Anna-Sophia und ich. Wir stoßen die kleine Türe auf und begeben uns in die griechisch-katholische Kapelle, wo sich überall wundervolle vergoldete Ikonen befinden, vor denen kupferne Öllampen brennen. Während wir uns niederknien, stimmen die hinter einem mächtigen Gitter verborgenen Schwestern ein arabisches Lied zur Gottesmutter an. Der Friede des Ortes, die Reinheit der Stimmen, die intensive Spiritualität, die von diesem Orte ausgehen, sind eine Gnade, eine Gabe Gottes.

Dann stellt der Bischof Pater Tardif den Schwestern vor, die sich jenseits des Gitters befinden; man kann etwa zwanzig Ordensfrauen in ihren weißen Chormänteln erraten. Pater Tardif ist es gewohnt, Klöster zu besuchen. Überall besucht er sie:

— Ich habe wirklich Glück! Ich gebe Zeugnis von den Großtaten Gottes, und ein ganzes Kloster betet für mich! Ich zähle auf euch, meine Schwestern!

Mit einigen ganz einfachen Worten beginnt er dann einen Vortrag, der 45 Minuten dauern wird: er erzählt, wie der Herr sein Leben umgewandelt und wie er ihm die Gabe der Heilung verliehen hat, um durch «Zeichen» die Verkündigung des Gotteswortes zu bekräftigen, und wie er nun die ganze Welt durcheilt, um das Evangelium zu verkünden.

Seine Sätze sind immer ganz konkret und mit vielen pädagogischen Einzelheiten ausgeschmückt. Es ist leicht, ihm zu folgen. Alle Schwestern sitzen da mit gespannter Aufmerksamkeit.

Mutter Theresia, die Oberin, beugt sich zum «Fenster» hin, das sich im Klausurgitter befindet, und bittet ihn:

— Herr Pater, könnten Sie wohl für jede der Schwestern beten?

Pater Tardif hat einen Grundsatz: Niemals verweigert er einen Dienst... Er läßt die Ereignisse an sich herantreten, wobei er überzeugt ist, daß Gott es ist, der sie lenkt.

— Selbstverständlich, antwortet er.

Die Oberin kniet nieder, den Kopf an die Öffnung des Gitters gelehnt. Auf der anderen Seite der Kapelle, die für die Gläubigen reserviert ist, steht Pater Tardif; er streckt die Hände durch die Öffnung des Gitters und legt sie auf das verschleierte Haupt:

— Herr, sei gepriesen für unsere Schwester, erfülle sie mit den Gaben deines Heiligen Geistes...

Er improvisiert ein Gebet. Wir, die wir Mutter Theresia kennen, sind sehr beeindruckt, wie genau die Worte auf sie passen: ohne sie zu kennen, sagt er genau das, was nötig ist. Einen Augenblick später erhebt sich Mutter Theresia ganz strahlend, und Mutter Maria-Carmen, die Subpriorin, nimmt ihren Platz ein. Wieder spricht er ein Gebet und sagt einige Worte, die genau auf sie zutreffen. Die mit dem großen Schleier bedeckten Köpfe folgen einander.

Bei zwei Schwestern ruft der Pater Christus an, der gekommen ist, um die Kranken zu heilen, obwohl niemand ihm gesagt hatte, daß diese beiden Schwestern unter gesundheitlichen Problemen zu leiden hatten. Sie erheben sich geheilt: die alte Schwester Maria-Josef, die vom Rheumatismus fast gelähmt war, die den Rücken nicht mehr bewegen konnte und die die Treppen immer rückwärts hinunter gehen mußte, die kaum noch arbeiten konnte und ständig Schmerzen im Nacken hatte. Und da ist auch Schwester Maria-Charbel, 27 Jahre alt, deren innere Drüsen nicht in Ordnung waren: wegen der Schweißausbrüche hatte sie immer feuchte Hände. Das war sehr hinderlich wegen der zu leistenden Arbeit, die einen großen Teil des Tages einer Karmelitin in Anspruch nimmt: die Näharbeiten und die einzubindenden Bücher waren immer mit Schweißflecken bedeckt. Nach dem Besuch des Paters hat der Schweiß an ihren Händen aufgehört. Schwester Maria-Charbel stellt humorvoll fest:

— Wegen der großen Hitze schwitze ich am ganzen Körper, bloß nicht an den Händen! Was aber Schwester Maria-Josef betrifft, so muß man sie sehen, wie sie jetzt die Treppenstufen nimmt! Sie ist dreißig Jahre jünger geworden!

Unbemerkt hat die Kapelle sich gefüllt. Ein Kind, das gerade dort betete, hat die Ankunft von Pater Tardif gesehen. Es läuft fort, um es seiner Mutter zu sagen, die gleich herbeieilt, gefolgt von den Nachbarinnen und einem ganzen Kinderschwarm. Der Pater macht eine Segensgeste über all diese Kleinen und steigt dann schnell in seinen Wagen, der ihn wieder nach Beirut bringt.

— Glücklicherweise sind die Schwestern nicht mehr als 21, seufzt er lächelnd.

Es ist zehn Uhr morgens. Die Sonne beginnt schon zu brennen. Der Konvoi der drei Autos begibt sich eilig nach Beirut. Der Wagen der Eskorte läßt die Sirene aufheulen, um die Straße freizubekommen. Aber an diesem Sonntagmorgen sind die Straßen fast menschenleer, und in zwanzig Minuten sind wir beim Hause des Erzbischofs angelangt. Pater Tardif geht in sein Zimmer, um zu arbeiten und sich auszuruhen. Vor 17 Uhr ist sonst nichts vorgesehen.

Wir begeben uns in das angrenzende Wohnzimmer, um seine Tür zu bewachen. Eine nützliche Vorsichtsmaßnahme: fünf Minuten später kommt ein Seminarist, er schaut zur Decke und marschiert mit sicheren Schritten über den Flur. Er wohnt im Hause und braucht daher niemanden um Erlaubnis zu bitten. Ich ahne schon das Weitere und gehe in aller Eile auf ihn zu. Er hat schon die Hand auf die Türklinke gelegt.

— Nein, bitte sehr! Der Pater ruht sich jetzt aus. Er empfängt niemanden!

Er entgegnet:

— Ich habe ihm nur ein einziges Wort zu sagen: jemand hat mir eine Botschaft für ihn gegeben!

Und er drückt stärker auf die Türklinke. Ich stoße ihn fest entschlossen zurück.

— Geben Sie Ihre Botschaft mir! Wir werden sie ihm später überreichen. Jetzt aber kann niemand zu ihm gehen.

Der junge Mann zieht sich ärgerlich zurück.

— Gut! Um den nächsten werde ich mich kümmern, erklärt Anna-Sophia in liebenswürdigem Ton, während sie ihre Zigarette zu Ende raucht. Sie hat noch nicht ausgeredet, als ein Zimmermädchen, auch sie mit ganz unschuldiger Miene, sich zu dem Zimmer schleicht. So halten wir ungefähr ein Dutzend Leute zurück. Unsere große Sorge besteht darin, auf die Gesundheit des Paters zu achten: die Reisen sind ja allein schon sehr anstrengend; und wenn er unaufhörlich gestört wird, dann vermag er in den Augenblicken, wo es darauf ankommt, nicht das Beste seiner selbst zu geben.

Um 16.30 Uhr begeben wir uns zu der ersten großen öffentlichen Versammlung im Kollegium der Göttlichen Weisheit in Jdaideh. Vorgesehen ist ein Vortrag, dem eine heilige Messe folgen soll. Nach der heiligen Kommunion, wenn Christus in allen Herzen wohnt, wird Pater Tardif für die Kranken beten. Als wir dort ankommen, erfahre ich, daß das Fernsehen für die Zeit zwischen 18 und 19 Uhr eine Direktübertragung vorgesehen hat. Es ist Sonntag. Das ist eine Stunde, wo die Einschaltquote sehr hoch ist. Welch ein Glück! Aber wir müssen die Reihenfolge der Dinge ändern: Nach dem Vortrag wird das Heilungsgebet stattfinden und dann erst die heilige Messe. Diese kann leider nicht «live» übertragen werden, da einige Programme nicht geändert werden können.

Der Autokonvoi nähert sich dem Kolleg. Ich bin etwas beunruhigt wegen der Besucherzahl. Es werden ohne Zweifel viele kommen, weil ja schon am Vorabend sich eine unerwartete und zahlreiche Menschenmenge in der Herz-Jesu-Kirche versammelt hatte. Die meisten der achttausend Stühle werden wohl besetzt sein. Die Leute strömen immer zahlreicher herbei. Große Menschenmengen begeben sich zum Kolleg. Die Bürgersteige sind schwarz vor Menschen. Die Autos können nicht vorwärtskommen, und viele Leute scheinen sich in die entgegengesetzte Richtung begeben zu wollen.

— Warum gehen diese Leute fort? fragt Pater Tardif. Sind sie nicht zufrieden?

Das dürfte unwahrscheinlich sein! Es gibt nur eine einzige Erklärung: Die Höfe des Kollegs sind voll, und diese Leute können nicht mehr eingelassen werden. Es waren nämlich Sicherheitsvorschriften erlassen worden: Wenn es voll ist, müssen die Türen geschlossen werden. Sonst wird ein bald unkontrollierbarer Druck möglicherweise eine Panik verursachen, die einen tödlichen Ausgang nehmen kann. Die Vorschriften werden dem Buchstaben nach befolgt: als wir näher kommen, sehen wir fassungslose Menschen. Die schweren Eisentüren sind verschlossen. Zwei riesige Stangen blockieren die Türen der ganzen Breite nach, sie biegen sich sogar unter dem Druck der Menge. Glücklicherweise halten sie stand.

Wir befinden uns noch immer im Wagen, der nur schrittweise vorwärtskommt. Die Leute beugen sich hinein, sie erkennen den Erzbischof und Pater Tardif. Sie grüßen, klopfen auf den Wagen, versuchen, die Türen zu öffnen. Die Menge ist freundlich, entspannt und glücklich. Das libanesische Volk ist arm, aber würdig. Die Frauen tragen vielfarbige Kleider, die Männer bunte Baumwollhemden, Jeans — und schlechtes Schuhwerk. Alles ist untadelig sauber und gebügelt. Das Kind ist hier der König. Die kleinen Mädchen zeigen sich in wunderschönen Kleidern, die mit Bändern und Spitzen geschmückt sind. Die kleinen Jungen tragen ihr Sonntagskostüm, manchmal sogar mit Krawatte. Die Straße vor dem Kolleg ist schwarz vor Menschen. Die Leute stehen zu Tausenden da und versuchen, durch die Lautsprecher den Gottesdienst zu verfolgen, der im Inneren durch die «Gemeinschaft des Wortes Gottes» gestaltet wird.

— Öffnen wir unsere Herzen für die Liebe des Herrn! Der Herr läßt uns teilhaben an seinem Sieg. Sein Geist ist ein Geist des Sieges, des Sieges seiner Liebe über das Böse.

Ein Loblied beginnt, das dann von der unübersehbaren Menschenmenge aufgenommen wird. Wir befinden uns immer noch draußen, und ganz prosaisch stelle ich fest:

— Gut, wenigstens funktioniert die Lautsprecheranlage nicht schlecht!

Die Sonne steht noch hoch am Himmel. Es ist kurz nach 17 Uhr, aber das Thermometer zeigt noch immer 35° C. Der Wagen bleibt vor der Türe stehen. Auf der Stelle kommt eine Gruppe Jugendlicher vom Ordnungsdienst herbei. Sie sind schon am Morgen ab acht Uhr gekommen. Im Augenblick der Öffnung der Türen warten schon Hunderte von Menschen darauf, eintreten zu können. Manche haben sogar die Nacht auf der Straße zugebracht. Gegen zehn Uhr waren die meisten Menschen bereits da. Am Mittag mußte man die Türen schließen. Alles war voll.

Johannes Barbara, dem wir begegnen, erklärt:

— Es sind mehr als fünfzehntausend Leute da drinnen!

Ich bin ganz verblüfft, ganz aus der Fassung geraten. Nicht einmal in unseren optimistischsten Vorhersagen hätten wir eine solche Menschenmenge für möglich gehalten. Er fährt fort:

— Jetzt müssen wir durch diese Menschenmenge hindurchkommen!

Zwölf kräftige junge Männer bilden eine schützende Kette und umgeben Pater Tardif mit ihren Armen. Wir gehen hinter ihm, in dem kleinen Freiraum, den der Durchgang verursacht hat: Monsignore, Roger, Anton Massoud mit seiner Gemahlin, ihre Tochter Jacqueline und ich. Langsam aber sicher geht es vorwärts. Die jungen Leute vom Ordnungsdienst halten die Leute zurück, ihr freundliches Lächeln mildert die Strenge ihres harten Vorgehens, das ja nicht anders möglich ist.

Die Sportplätze des Kollegs bestehen aus zwei großen Höfen: der eine, tiefer gelegene, endet mit einer kleinen Mauer und ist mit dem zweiten durch eine Treppe verbunden. Beide sind schwarz vor Menschen. Es gibt nicht den geringsten Zwischenraum, um hindurchzukommen. Wir müssen aber die beiden Höfe schräg durchqueren, um zum Podium zu gelangen. Als der Sprecher unsere Gruppe ankommen sieht, was sich durch den um uns entstehenden Tumult zu erkennen gibt, verkündet er am Mikrofon:

— Jetzt kommt Pater Tardif!

Ein langes, ein sehr langes Beifallsklatschen brandet auf. Es ist 17.15 Uhr. Die Menschenmenge ist unermeßlich. Sie wartet schon stundenlang unter der glühenden Sonne. Überall sind Leute. Auf dem Weg zum Podium lasse ich meine Augen in die Runde gehen. Die Menschen stehen nicht nur eng gedrängt nebeneinander, sondern sie hocken auch auf den Mauern rings um das Kolleg und auf den Blechdächern der Sportbaracken, eng aneinander gedrängt wie die Heringe. Ich mache mir Sorgen, denn das ist sehr gefährlich. Auch die benachbarten Gebäude sind voller Menschen: auf jedem Balkon stehen ihrer Dutzende. Die Schlauesten haben an die flachen Dächer der Betongebäude gedacht, die sich in der Nachbarschaft des Kollegs befinden. Reihenweise sitzen da zahlreiche Kinder. Kein Geländer ist da, um sie vor einem Fall zu schützen.

Unsere ganze Arbeitsgruppe ist sehr bewegt. Ich betrachte Johannes, Roger, Anna-Sophia. Auch sie sind ganz erschüttert und bewegt. In der ganzen Geschichte des Libanon hat es niemals so viele Leute bei einer heiligen Messe gegeben. Wir haben das Gefühl, einen seltenen historischen Augenblick zu erleben. Alle Libanesen sind da: man sieht zahlreiche moslemische Frauen mit ihrem Schleier auf dem Kopf. Wenn man ein krankes Kind hat, dann gibt es keine Schranke von Religionen und Ideologien mehr. Man eilt zum Allerhöchsten, zum allmächtigen Gott, und man erwartet ein Wunder. Selbst wenn man dazu einen katholischen Priester nötig hat!

Vor dem Aufstieg zum Podium muß man an drei Reihen mit Rollstühlen vorbei. Die meisten der Behinderten sind Kriegsversehrte. Der Erzbischof grüßt die Menge am Mikrofon und stellt Pater Tardif vor. Während dieser Zeit legt er seine weiße Albe an. Dann beginnt er ohne weitere Umschweife seinen Vortrag, wie immer in wundervoller Einfachheit. Er verhält sich wie jemand, der sich im Familienkreis befindet und nun einige schöne Geschichten erzählen will. Aber er befindet sich auch in einem unbekannten und komplizierten Land, vor fünfzehntausend Personen in der Einfriedigung des Kollegs und Tausenden draußen in den benachbarten Straßen, und das Geschehen wird außerdem «live» im Hauptprogramm des Fernsehens übertragen.

Der Pater schließt einen Augenblick die Augen. Man fühlt, daß er sich vollkommen dem Herrn anvertraut, und nun beginnt er...

— Wie schön ist es, den Glauben des Gottesvolkes zu sehen! Danken wir Gott für den Glauben, den er diesem Volk des Libanon gegeben hat! Ich danke Monsignore Abi Nader, daß er mich eingeladen hat, an dieser so erhebenden Versammlung teilzunehmen! Was wir hier sehen, ist eine Glaubenskundgebung. Der Glaube ist ein Gottesgeschenk, er ist mit einem Feuer zu vergleichen. Wenn ich ein Feuer in meinem Hause habe, dann lodert es auf, wenn ich ihm Brennstoff gebe. Wenn ich ihm aber nichts mehr gebe, dann geht es zurück und wird schließlich ganz verlöschen. Der Glaube wird durch das Gotteswort und das Gebet genährt.

Wenn das Volk Gottes aufhört zu beten, dann erkaltet sein Glaube und kann vielleicht ganz erlöschen. Wenn das Volk Gottes wieder neu zu beten beginnt, dann wächst und erstarkt sein Glaube. Der Herr begleitet die Verkündigung seines Evangeliums mit Zeichen und Wundern, um damit dem Wort, das wir verkündigen, Glaubwürdigkeit zu geben. Das ist die Hirtensorge Jesu, die sich in der ganzen Kirche erneuert.

Wir lesen im Evangelium, daß eines Tages vier Männer einen Gelähmten vor die Füße Jesu gelegt haben. Es waren so viele Leute im Haus, daß sie den Gelähmten durch ein

Loch im Dach herablassen mußten. Als Jesus den Glauben dieser vier Männer sah, sprach er zu dem Gelähmten:

— Deine Sünden sind dir vergeben.

Da fingen die Pharisäer in ihrem Herzen an zu murren und sagten sich:

— Wer ist denn dieser da, daß er Sünden vergibt, wo doch Gott allein Sünden vergeben kann?

Jesus kannte die Gedanken ihrer Herzen und fragte sie:

— Was ist leichter? Zu diesem Mann zu sagen, daß seine Sünden ihm vergeben sind, oder ihm zu befehlen aufzustehen, seine Bahre zu nehmen und umherzugehen?

Dieses Wort Jesu kann uns helfen, die Bedeutung des Heilungsdienstes in der Evangeliumsverkündigung zu verstehen. Jesus hat zu den anwesenden Pharisäern gesagt:

— Damit die Menschen erkennen, daß der Menschensohn auf der Erde die Macht hat, Sünden zu vergeben: steh auf, nimm deine Bahre und geh umher!

Der Gelähmte erhob sich und begann zu gehen. Warum? Es ist ganz klar. Damit die Menschen erkennen, daß Jesus die Macht hat, auf Erden die Sünden zu vergeben. Jesus begleitet sein Wort durch ein klares Zeichen. Ein solches Zeichen gibt Jesus auch weiterhin seinem Volk.

Jedesmal, wenn Jesus einen Kranken heilt, sagt er uns damit das gleiche. Er sagt uns aufs neue, daß er gekommen ist, um die Sünde zu vernichten. Er vernichtet sie, indem er sie uns vergibt. Um uns zu helfen, daran zu glauben, daß er die Macht hat, unsere Sünden zu vergeben, beseitigt er die Folgen der Sünde, also die Krankheit und den Tod. Er heilt die Kranken, er erweckt die Toten, weil, wie ihr genau wißt und wie es uns der heilige Paulus in seiner Epistel sagt, «der Tod wegen der Sünden in die Welt gekommen ist».

Um uns zu helfen, daran zu glauben, daß er wirklich die Macht hat, unsere Sünden zu vergeben, fährt er auch heute noch fort, die Kranken zu heilen. Er befreit uns von der Sünde, indem er sie uns vergibt und am Kreuze für uns stirbt.

Er gibt uns Zeichen seines Sieges über die Sünde, indem er die Kranken heilt und die Toten erweckt.

Das große Zeichen seines endgültigen Sieges über die Sünde war seine eigene Auferstehung. Er ist siegreich aus dem Grabe erstanden. Er ist auferstanden, um niemals mehr zu sterben.

Wenn nämlich Jesus, der gekommen ist, um uns von der Sünde zu befreien, diese Folge der Sünde, nämlich den Tod, nicht hätte zerstören können, dann hätte man sagen können, daß sein Sieg nicht vollständig gewesen sei. Aber er ist siegreich aus dem Grabe erstanden. Und er lebt auch heute in der Kirche. Weil er lebt, fährt er fort zu vergeben, zu befreien und sein Volk zu heilen.

Darum lade ich euch ein, euren Glauben und euer Vertrauen in Jesus, den Retter zu setzen. Der heilige Petrus sagt uns ja in der Apostelgeschichte: «Es ist den Menschen unter dem Himmel kein anderer Name gegeben worden, durch den wir gerettet werden können.»

Eines Tages predigte ich in Guatemala. Ein Gelähmter lebte da ganz allein und verlassen. Wegen einer sehr ausgeprägten halbseitigen Lähmung konnte er nicht einmal mehr sprechen. Am Abend, als die Messe für die Kranken stattfand, brachten Freunde ihn zur Kirche. Als nach der Messe für die Kranken gebetet wurde, habe ich in meinem Herzen ein Wort des Herrn empfangen. Dieses Wort sagte mir, daß in der Versammlung jemand sich befand, der dabei war, von einer Lähmung geheilt zu werden.

Johannes, so hieß er, saß ganz vorne, er hatte die Füße nach innen gedreht. Die Lähmung hatte nämlich sogar die Stellung seiner Füße verändert. Im Augenblick des Gebetes haben seine Füße wieder begonnen, sich zu bewegen. Dann haben die Leute ihm geholfen aufzustehen, und dann hat er vor der ganzen Versammlung zu gehen begonnen. Er ist zu dem Mikrofon gegangen, hinter dem ich stand. Ich wollte ihm das Mikrofon hinreichen und ihn bitten, sein Zeugnis zu geben, aber er wollte gar nicht stehenbleiben. Er ging immer weiter bis zum Ausgang der Kirche, und dann kam er zurück. Er wollte gar nicht aufhören zu gehen. Schließlich kam er doch wieder in die Mitte zurück. Ich fragte ihn nach seinem Namen, aber wegen der Lähmung hatte er den Gebrauch der Sprache verloren, und da ist jemand anders gekommen, um für ihn zu sprechen. Er hat Zeugnis gegeben, daß er gelähmt war, daß er seit einigen Jahren betteln mußte und daß er überhaupt nicht gehen konnte. Alle zusammen haben wir den Herrn gelobt.

Am nächsten Tag war eine große Menschenmenge zum nationalen charismatischen Kongreß versammelt. Beim ersten Vortrag am Morgen habe ich damit begonnen, vor der Menge Zeugnis von dieser Heilung zu geben, die wir am Abend zuvor gesehen hatten. Dann habe ich gefragt, ob dieser Mann in der Versammlung anwesend sei. Dann sahen wir, wie er aufstand und zum Mikrofon ging. Er war ein ganz anderer Mensch geworden. Am Abend zuvor hatte er einen langen Bart und sehr schmutzige Kleider getragen. Er war ein allein gelassener und vernachlässigter Bettler gewesen. An diesem Morgen hatte schon jemand ihm den Bart geschoren. Er trug ein neues Hemd und neue Hosen. Er war nun ein schöner Mann. Dann habe ich ihn angesichts der Menge gefragt, ob er uns ein Wort sagen könnte, wenn der Herr fortgefahren hätte, ihn zu heilen... Und er sagte:

— Ehre sei dem Herrn!

Als Jesus diesen Gelähmten heilte, sagte er uns das gleiche, was er zuvor den Pharisäern gesagt hatte:

— Damit die Menschen erkennen, daß der Menschensohn die Macht hat, auf der Erde die Sünden zu vergeben, steh auf und geh umher!

In der Menge herrscht ein beeindruckendes Schweigen. Alles hängt an den Lippen von Pater Tardif. Jeder Satz wird ins Arabische übersetzt. Aber die überwiegende Mehrheit der Leute versteht französisch. Die Sätze sind aussagekräftig und konkret: man verkostet es mit Freude, sie zweimal zu hören, einmal in jeder Sprache. Hier atmet dieses Volk den

Glauben. Einen tiefen, vollen Glauben. Mit ihrem ganzen Sein sind die Menschen ins Gebet versunken: die Gesichter sind ernst und gesammelt. Manche haben die Augen geschlossen. Jeder hält sich in der Gegenwart Gottes. Dieses Volk glaubt aus tiefstem Herzen an die handelnde Gegenwart Gottes mitten unter ihnen in eben diesem Augenblick. Die Kinder sind sehr artig. Es herrscht in dieser Menge ein vollkommenes Schweigen, ein ganz unglaublich vollkommenes Schweigen.

— Wir werden jetzt mit dem Heilungsgebet beginnen..., erklärt Pater Tardif. Die ganze Versammlung steht auf. Arme werden zum Himmel erhoben.

— Herr Jesus, du bist der menschgewordene Gottessohn. Du bist der Messias, der Retter. Du hast zu uns gesagt:

— Kommet alle zu mir, die ihr schwere Lasten tragt, die ihr ermüdet seid, und ich werde euch erquicken. Siehe hin, o Jesus, auf alle die Kranken, die an diesem Abend gekommen sind. Manche unter ihnen haben große Opfer gebracht, um hierher zu kommen, denn sie haben Vertrauen in dich. Sie wissen, daß du die Auferstehung und das Leben bist.

Jesus, wir flehen dich an, geh durch diese große Versammlung, so wie du auf den Wegen von Galiläa einhergeschritten bist, und segne jeden von unseren Kranken! Segne auch alle diejenigen Kranken, die durch das Fernsehen mit uns verbunden sind. Für dich, Jesus, gibt es ja keine Entfernungen. Du bist überall gegenwärtig. Besuche alle diese Kranken in ihren Familien, in ihrem Zimmer, und segne sie. Erfülle sie auch mit deinem Frieden.

Durch die Kraft deiner glorreichen Wunden, durch dein heiliges Kreuz und durch dein für uns vergossenes kostbares Blut beginne du jetzt damit, unsere Kranken zu heilen. Heile die, welche in ihrem Herzen verwundet sind, und die, welche durch die Ungerechtigkeiten des Lebens verletzt worden sind.

Wir bitten dich, Herr Jesus, heile auch die, welche wegen der Sünde in ihrer Seele leiden, gib ihnen eine tiefe Reue über ihre Sünden, und schenke ihnen deine Verzeihung.

Um all das bitten wir dich, Herr Jesus, zur Ehre Gottes, unseres Vaters. Wir bitten dich darum, weil du Jesus bist und weil du gesagt hast: «Bittet und ihr werdet empfangen!»

Wir glauben, daß dein Wort die Wahrheit ist. Wir bitten dich darum, Herr Jesus, durch die Fürsprache unserer Mutter, Unserer Lieben Frau vom Libanon.

Wir sind deiner lebendigen Gegenwart mitten unter uns, deiner Güte und deines großen Mitleids mit den Leidenden so sicher, daß wir schon jetzt, ohne das Ergebnis unserer Bitten zu kennen, dir Dank sagen, o Jesus, für alles, was du heute für unsere Kranken tust. Ehre und Lob sei dir, Herr Jesus!

Es befindet sich unter uns eine Person, die an einem Darmkrebs litt und deren Heilung gerade jetzt, während des Gebetes, begonnen hat. Der Herr gibt mir in meinem Herzen die Gewißheit, daß es unter euch auch mehrere Personen gibt, die unter Arthrose litten, unter Problemen mit den Schultern, solche, die an Arthritis litten, die Schmerzen in den Knien und in den Händen hatten und die jetzt geheilt werden.

Hier ist die Menschenmenge zu groß, als daß man euch einladen könnte, ans Mikrofon zu kommen, aber wenn ihr keine Schmerzen mehr habt, dann könnt ihr leicht da, wo ihr steht, Gott die Ehre geben, indem ihr irgend etwas in die Hand nehmt und es ganz hoch haltet, damit wir Gott zusammen mit euch die Ehre geben können...

Der Pater schaut über die Menge und sucht nach den geheilten Personen.

— Hier! Wir sehen einige Personen, die festgestellt haben, daß sie keine Schmerzen mehr haben...

Ein Mann bewegt seinen Arm und zeigt seine Schulter.

— Der Schmerz in Ihren Schultern ist verschwunden? Es sind mehrere Personen dort unten, die die Hand erheben. Gott ist groß, er hat keine Lügen nötig. Er erwartet aber von uns, daß wir seine Wunder bezeugen. Dort unten sehen wir mehrere Personen, die sich zu erkennen geben... Es ist jemand da, der seinen Rollstuhl stehen gelassen hat. Fahren wir fort mit dem Gebet... Ist da jemand, der eine Heilung seiner Beine erfährt? Haben andere nicht eine Heilung der Schultern erfahren? Und der Arme? Sind da nicht auch andere, die sich bewußt sind, eine Heilung der Knie empfangen zu haben? Geht es gut? Gelobt seist du, o Herr! Es ist hier auch eine junge Mutter, deren Knie geheilt worden sind...

Je mehr Leute sich zu erkennen geben und die Arme erheben, um so freudiger und um so länger wird Beifall geklatscht. Der Pater ergreift wieder das Wort:

— Hier in der Versammlung sind Personen, die an Gehörlosigkeit und Kopfschmerzen litten. Ihr seid nun geheilt worden, und ihr werdet euch jetzt zu erkennen geben, weil ihr festgestellt habt, daß es euch jetzt sehr gut geht. Nehmt etwas in die Hand und gebt euch zu erkennen, damit wir dem Herrn mit euch danken können. Wo seid ihr? Wir werden uns die Zeit nehmen, euch zu suchen.

Alle, die auf dem Podium sitzen, schauen nach allen Seiten, um die Menge zu beobachten.

— Ist dort unten einer? Danke, Jesus! Nehmen Sie etwas in die Hand, heben Sie die Hand hoch, damit wir sehen können, wo Sie sich befinden! Es ist da jemand, weiß gekleidet, der eine Heilung zu erkennen gibt. Und dort ist auch noch jemand... Es ist eine so unermeßlich große Menschenmenge da! Wir danken dem Herrn. Man kann nicht alles recht erkennen... Diejenigen, die ein Zeugnis ablegen möchten, können vor der heiligen Messe kommen und berichten, was geschehen ist. Ein Ärzteteam ist für Sie da... Unter euch gibt es an diesem Nachmittag einige, die viel mit Asthma zu tun hatten, sie werden jetzt geheilt. Sie werden im Laufe der Woche feststellen, daß ihr Asthma verschwunden ist. Sie können nicht sofort ihr Zeugnis ablegen, aber in der nächsten Woche werden sie es ihren Freunden und ihren Gemeinden berichten. Jesus heilt auch mehrere Personen, die an Magengeschwüren litten. Es ist wunderbar zu sehen, wie das Mitleid Jesu sich heute in dieser Menschenmenge zu erkennen gibt!

Der Herr gibt mir die innere Gewißheit, daß unter euch ein Mann ist, der an einem bösartigen Hirntumor litt. An diesem Abend beginnt seine Heilung. Die Krebsgeschwulst wird nach und nach kleiner werden, bis sie vollständig verschwunden ist. Der Arzt hatte schon daran gedacht, dich zu operieren, aber dieser Tumor war so tief, daß es eine sehr schwierige, gefährliche Operation gewesen wäre. Jesus nimmt heute die Sache in die Hand.

Jesus heilt nicht nur körperliche Leiden, sondern auch das, was im Herzen der Heilung bedarf. Heute werden viele Menschen, die durch die Ungerechtigkeiten des Lebens in ihrem Herzen verletzt worden sind, die Gnade einer tiefen inneren Heilung erfahren. Diese innere Heilung wird euch helfen, den Frieden, die Freude und das Vertrauen wiederzufinden.

Herr, wir danken dir, daß du in dieser großen Versammlung Menschen heilst, die nicht mehr allein gehen konnten, die sich auf Krücken oder auf eine andere Person stützen mußten. Im Glauben werden sie sich jetzt erheben und ohne fremde Hilfe einige Schritte tun.

Es ist sehr schwer, hier umhergehen zu können, weil so viele Menschen da sind... Diese Personen spüren aber die Heilung in ihren Beinen, steht auf im Glauben, und ihr werdet sehen... Dieser Glaubensakt ist nötig...

Auf der linken Seite, ganz hinten im Hof, werden Rufe laut. Man gestikuliert, man klatscht Beifall. Man erkennt eine Ordensschwester in dunkelblauem Habit. Es ist Schwester Helene Hayek von den Kreuzschwestern, die sich vorsichtig vorwärtsbewegt.

— Es gibt hier eine Ordensschwester, die zu gehen beginnt... Machen Sie einige Schritte, ohne sich Ihrer Krücke zu bedienen, im Glauben! Gehen Sie! Weiter! Gehen Sie noch weiter! Machen Sie einige Schritte im Glauben, meine Schwester! Im Namen Jesu! Laßt sie durchgehen! Langsam! Der Herr begleitet Sie, haben Sie keine Furcht! Segne sie,

Herr! Alleluja! Alleluja! Haben Sie keine Angst, der Herr ist dabei, Sie zu heilen! Wie schön ist das!

Die Schwester ist schließlich am Fuß des Podiums angekommen. Der Pater beugt sich zu ihr herab, während die Fernsehkameras auf sie gerichtet werden:

— Seit wann hatten Sie Schwierigkeiten mit dem Gehen?

— In den letzten siebzehn Jahren konnte ich überhaupt nicht mehr gehen, antwortet die Schwester sehr bewegt.

— Lassen Sie sie gehen! Gehen Sie weiter, meine Schwester! Wunderbar! Kehren Sie jetzt zu Ihrem Stuhl zurück... Da ist noch jemand anders, dort unten, der jetzt zu gehen beginnt! Im Namen Jesu von Nazareth, alle Personen, die körperlich diese Heilung verspüren, die von Wärme in den Beinen begleitet ist, gebt euch einen Ruck, steht auf und geht, wie es diese Ordensschwester hier getan hat... Gebt diesem Mann dort einen Weg frei, daß er gehen kann!

Lauter Beifall brandet auf, die Freude ist auf ihrem Höhepunkt angelangt. Der Pater wendet sich an den Mann, der sich mit schwankenden Schritten genähert hat:

— Haben Sie Ihre Krücken dabei? Heben Sie sie hoch, diese Krücken!

Sein Begleiter schwingt sie stolz über dessen Kopf.

— Und jener dort, der im Rollstuhl war, fährt der Pater fort. Sei gepriesen, Herr! Gehen Sie weiter... Ist da nicht noch jemand anders, der seine Krücken liegen gelassen hat? Und Sie, liebe Frau, Sie haben Ihren Rollstuhl stehen gelassen? Alleluja!

Eine Frau gibt weinend Zeugnis über ihre Heilung von einer Lähmung. Es ist unbeschreiblich.

In der Mitte des Hofes verspürt die 56jährige Salloua Saliba plötzlich eine große Wärme in ihrer kranken linken Hüfte. Vor fünfzehn Jahren hatte sie einen unglücklichen Fall auf den Rücken und die Hüfte getan. Es hatten sich Komplikationen ergeben, und bald darauf begann sie furchtbar unter einer starken Arthrose in der Hüfte zu leiden, so daß sie sich überhaupt nicht mehr fortbewegen konnte. Da sie zu arm ist, kann sie keine Operation bezahlen. Nun ist sie hilflos und ohne Einnahmequellen, da sie nicht mehr arbeiten kann. Sie kann sich nur noch mit ihren Krücken einherschleppen und erhält von ihrer Familie das Wenige, das sie zum Leben braucht.

Jetzt in Jdaideh erhebt sich Salloua, hebt die Arme zum Himmel, und die Krücken fallen auf den Boden. Ein hilfsbereiter Nachbar bückt sich, um sie aufzuheben und sie ihr wiederzugeben. Unnötige Mühe, denn Salloua kniet nieder, eine Bewegung, die sie seit fünfzehn Jahren nicht mehr machen konnte, sie küßt die Erde und lobt Gott. Die Leute in ihrer Nähe versuchen ihre Begeisterung einzudämmen und sie zu beruhigen, sie wollen sie nötigen, sich hinzusetzen, denn sie haben Angst, sie könnte sich verletzen. Salloua aber eilt ohne ihre Krücken zum Podium, um Zeugnis zu geben. Der sie behandelnde Arzt, Dr. Josef Ajram vom städtischen Krankenhaus, wird später die eingetretene Veränderung bestätigen: keine Schmerzen mehr, keine Krücken beim Gehen mehr, Salluoa geht von jetzt an frei überall herum...

Hier, in Jdaideh, erheben sich innerhalb von wenigen Minuten etwa ein Dutzend Gelähmte, die ihre Rollstühle oder ihre Krücken liegen lassen.

Der Verantwortliche des Fernsehens LBC nähert sich mir:

— Die Regie gibt uns soeben die Genehmigung, die Direktübertragung noch um eine halbe Stunde zu verlängern. Das, was hier geschieht, ist zu wunderbar! Kein Gedanke daran, jetzt abzuschalten!

Ich beuge mich zu Pater Tardif und flüstere ihm zu:

— Man hat Ihnen eine zusätzliche halbe Stunde der Direktübertragung gegeben.

Da improvisiert Pater Tardif aus dem Stegreif eine neue Ansprache:

— Den Kranken und den Gehbehinderten, die heute zu gehen beginnen, wird immer der Rat gegeben, alle Tage Übungen zu machen. Es gibt Gelähmte, die am ersten Tag nur drei Schritte gehen, die dann aber eine Zeit der Wiedereinübung benötigen. Jeden Tag können sie mit größerer Leichtigkeit gehen. Ihre Muskeln müssen sich wieder neu heranbilden.

Ich erinnere mich an ein junges Mädchen aus Frankreich, die überhaupt nicht gehen konnte. Nach der Eucharistiefeier für die Kranken hat sie fünf Schritte getan. Sie hatte aber so starke Schmerzen, daß sie nicht weitergehen konnte. Da habe ich ihr gesagt: «Morgen wirst du im Namen Jesu zehn Schritte tun! Versuche jeden Tag ein wenig zu gehen, und der Herr wird dich kräftigen.»

Sechs Wochen später schrieb sie mir eine Karte. Sie war in Lourdes. Sie teilte mir mit, daß sie dem Herrn Dank sage und daß sie sich mit Bekannten mit dem Fahrrad nach Lourdes begeben hätte. Das waren 140 km mit dem Rad.

Ihr seht, es gibt viele allmähliche Heilungen. Da gibt es zum Beispiel Leute, die an ihren Augen geheilt werden, die aber nicht sofort am gleichen Tag lesen können. Nach einer Woche aber fangen sie zu lesen an.

Fahren wir fort mit dem Gebet... Jesus heilt weiter, in diesem Augenblick! Es gibt unter euch unfruchtbare Ehefrauen, die sich danach sehnen, ein Kind zu bekommen. Sie werden heute geheilt. Fünf Frauen sind unter euch, die im nächsten Jahr ihr Kind haben werden. Eine dieser Ehefrauen ist seit neun Jahren verheiratet, und immer hat sie auf ein Kind gehofft. Heute heilt der Herr dein Leid, und du wirst im nächsten Jahr, zur gleichen Zeit, ein Kind bekommen! Sei gepriesen, Herr!

Es gibt auch Ehepaare, welche Schwierigkeiten haben, miteinander auszukommen. Zwei von euch denken sogar daran, sich scheiden zu lassen. Der Herr ist aber jetzt dabei, die emotionalen Verletzungen eurer Herzen zu heilen, denn diese waren die Ursache eurer Entscheidung, euch zu trennen, und der Grund eurer Aggressivität. An diesem Abend werdet ihr nach Hause zurückkehren, ihr werdet euch versöhnen und niemals mehr von Ehescheidung sprechen, denn Jesus erneuert die Liebe in eurer Ehe.

In der Menge gibt es auch Leute, die eine Heilung der Augen empfangen haben. Es gibt einige, die nur sehr schlecht sehen konnten. Jetzt sind sie dabei, umherzuschauen, sie sind ganz überrascht, denn sie vermögen zu sehen, was um sie herum geschieht. Ihr braucht nicht hierher zu kommen, aber diejenigen, die sich bewußt sind, daß ihre kranken Augen geheilt worden sind, können da, wo sie sich befinden, dem Herrn die Ehre geben und sich zu erkennen geben. Welche Personen sind es, die sich der Heilung ihrer Augen bewußt sind?

Wiederum befragt der Pater die Menge und spricht mit ihr. Man schaut sich in dieser riesigen Menschenmenge um. Alle sind aktiv dabei. Dort, wo jemand schüchtern den Finger hebt, beginnen die Umstehenden laut zu rufen und zu gestikulieren:

— Hier! Hier!

Der Pater zählt mit lauter Stimme am Mikrofon:

— Hier eine Frau... Dort unten ein kleiner Junge... Dort eine andere Frau! Dort unten, ganz hinten, gibt sich jemand zu erkennen... Der Herr segnet auch diejenigen Kranken, die die Handlung am Fernsehen mitverfolgen...

Die Menge stimmt mit lautem Beifallsklatschen zu.

— Sie empfangen eine Heilung... Man möchte auch wissen, wer in diesem Rollstuhl da gesessen hatte... Hier ist sie!

Die Ruhe und der Frieden sind beeindruckend. Die Kranken sind da, zu Tausenden, von ihrer Familie begleitet.

— Ich hätte niemals geglaubt, daß es hier im Libanon so viele Leidende gibt, flüstert Jacqueline.

Sie sitzt auf dem Podium und kann mit einem einzigen Blick die ganze Menschenmenge überschauen. Krebskranke Kinder ohne Haare, andere mit Krücken und komplizierten Apparaten, Leute auf Tragbahren, die an ein Tropfgerät angeschlossen sind. Die Liste nimmt kein Ende. Es hat Dutzende von Heilungen gegeben, aber nicht alle Kranken wurden geheilt. Warum nicht? Damit stellt sich die große Frage des Übels und des Leidens. Pater Tardif hat mehrmals darauf geantwortet. Eines Tages hat er zu mir gesagt:

— Das ist die erste Frage, die ich dem Herrn Jesus stellen werde, wenn ich in den Himmel komme: Warum hast du nicht alle Leute geheilt?

Man kann sagen, daß die Wunder außerordentliche und seltene Zeichen sind, dazu bestimmt, den Sieg Jesu über das Böse kundzutun, diesen durch das Blut und das Kreuz errungenen Sieg. Gott entreißt uns nicht unserer menschlichen Daseinsweise, die durch die Krankheit, das Altern und den Tod gekennzeichnet ist. Es ist die Sünde unserer Stammeltern Adam und Eva, durch die uns dieses unglückselige Erbe weitergegeben worden ist. Man nennt es «Erbsünde». Sie haben sich von Gott getrennt, indem sie den von Gott angebotenen Weg der Liebe, ohne Krankheit und ohne Tod, verweigert haben. Sie haben die Illusion der Macht und der Begierlichkeit vorgezogen mit der unausweichlichen Folge, daß daraus Krankheit und Tod in die Welt gekommen sind.

Aber schon hier auf Erden überläßt uns Gott nicht dem Tod, denn er gibt uns die Verheißung, uns zu retten, indem er uns das ewige Leben schenkt. Er sendet sein Licht in dieses durch das Leiden gekennzeichnete Leben und gibt ihm einen Sinn. Der Sinn des Lebens, der Sinn dieses «Warum hat Gott uns frei geschaffen?», ist seine Liebe zu uns. Die vollkommene Liebe Gottes hat unendliche Ehrfurcht vor der Freiheit des Menschen, den er liebt. Dieser aber bedient sich seiner Freiheit, um ihn zu verraten. Der gute Gebrauch der Freiheit besteht darin, den Herrn wiederzufinden, von dem wir uns wegen unserer Sünden entfernt hatten.

Das können wir aber nicht aus uns selbst. Es geht nicht mit eigener Kraft, daß der Mensch sich retten und eines Tages die verlorene Beziehung zu seinem Gott wiederherstellen kann. Gott selbst ist es, der die Initiative ergreift, indem er Mensch wird in Jesus. Der Name Jesus bedeutet: «Gott rettet». Wenn der Mensch also auf das Wort Jesu hört, dann vermag er zu verstehen, auf welchem Wege er Gott wiederfinden kann: es ist der des Evangeliums.

Das setzt voraus, sich selbst zu lieben. Oft sind die Menschen nicht einverstanden, sich lieben zu lassen, weil sie sich selbst nicht lieben. Oder aber, sie «lieben» sich auf ichbezogene und hochmütige Art, was zur Selbstzerstörung führt. Es geht darum, Gott zu lieben, und die anderen und sich selbst in der Wahrheit, in der gleichen Liebe, die Jesus uns erwiesen hat. Die Wahrheit über sich selbst und die anderen wird gefunden, wenn man die Wahrheit in Gott sucht. Die Wunder sind ein Zeichen der Auferstehung Jesu, des Sieges, der auch heute mitten unter uns am Wirken ist.

Pater Tardif betet bei jedem Satz, den der Übersetzer spricht. Das Gebet für die Kranken geht zu Ende. Die Atmosphäre ist von unglaublicher Ruhe und überströmender Freude geprägt, jedoch verhalten wegen der außergewöhnlichen Ereignisse, die soeben geschehen sind. Der Kirchenchor stimmt ein sanftes Lied an: reich verzierte Allelujas, mehrstimmig gesungen, werden von der unermeßlichen Menge wiederholt. Auch von weiter her, von jenseits der das Kolleg umgebenden Mauern, in den benachbarten Straßen, wiederholen Tausende von Stimmen den Kehrvers. Die heilige Messe wird gleich beginnen, man bereitet einen riesigen Altartisch, Stühle werden hingestellt. Langsam ist es Nacht geworden. Der elektrische Strom ist bisher nicht ausgefallen. Der Eindruck von verhaltener Freude und Zusammengehörigkeit ist überwältigend. Etwa dreißig Priester befinden sich zur Konzelebration auf dem Podium. Zweihundert andere vereinigen sich vom Fuß des Podiums aus mit der Eucharistiefeier. Der maronitische Ritus entfaltet die ganze Pracht seiner Liturgie. Ich hatte den Erzbischof gebeten:

— Nicht zu lang! Die Leute sind erschöpft!

Er hat mich humorvoll beruhigt:

— Ich bin dafür bekannt: Maximum: 40 Minuten!

Die heilige Kommunion wird von vielen weiß gekleideten Priestern ausgeteilt; ein junger Mann geht vor ihnen her und trägt eine Kerze. Man kann sich nicht viel bewegen. Aber nirgendwo drängt man sich, niemand verliert die Nerven, obwohl manche schon seit dem frühen Morgen anwesend sind. Dann ist es zu Ende. Es ist halb neun Uhr. Wir sind uns noch gar nicht recht bewußt, was da vor sich gegangen ist. Wir wissen nur, daß etwas Wundervolles, ganz Starkes geschehen ist.

Jetzt handelt es sich darum, herauszukommen. Nach und nach haben sich im Laufe des Abends alle zwischen den Stühlen vorgesehenen Gänge mit Menschen gefüllt. Man weiß nicht wie, aber die Leute sind immer näher ans Podium herangerückt. Eine riesige, undurchdringliche Menschenmenge. Wir müssen durch den ganzen Raum gehen, um zu unseren Autos zu kommen. Es gibt keinen Hinterausgang. Ich rufe einige Schutzleute. Aber die sind sehr beschäftigt: Pater Tardif wird von der Menge bestürmt, und diejenigen, die einen bevorzugten Platz in der Nähe des Podiums haben, profitieren davon, um dem Pater ihre Babys zu reichen oder um diesem oder jenem Bekannten Platz zu machen, damit er zu Pater Tardif durchkommen kann! Wir sehen uns gezwungen zu reagieren und organisieren eine Absperrkette aus jungen Männern. Es scheint, daß niemand nein zu sagen weiß. Ich muß sie grob anfahren, aber das hat keinen Erfolg. Der Pater wird im Sturm erobert; er sitzt noch immer auf seinem Stuhl, von dem er noch nicht aufgestanden ist.

Schließlich muß man doch herabsteigen und sich in die Menge begeben. Nun drängen die Leute sich noch mehr, das Durcheinander wird anarchisch. Alle wollen den Pater anrühren, und sei es auch nur mit einem Finger. Die Lage wird beunruhigend, denn sie ist ganz aus der Kontrolle geraten. Es dauert gar nicht lange, da ist der Pater von der Hälfte seiner Schutzmannschaft abgeschnitten. Man nimmt ihn bei der Hand. Man zieht ihn am Arm. Dann ergattert jemand anders seinen anderen Arm und zieht in die entgegengesetzte Richtung. Der Pater wird fast auseinandergerissen. Da springen die jungen Männer herbei und stoßen mit ihren

Schultern diesen Wald der Hände zurück, die sich an den Pater klammern, an seinen Kleidern ziehen und ihn kratzen. Der Pater wird mit schnellen Schritten von seinen Leibwächtern fortgezogen. Wir verlieren ihn aus den Augen, da wir von der Menge schnell in eine andere Richtung gestoßen werden; die Leute aber drängen sich hinter dem Pater her mit der letzten Hoffnung, sich ihm doch noch nähern zu können. Ich bleibe gelassen:

— Er ist es gewohnt. Es ist immer das gleiche, überall, in allen Ländern. Wir werden ihn im Bischofshaus wiederfinden. Hoffen wir es wenigstens!

Es dauert noch fast eine Stunde, bis die Menschenmenge sich nach und nach zerstreut. Dank der Hilfe von zwei Polizisten kann ich in einem Militärjeep Platz nehmen, der mich nach Hause bringt. Dort ist Pater Tardif dabei, in aller Ruhe zu Abend zu essen. Ich frage ihn:

— Haben Sie hierher kommen können, ohne daß Ihnen etwas passiert ist?

Er zeigt sein gelöstes Lächeln:

— Ach, mit der Menschenmenge ist es überall das gleiche. Nur einmal, in Peru, wäre es beinahe übel ausgegangen. Ich wäre fast zertrampelt worden! Aber schließlich ist doch alles gut ausgegangen! Und im vergangenen Monat in Rom mußten die Karabinieri mich auf ihren Schultern tragen, um mich der Menge zu entreißen! Die Armen! Ich bin ja alles andere als leichtgewichtig! — Und um diese Feststellung noch zu unterstreichen, fährt er mit seiner Gabel wieder in den Teller mit Braten und Linsen.

Es ist jetzt fast 22 Uhr, und gestern nachmittag ist Pater Tardif im Libanon angekommen. Er zieht sich nun bald in sein Zimmer im ersten Stock zurück. Was er noch nicht weiß, ist, daß die Nachricht über all diese Ereignisse sich gleich einem Lauffeuer in Windeseile im ganzen Lande ausgebreitet hat. Das überschreitet die Grenzen selbst der blühendsten Phantasie!

In der Stadt und in den Dörfern hat man in vielen Häusern die ganze Nacht hindurch getanzt. Eine Hoffnung ist wiedererwacht! Mit Gott, der so mächtig und so nahe ist, wird eine bessere Zukunft möglich sein! Und in den Dörfern, wo die Menschen auf wunderbare Weise geheilt worden sind, ist die Rückkehr ein Triumphzug gewesen: Alle Glocken haben mit voller Kraft geläutet, die Menschen haben sich in der Kirche versammelt, um dem Herrn zu danken, und sie verbrachten einen großen Teil der Nacht mit Glückwünschen, Danksagungen und Gebeten.

Am nächsten Morgen bringen alle Zeitungen das Ereignis in Schlagzeilen auf der ersten Seite. Im Radio und im Fernsehen wird von riesigen Menschenmengen berichtet und von etwa fünfzig bekanntgegebenen Heilungen. Es werden Zeugnisse über die Heilungen gegeben, das Staunen ist vollkommen: hat man jemals im Libanon die Versammlung einer solchen Menschenmenge gesehen? Waren da nicht Libanesen aller Konfessionen in der gleichen Glut des Gebetes miteinander vereint? Wer ist dieser Mann, der Pater Tardif, von dem man vorher doch niemals etwas gehört hatte? Im ganzen Libanon ist Pater Tardif jetzt das einzige Gesprächsthema des Tages. Von dem kleinsten, von Israel besetzten Dorf im Süden, von der Gegend um Baalbek in der Bekaa, von den Vororten von Beirut bis hin zur syrischen Grenze im Norden des Libanon —, überall werden die Ereignisse kommentiert. Die Nachbarn auf dem Hausflur rufen sich zu:

— Mein Cousin hat wirklich einen Gelähmten gesehen, der auf einmal gehen konnte!

Die Nachbarin gerät in Begeisterung:

— Gott ist groß! Gelobt sei Jesus Christus!

Manche haben einige Zweifel. Aber in der allgemeinen Begeisterung, warum sollte man da nicht Wunder zugeben können? Der Erzbischof von Beirut ist ein Bürge von Gewicht. Er hätte niemals einen Scharlatan eingeladen. Gewiß werden später Untersuchungen und Umfragen stattfinden. Heute aber ist es der Augenblick, um fröhlich zu sein! Alle sind ganz voller Freude:

— Ja, wirklich, wir haben eine wunderbare Religion!

Das gedemütigte christliche Volk des Libanon kann wieder das Haupt erheben:

— Gott hat uns nicht vergessen! Er läßt die Lahmen gehen und die Tauben hören! Wer außer ihm könnte so etwas tun?

Auf Landesebene hat das Ereignis auch eine starke politische Auswirkung. Die Christen scheinen neuen Mut geschöpft zu haben in ihrem Entschluß, ihre Freiheit zu verteidigen. Die Waffen Gottes sind nicht die Kanonen, sondern die Hoffnung!

Um halb acht Uhr am Morgen werden wir allmählich wach, während Beirut in dieser Morgenstunde schon vom Geräusch all der vielfältigen Aktivitäten widerhallt. Ich bin die erste, die das Zimmer verläßt, welches gegenüber dem von Pater Tardif liegt, auf der anderen Seite des Ganges, und dort begegne ich Roger Daher, der soeben in Begleitung des 24jährigen Charbel und seiner Familie angekommen ist.

— Pater Tardif muß unbedingt für ihn beten. Charbel ist besessen!

— Aber das ist ganz unmöglich, rufe ich aus. Mit individuellen Gebeten fangen wir gar nicht erst an! Sonst werden wir niemals an ein Ende kommen!

— Das ist ein besonderer Fall, antwortet Roger.

Natürlich, jeder «Fall» ist immer ein besonderer Fall! Ich bin nicht sehr überzeugt. Aber Charbel ist bereits da. Warum also nicht?

Charbel war im Alter von acht Jahren zu einer Zauberin gebracht worden, die sich angeblich auf Heilungen verstand, weil er Rückenschmerzen hatte. Seine Familie hatte gehofft, sie könnte ihn heilen. Nachdem sie eine große Geldsumme gefordert hatte, ließ sie ihn acht Tage lang eine Flüssigkeit trinken, in welcher «Schriften» eingetaucht waren, nämlich Stoffetzen mit unentzifferbaren Beschriftungen. Danach begann sie ein Ritual von Anrufungen in einer unverständlichen Sprache. Weibergeschichten, wird man sagen.

Das ist aber nicht so sicher. Denn seitdem, jetzt also seit sechzehn Jahren, erleidet Charbel heftige Anfälle von unterschiedlicher Dauer, zwei- oder dreimal in der Woche: er schreit, er hat Krämpfe, er wälzt sich in Zuckungen auf dem Boden. Natürlich hat man an Epilepsie gedacht. Die besten Spezialisten vom französischen Krankenhaus «Hôtel Dieu» in Beirut — es besteht eine Patenschaft mit dem von Paris — haben gründlich seinen Fall untersucht und die genauesten Analysen erstellt. Ihre Schlußfolgerung läßt keinen Zweifel bestehen: keine Spur von dieser Krankheit. Die Symptome sind ganz und gar unerklärlich, die geistige Gesundheit von Charbel ist normal! Man kann nichts mehr für ihn tun.

Die furchtbaren Symptome zeigen sich vor allem während der heiligen Messen und wenn der Rosenkranz gebetet wird. Da haben die Eltern sich an Priester gewandt, die sich auf den Exorzismus verstehen. Diese sind nach einer langen Beobachtungszeit zu dem Schluß gekommen, daß es sich um eine teuflische Besessenheit handelt. Der Fall ist selten: Charbel ist so sehr davon gepackt, daß man die Gebete um Befreiung vervielfältigen muß. Daraufhin ist es mit der Besessenheit etwas besser geworden, aber sie ist nicht verschwunden. Während der Anfälle ist Charbel nicht mehr er selbst: es ist, als ob jemand anders durch ihn sprechen würde. Wenn diese plötzlich auftretenden dämonischen Anfälle, die ihn heftig zu Boden stürzen lassen, vorüber sind, dann ist er vollständig erschöpft. Es ist ein ganz besonders starkes Charisma nötig, um ihn dauerhaft zu befreien. Ich benachrichtige den Erzbischof und suche dann Pater Tardif auf: er ist bereits in der Kapelle und betet sein Morgenoffizium. Als er hinausgeht, nähere ich mich ihm:

— Wären Sie einverstanden, für die Befreiung eines jungen Mannes zu beten, der sich in großen Schwierigkeiten befindet?

— Gut, einverstanden, antwortet er mit seiner gewohnten Liebenswürdigkeit.

Ich erkläre ihm mit einigen Worten den Fall. Charbel sitzt im Wohnzimmer. Der Pater setzt sich auf einen Stuhl neben ihm. Roger, Anna-Sophia und ich stehen dahinter. Wir beten aus ganzem Herzen. Mgr. Abi Nader hat sich auch der Gruppe genähert und nimmt an unseren Gebeten teil. Nach zwei oder drei Minuten wird Charbel ganz rot. Er scheint von heftiger innerer Erregung ergriffen zu sein. Er hält seine Hand an seinen Hals, als ob er jemanden daran hindern wollte, ihn zu erwürgen. Dann beginnt er, lange und furchtbar zu schreien mit ganz rauher Stimme. Er wird von heftigen Krämpfen geschüttelt, er fällt zu Boden, er wälzt sich hin und her. Mit der Autorität Christi befiehlt Pater Tardif den Dämonen, ihn zu verlassen:

— Dieses Kind gehört Christus allein! Im Namen Jesu, des Herrn, verlaßt ihn!

Die Zuckungen werden immer rasender. Niemals zuvor habe ich so etwas gesehen. In was für einer Sklaverei wird doch dieser arme junge Mann gehalten! Plötzlich stößt Charbel wieder einen furchtbaren Schrei aus und fällt leblos hin. Pater Tardif klopft ihm auf die Wange:

— Wie geht's, Charbel? Es ist vorbei!

Der Junge öffnet die Augen, zeigt ein schwaches Lächeln, hat dann so etwas wie einen Schluckauf und hält die Hand vor den Mund.

— Laßt ihn zur Toilette gehen: er muß sich übergeben!

Man führt ihn dorthin. Acht Tage lang wird er sich übergeben, und diese acht Tage stimmen genau mit der Zeit überein, während derer er vor sechzehn Jahren die teuflische Flüssigkeit mit den Zaubersprüchen schlucken mußte.

Pater Tardif erhebt sich:

— Uff! Das war immerhin ein bißchen stark vor dem Frühstück!

Dann lächelt er wieder. Es gibt frische, noch ofenwarme Hörnchen, die von einem tüchtigen französischen Bäcker, der sich in Beirut niedergelassen hat, hergestellt worden sind. Es ist dies eine besondere Aufmerksamkeit von Anton Massoud.

— Es gibt so viele Probleme mit Zauberei in unserem Orient. Selbst unsere Christen lassen sich allzuoft davon umgarnen, seufzt Monsignore.

Wir besprechen untereinander unseren Kommentar zu dem Fall von Charbel. Aus Unwissenheit hatte seine Familie mit dem Feuer gespielt. Das mußte dann teuer bezahlt werden durch all die Jahre des Unglücks und der Verzweiflung!

— Der Klerus scheint diesen Problemen ziemlich hilflos gegenüberzustehen, sagt Pater Tardif. Manchmal glaubt man heutzutage auch gar nicht an ein teuflisches Wirken! Natürlich, es ist naiv, überall, wo es eine Schwierigkeit gibt, gleich den Teufel sehen zu wollen. Die Schwierigkeiten des Lebens haben ihre Ursache meistens in ganz natürlichen Gegebenheiten: sie stammen ganz einfach aus unserer menschlichen Begrenztheit oder dem normalen Mißgeschick bei gewissen Lebensumständen. Ebenso naiv aber ist es, in übersteigertem Rationalismus die Existenz der Dämonen zu leugnen, wie auch ihr Bestreben, den Menschen abzuwenden von Gott, gegen den sie selbst sich erhoben hatten. Einer der von ihnen bevorzugten Bereiche des Eingreifens ist das Gebiet aller Arten spiritistischer Praktiken: Magie, Wahrsagung usw. Da ist die menschliche Freiheit ihnen in gewisser Weise schutzlos ausgeliefert, und die dämonische Besessenheit ist oft die Folge — zwar nicht automatisch, aber sehr häufig — des «Dienstes» von Magiern, sogenannten Heilern und Wahrsagern aller Art.

Manche sind Scharlatane: das ist weiter nicht schlimm! Der «Kunde» wird nur getäuscht und um sein Geld gebracht. Die meisten aber sind wirkliche öffentliche Gefahren: die Ratsuchenden wissen überhaupt nichts von den wahren dämonischen Praktiken, denen sie sich ausgeliefert haben, und die Folgen für ihre Seele sind oft katastrophal, und außerdem wird ihnen dafür auch noch eine «gesalzene» Rechnung präsentiert!

Pater Tardif macht ein bekümmertes Gesicht. Diese Art von Problemen findet er wirklich überall in der Welt. Was da wie mittelalterliches Gehabe aussieht, ist in diesen letzten Jahren des 20. Jahrhunderts häufiger aufgetreten als je zuvor. Die Unwissenheit, besonders die im religiösen Bereich, ist unzweifelhaft die Ursache vieler Übel. Man muß die Menschen immer wieder belehren und informieren. Eben das hat Pater Tardif sich zum Ziel gesetzt. Gleich wird er sich an die Kader der Kirche wenden, an die Priester des Libanon.

Kapitel V

Montag, 5. September 1994

Wir verlassen das erzbischöfliche Haus und begeben uns
zur Herz-Jesu-Kirche in Badaro. Es ist neun Uhr morgens.
Der Tag ist heute für die Priester reserviert, für eintägige
Exerzitien. Wie viele werden kommen? Unmöglich, es vorherzusagen. Als wir aber ankommen, warten dort schon
etwa 350, eine sehr große Zahl für ein so kleines Land! Auch
sechs Bischöfe sind da: zwei Maroniten, zwei griechisch-
katholische, ein syrischer und ein orthodoxer. Die ganze
Vielfalt des orientalischen Christentums ist da, in ihrem ganzen Reichtum repräsentiert. Es ist ein Erfolg. Immer mehr
Priester aus dem ganzen Land kommen an, sie begrüßen
sich, sie sprechen miteinander. Auch einige Ordensfrauen
versuchen hineinzukommen, obwohl ausdrücklich gesagt
worden war, daß der Tag nur für Priester bestimmt sei. Die
zur Sprache kommenden Themen sind nämlich eigens auf
die Priester zugeschnitten. Wenn die Ordensschwestern mit
hereinkommen, dann besteht das Risiko, daß sie allein ihre
sie betreffenden Fragen stellen und daß die Priester dann
nicht mehr zu Wort kommen. Es wird ihnen also nicht
erlaubt einzutreten, wie es ja auch verkündet worden war.
Da gehen sie hin und flehen Monsignore an, der ihnen
schließlich erlaubt, ganz diskret durch eine Hintertür hereinzukommen. Sie schleichen sich zu zehnt, zu zwanzig,
schließlich zu dreißig herein, ganz glücklich darüber, daß sie
schließlich doch gesiegt haben. Es muß aber gesagt werden,
daß sie sich dann doch sehr diskret verhalten.

Diese lieben Schwestern sind gut wie das Brot: fleißig und opferbereit, leisten sie einen unschätzbaren Dienst in den Waisenhäusern, den Kliniken, den Altersheimen. Im Libanon gibt es nur wenige staatliche soziale Einrichtungen: die Kirche springt hier ein, indem sie immer neue Wohltätigkeitseinrichtungen ins Leben ruft. Es ist wirklich einzigartig, was die Schwestern tun.

Bei den Priestern herrscht große Verschiedenheit: jedes Lebensalter ist vertreten, viele sind noch jung. Alle sind im Priestergewand. Die Soutanen leuchten in allen Farben: weiß, schwarz, braun, beige, hell- und dunkelblau... Ebenso groß wie ihre Zahl ist auch die Aufmerksamkeit der Priester. Man läßt durch Handzeichen feststellen, ob eine Übersetzung vom Französischen ins Arabische erwünscht ist. Pater Tardif spricht ja französisch. Schließlich einigt man sich auf ein Ja. Der Pfarrer von der Herz-Jesu-Kirche wagt sich nun an die schwierige Aufgabe des Übersetzens heran. Zuerst wird gemeinsam das Gotteslob gesungen. Die Stimmen klingen zusammen in einem schönen arabischen Gesang in diesem Morgenoffizium nach orientalischem Ritus.

Nach einem kurzen Gebet und einigen Lobliedern beginnt der erste Vortrag: es geht darum, die Priester einzuladen, sich in stärkerem Maße für das Wirken des Heiligen Geistes in ihnen zu öffnen, für einen noch besseren Dienst am Gottesvolk.

— Seit dem Pfingstfest hören die Christen nicht auf, den Heiligen Geist zu bitten, zu ihnen herabzukommen: «Komm, Heiliger Geist!» Und wir, wir haben auch heute noch nicht aufgehört, den Heiligen Geist zu bitten, immer mehr von unserem Leben Besitz zu ergreifen. Warum? Damit er in uns immer reichere Früchte tragen kann. Gewiß, diesen Heiligen Geist haben wir in Fülle bei unserer Taufe empfangen. Aber er bekundet sich in uns auch durch die «Charismen», diese geistlichen Gaben, von denen der heilige Paulus spricht.

Nach den Worten von Papst Paul VI. sind wir heute Zeugen eines häufigeren Auftretens von Charismen. Es findet eine Erneuerung jener Charismen statt, die es in der Urkirche gab in den ersten acht Jahrhunderten. Danach sind sie mehr oder weniger verschwunden, ohne Zweifel wegen einer gewissen Übertreibung der Strukturen. Auf dem Zweiten Vatikanischen Konzil hat man dem Wunsche von Papst Johannes XXIII. entsprochen und eindringlich darauf hingewiesen, daß es notwendig sei, den Heiligen Geist stärker wirken zu lassen. Die charismatische Erneuerung ist eine Frucht des Zweiten Vatikanischen Konzils.

Papst Paul VI. hat gesagt:

— Das ist ein Glück für die Kirche und für die Welt von heute.

Der heilige Paulus erklärt uns, was ein Charisma ist:

— Die Manifestation des Heiligen Geistes wird immer im Hinblick auf das Gemeinwohl gegeben.

Achten wir auf die so ganz einfache Definition des heiligen Paulus: «Manifestation des Heiligen Geistes.» Hier ein Beispiel dazu:

Vor drei Jahren hielt ich Exerzitien im französischen Teil Polynesiens, im Pazifik. Wir feierten die Eucharistie in Papeete, der Hauptstadt von Tahiti, auf dem Platz vor dem Bischofshaus. Als dann für die Kranken gebetet wurde, erhielt ich in meinem Herzen ein Wort der Erkenntnis:

— Es gibt hier in der Versammlung eine Person, die viel mit ihrer Wirbelsäule zu leiden hat. Ihre Schmerzen am dritten Wirbel sind durch eine herabfallende Kokosnuß verursacht worden. Jetzt, in diesem Augenblick, ist Jesus dabei, diese Person zu heilen. Und diese Person kommt das erstemal in ihrem Leben zur heiligen Messe!

Der Herr hatte wirklich sehr genaue Angaben gemacht. Am nächsten Tag ist die betreffende Person in die Kathedrale gekommen, um ihr Zeugnis abzulegen:

— Ich bin protestantisch, und ich bin niemals, niemals in meinem Leben in eine katholische Messe gegangen. Gestern abend aber hat mich eine Freundin zur Messe mitgenommen. Mein Beruf ist der Verkauf von Kokosnüssen an die Touristen. Ich schlage sie mit einem Stock herunter. Vor einem Jahr ist eine Kokosnuß auf meinen Rücken gefallen und hat mich am dritten Wirbel verletzt. Als Pater Tardif verkündete, daß eine Person, die am dritten Wirbel der Wirbelsäule litt, jetzt geheilt werden würde, habe ich eine intensive Wärme an dieser Stelle verspürt, und mein Schmerz ist verschwunden. Ich war sehr beeindruckt, und ich danke dem Herrn.

Wie glücklich war ich, daß alle diese Einzelheiten des Wortes der Erkenntnis sich als wahr erwiesen haben! Das hat die Leute äußerst beeindruckt. Sie haben die Macht Gottes erkannt.

Das Wort der Erkenntnis ist eine große Hilfe für die Seelenführung. Früher pflegte man zu sagen: «Dieser oder jener hat die Gabe, in den Seelen zu lesen.»

Es handelt sich jedoch nicht darum, in den Seelen zu lesen, sondern darum, vom Heiligen Geiste im Herzen ein Wort der Erkenntnis für jemanden zu empfangen.

Hier ein anderes Beispiel:

Eines Tages hielt ich in einer Pfarrei Exerzitien. Eine Dame brachte ihre 18jährige kranke Tochter zu mir. Diese verlor oft das Gleichgewicht und fiel dann zu Boden. Als das begonnen hatte, war sie Studentin an der Universität. Anfangs dachten die Ärzte, es könnte sich um Epilepsie handeln, aber sie fanden keine Spur von diesem Leiden und auch keine Spur von irgendeiner anderen Krankheit. Die Mutter hat auch Psychiater zu Rate gezogen. Aber auch sie fanden keine Erklärung dafür. Das junge Mädchen mußte schließlich das Studium aufgeben. Ich habe sie gefragt:

— Ist es schon lange her, daß du nicht mehr gebeichtet hast?

— Ja, schon ziemlich lange, antwortete sie.

Da sagte ich zu ihr:

— Profitiere also von deinem Besuch bei mir, um eine gute Beichte abzulegen. Es genügt nicht, nur um die Heilung des Körpers zu bitten. Auch um die Heilung der Seele muß gebetet werden.

Ich setzte mich hin, um sie anzuhören, aber sie blieb stumm. Sie hatte Angst. Ich betete in Sprachen, während ich darauf wartete, daß sie mit der Beichte anfinge. In diesem Augenblick erhielt ich in meinem Herzen ein ganz klares Wort der Erkenntnis, nämlich das Wort: «Abtreibung».

Da habe ich sie gleich gefragt:

— Hast du ein Problem mit einer Abtreibung gehabt?

Ganz überrascht schaute sie mich durchdringend an und fragte mich:

— Wer hat Ihnen das gesagt?

Ich antwortete ihr:

— Ich glaube, es ist der Herr, der mir für dich dieses Wort ins Herz gelegt hat!

Erst in diesem Augenblick war sie bereit, ihre Beichte abzulegen: an der Universität hatte sie einen Freund kennengelernt, mit dem sie sexuelle Beziehungen gehabt hatte. Bald war sie schwanger geworden. Ihr Freund hatte sie dann überredet, in einer Klinik eine Abtreibung vornehmen zu lassen. Danach aber hatte sie sich zweifach schuldig gefühlt: schuldig, weil sie vor der Ehe sexuelle Beziehungen gehabt hatte, und schuldig, weil sie ihr Kind getötet hatte. Ihre Angst war so groß, daß sie daraufhin immer wieder ohnmächtig wurde und zu Boden fiel. Die Gewissensbelastung wegen ihrer zweifachen Sünde hatte sie zugrunde gerichtet.

Ich habe ihr im Namen Jesu die Absolution erteilt. Wir haben gebetet, daß der Herr ihr helfe, die durch die Sünde verursachte Wunde ihres Gedächtnisses zu heilen. Und danach ist sie niemals wieder zu Boden gefallen. All das war vorbei.

Und hier, in Beirut, habe ich am ersten Abend folgendes Wort der Erkenntnis erhalten:

Es ist in der Versammlung ein Mann, der wegen eines Autounfalls seinen rechten Arm nicht heben kann. Seit diesem Tag ist er behindert, seine Schulter ist bewegungsunfähig geworden. Jesus ist dabei, ihn zu heilen.

Ich habe ausgerufen: «Hebe deinen rechten Arm, und du wirst bemerken, daß du geheilt bist!»

Dieser Mann befand sich draußen vor der Kirche. Dort befanden sich nämlich mehr als dreitausend Personen, die nicht eintreten konnten. Er hat sich einen Weg gebahnt und kam mit Tränen in den Augen vorne an. Er gab sein Zeugnis am Mikrofon und dankte Gott, daß er nun ohne Schmerzen seinen Arm heben konnte.

Oft werde ich gefragt, wie man es macht, um ein Wort der Erkenntnis zu erhalten. Es ist der Heilige Geist, der es gibt, ebenso wie er auch eine Weissagung gibt. Das stammt nicht aus der Einbildungskraft. Die verkündete Heilung muß überprüft werden. Es ist sehr leicht, hier die Wahrheit festzustellen, denn die geheilten Kranken geben Zeugnis ab von dem, was Gott für sie getan hat. Heute gibt es zahlreiche Personen, die dieses Charisma empfangen haben.

Jesus hat sich während seines öffentlichen Lebens sehr viel um die Kranken gekümmert. Wenn man die Evangelien liest, dann hat man den Eindruck, daß Jesus kaum etwas anderes zu tun hatte. Auf dieser Seite des Evangeliums geht Jesus die Kranken besuchen. Auf jener anderen Seite kommt er von einer Reise zurück, wo er Kranke geheilt hat. Anderswo ist er dabei, die Leute zu befreien, die unter teuflischen Angriffen zu leiden hatten. Jesus zeigte wirklich sehr viel Mitleid mit den Leidenden. Auch uns will er dieses Mitleid mit den Kranken geben.

Wenn ihr wie Jesus sprechen, denken, handeln und beten wollt, dann öffnet euch für alle Charismen des Heiligen Geistes! Verlangt nach den Charismen! Der heilige Paulus sagt es uns: «Verlangt nach den geistlichen Gaben, besonders nach der Prophezeiung!»

Diese geistliche Erneuerung umfaßt alle Bereiche des christlichen Lebens: Der Heilige Geist gibt eine neue Liebe zum Gebet. Er läßt uns das Wort Gottes in der Bibel verkosten. Er gibt uns eine große Liebe zu den Sakramenten.

Ein Priester mit langem weißem Bart hebt die Hand und stellt eine Frage:

— Man glaubt oft, daß die Charismen ein Zeichen für die Heiligkeit seien. Ist das wahr?

Pater Emiliano antwortet:

— Nein! Das ist nicht wahr. Gott wartet nicht, bis wir heilig sind, um uns die Ausübung von Charismen zu ermöglichen. Im Gegenteil, gerade dadurch, daß wir damit einverstanden sind, den anderen mit den Charismen zu dienen, heiligen wir uns auch selbst! Sie sind ein freies Geschenk, um besser dienen zu können. Was uns heiligt, ist der Dienst. Die Leute verwechseln aber oft Charisma mit Heiligkeit. Wenn jemand das Charisma der Heilung hat, dann denken sie, daß der Betreffende ein Heiliger ist! Das ist aber ein Irrtum! Was uns heilig macht, ist die Tatsache, daß man sich dieses Charismas der Heilung für den Dienst an den anderen bedient.

Ein anderer stellt dem Pater die Frage:

— Warum sendet Gott aber gerade heute eine solche Erneuerung der Charismen?

— Die Antwort ist einfach, antwortet der Pater. Es geschieht deshalb, weil wir es heute nötig haben. Gott, die göttliche Vorsehung, gibt uns gerade das, was wir brauchen...

Man glaubt zum Beispiel in gewissen kirchlichen Kreisen nicht mehr an den Teufel, man nimmt keinen Exorzismus mehr vor. Ein Priester aus der Schweiz erklärte kürzlich in einem Buch, daß der Teufel ein Phantasieprodukt sei. Papst Paul VI. hat diejenigen verurteilt, die die Existenz des Teufels leugnen. Sie sind einem großen Irrtum anheimgefallen. Wenn man in der Kirche allzu rationell wird, dann will man alles verstehen und alles erklären. Im Glauben ist aber nicht alles rational. Darum haben heute viele Priester große

Schwierigkeiten, die Charismen aufzunehmen. Der Herr will uns das wieder neu lehren.

Ich sage nicht, daß das irrationell sei, aber es handelt sich um etwas, das die Grenzen unseres menschlichen Denkens übersteigt. Ein Charisma wird nicht durch verstandesmäßiges Nachdenken ausgeübt, sondern durch eine Anregung durch den Heiligen Geist. Es geschieht wirklich im reinen Glauben, daß man beginnt, in Sprachen zu singen. Wenn der Heilige Geist uns einen Gesang in Sprachen gibt, dann kennt man weder die Worte noch die Melodie, sondern man wird angetrieben zu singen. Es braucht eine wirkliche «Bekehrung» der Verstandeskräfte, um dahin zu gelangen und damit einverstanden zu sein, nichts dabei zu kontrollieren.

Das Gebet in «Zungen» wird an mehreren Stellen in der Apostelgeschichte und in den Briefen des heiligen Paulus erwähnt. Am Pfingsttag begannen die Apostel alle, in anderen Sprachen zu reden. Der Heilige Geist betet in uns in Sprachen, die wir nicht kennen. Es ist dies ein weitaus machtvolleres Gebet als unser persönliches Beten es ist. Ich habe das bei mehreren Gelegenheiten bestätigt gefunden, besonders während liturgischer Exorzismen.

Eines Tages geschah es in Lyon, in Frankreich, daß vier Priester, unter ihnen auch ich, während eines liturgischen Exorzismus viel Mühe hatten, ein junges Mädchen von neunzehn Jahren zu befreien, sie hatte sich nämlich einem satanischen Kult verschrieben. Sie bedauerte es danach und wollte sich davon befreien. Ganz allein konnte sie es aber nicht. Sie war zu dessen Gefangener geworden. Der Exorzismus hatte schon anderthalb Stunden gedauert. Der Weihbischof von Lyon hatte mich gebeten, die Handlung zu leiten.

Während des Exorzismus wurde sie wild und rasend wie ein Löwe. Während wir beteten, befahlen wir dem bösen Geist, im Namen Jesu aus diesem Gotteskind auszufahren, aber wir konnten kein Ergebnis erzielen. Dann kam mir der Gedanke, in Zungen zu beten. Auch die drei Priester, die mich begleiteten, hatten die Gabe des Zungenredens. Ich versichere Ihnen, daß wir noch keine vier oder fünf Minuten in Zungen gebetet hatten, als dieses junge Mädchen plötzlich zu weinen begann. Sie hatte den Frieden gefunden. Sie war befreit. Da sind die anderen Priester hinausgegangen, und ich habe ihre Beichte gehört. Danach, während der heiligen Messe, ist das junge Mädchen zur heiligen Kommunion gegangen.

Später hat sie noch drei Angriffe erlebt, es war aber keine dämonische Besessenheit, denn davon war sie ja befreit, sondern eine Bedrängnis. Eine Bedrängnis besteht in dämonischen Angriffen, die von außen an die Person herantreten; diese besitzt daher die Freiheit, sie abzuwehren, während das bei einer Besessenheit nicht der Fall ist. Man hat für sie gebetet, und sie ist auch von diesen Bedrängnissen befreit worden. Einige Monate später ist dieses junge Mädchen dann in ein kontemplatives Kloster eingetreten. Ich habe regelmäßig Nachricht von ihr erhalten. Inzwischen hat sie ihre ersten Gelübde abgelegt, und ich kann Ihnen versichern, daß sie glücklich ist.

Sehen Sie also, wie ein Zungengebet von vier oder fünf Minuten das erreicht hat, was uns in anderthalb Stunden des Gebetes, das doch immerhin mit dem ganzen Glauben unseres Herzens verrichtet worden war, nicht gelungen war!

Ganz richtig sagt uns der heilige Paulus in seinem Brief an die Römer, im achten Kapitel: «Wir wissen nicht, wie wir richtig beten sollen, aber der Heilige Geist kommt uns zu Hilfe mit unaussprechlichen Seufzern.» Das Gebet in Zungen ist das Gebet des Heiligen Geistes.

Jetzt aber werden Fragen aus allen Ecken laut:

— Warum gibt Gott aber solche geistlichen Gaben heute diesen oder jenen bestimmten Menschen? Warum gerade ihnen? Und warum gerade heute? Und warum empfangen so viele eifrige und sehr gläubige Priester niemals diese Gaben? Sind sie letztes Endes wirklich wichtig?

Die Antworten sind immer kurz, konkret und oft trotz der Ernsthaftigkeit des behandelten Themas mit Humor gewürzt.

— Das Evangelium ist das gleiche, gestern und heute.

Die Priester sperren vor Pater Tardif die Augen auf. Er ist zumindest ein Phänomen. Ist er ein Heiliger?

— Sehen Sie, ich allein, ich kann überhaupt nichts tun. Der Herr Jesus ist es, der da handelt. Ich bin nichts weiter als der kleine Esel, der Jesus am Palmsonntag trug, als er in Jerusalem einzog. Jesus ist es, den die Leute aufnehmen!

Ein in Brasilien lebender Priester wirft eine Frage auf. Es gibt dort vier Millionen Brasilianer libanesischer Herkunft:

— Sollte man sich nicht fragen, ob die Ausübung von Charismen nicht zweitrangig ist im Vergleich zur Ausübung der Nächstenliebe?

— Wenn wir vom Heiligen Geist sprechen, antwortet Pater Tardif, dann ist nichts von zweitrangiger Bedeutung, alles ist wichtig. Man muß auch wissen, daß die Liebe wesentlich mehr ist als ein Charisma; sie ist das Ziel: aus Nächstenliebe übt man ein Charisma aus, um in der Liebe zu wachsen. Ein Charisma ist ein Instrument, um die Liebe auszuüben.

Es genügt nicht, von Liebe nur zu sprechen, es müssen auch Taten folgen. Die Ausübung von Charismen ist immer ein Akt der Liebe, ein Weg, um die Liebe auszuüben. Wenn Sie das Charisma der Heilung erhalten haben und wenn Sie es in den Dienst der Kranken stellen, dann ist das ein Weg, das Mitleid auszuüben. Der Heilige Geist erneuert heute die Charismen, damit wir besser die Liebe ausüben.

Die letzte Frage wird von einem Bischof gestellt, der damit alles, was zuvor gesagt worden war, zusammenfaßt:

— Wie soll man es aber nun machen, um die Charismen besser aufzunehmen?

Pater Tardif lächelt und sagt:

— Indem wir unser ganzes Leben für die Anregungen des Heiligen Geistes öffnen! Darum ist es nötig, daß wir um eine neue Ausgießung des Heiligen Geistes beten, indem wir unser ganzes Leben radikal Christus, dem Retter, übergeben. Wir müssen uns sodann der Tatsache bewußt werden, daß ein übertriebener Rationalismus, ebenso wie jede Übertrei-

bung in den Strukturen, den Heiligen Geist auslöscht. Man
will alles verstehen, alles organisieren.

Auch Demut ist nötig! Man hat Angst, die anderen könnten
über uns lachen. In diesem Zusammenhang denke ich daran,
wie ich in Rom große Exerzitien für Priester geleitet habe.
Sechstausend Priester waren im Vatikan zusammengekommen. In meiner Predigt erwähnte ich, daß man dann, wenn
man weniger Besorgnis um das eigene kleine Ansehen hätte,
sehr viel leichter die Charismen ausüben könnte.

Es ist also nötig, sich auf den Weg der Umkehr zu begeben
und einverstanden zu sein, nicht alle Initiativen des Heiligen
Geistes zu verstehen und nicht zu versuchen, sie alle zu
überprüfen!

Die Aufmerksamkeit der Anwesenden ist auf ihrem Höhepunkt angelangt: Wenn man Pater Tardif zuhört, sieht die
Anwendung des Evangeliums so einfach, so nahe, so lebendig aus! Alle denken an ihren Dienst, an ihr mit so vielen
Schwierigkeiten konfrontiertes Leben als Priester. Ja, es
besteht kein Zweifel daran, sie müssen sich mehr für dieses
Leben aus dem Heiligen Geiste öffnen, welches ihnen soeben
so klar beschrieben worden ist.

Gleichsam um diesen Eindruck noch zu bestärken, ruft
jetzt der Pater voll glühender Begeisterung aus:

— Meine geliebten Brüder, nehmt den Heiligen Geist in
euch auf! Bittet um eine neue Ausgießung des Heiligen Geistes in eurem Leben! Öffnet eure Herzen dem Heiligen Geist!
Lasset den Heiligen Geist in euch eintreten! Ihr seid ja die
lebendigen Tempel des Heiligen Geistes! Und laßt ihn in euch
handeln... Ihr werdet wunderbare Dinge erleben! Und Gott
wird in euch verherrlicht werden!

Der von einer Fragestunde gefolgte Vortrag geht zu Ende.
Die Priester begeben sich zum Offizium in die Kirche hinauf,
und dann folgt eine Zeit der schweigenden Anbetung vor
dem Allerheiligsten. Vorher wurde ihnen ein Kaffee gereicht.
Sie halten sich aber nicht dabei auf und begeben sich sehr
schnell in die Kirche zum Gebet. Nach den eben gehörten so

starken Worten brauchen sie jetzt eine Zeit der Sammlung und der vertrauten Zwiesprache mit dem Herrn.

Die meisten von ihnen sind Priester, die treu und selbstlos ihre Aufgabe erfüllen, und sie sind verbraucht in ihrem demütigen Dienst. Diese Männer haben zerstörte Kirchen gesehen. Manche haben sie wieder aufgebaut, abgestützt und mit ihren eigenen Händen ausgebessert in einer Arbeit, die mehrere Jahre gedauert hat. Sie haben gesehen, wie ihre Kirche in wenigen Sekunden zusammenstürzte, weil der Sprengstoff mit Absicht an den Fuß jener Säulen gelegt worden war, die das ganze Gebäude gestützt hatten. Sie haben vor allem ihre Gläubigen gesehen, die aus ihrem Dorf verjagt oder massakriert worden sind. Da ist nicht eine Familie, die durch den Krieg nicht mehrere Dramen erleiden mußte: Plünderungen, Vertreibungen, Vergewaltigungen und viele Verwundungen und Morde. Der Tod hat überall zugeschlagen, blind, ohne Unterlaß. Da ist nicht ein einziges Haus ohne ein Bild, das an einer der Wände des Wohnzimmers hängt und das mit einem schwarzen Band versehen ist: eine schlechte Vergrößerung des Fotos eines ihrer Angehörigen, der viel zu früh diese Erde verlassen hat. Die Priester haben ihre Pfarrangehörigen bestattet, einen nach dem anderen, und das achtzehn lange Jahre hindurch. Gegen alle Hoffnung haben sie Hoffnung spenden müssen.

— Was sollen wir tun? Wohin sollen wir fliehen?, seufzten die Leute.

Die Familien, die alles verloren hatten, haben sich zuerst in die Pfarrhäuser geflüchtet, unter die einzigen Dächer, die noch geblieben waren. Es mußten Tausende von Flüchtlingen ernährt, gekleidet und beherbergt werden. 800000 Christen und etwa 200000 Moslems. Also fast ein Drittel der Einwohner des ganzen Landes. Angesichts eines solchen Unglücks haben die Priester keinen Unterschied gemacht und haben sowohl die Opfer als auch die Henker aufgenommen, die ihrerseits die Opfer neuer Angreifer geworden waren. Sie alle kamen und klopften an die Tür der Kirchen.

Auch die Moslems, die an den begangenen Verbrechen oft unschuldig waren, klopften an.

Die Sakristeien, die Klöster, die Nebengebäude, die Garagen, der letzte Quadratmeter auf dem Speicher, alles füllte sich mit Menschen, mit schreienden Babys. Entsetzen und Panik herrschten überall:

— Einmal haben wir 850 Menschen an einem einzigen Tag aufgenommen. Und am nächsten Tag noch einmal die gleiche Zahl, erzählt Pater Akar, der Pfarrer der St.-Marien-Pfarrei in Beirut. Gott hat uns geholfen! Wir konnten allen etwas zu essen geben!

Niemand weiß um die übermenschliche Anstrengung, die eine solche Hilfeleistung mitten unter den Bombardierungen gekostet hat.

— Sehen Sie, erzählt ein alter Franziskaner Pater Tardif: Dieser Krieg hat die Christen keineswegs entmutigt — er scheint ihren Glauben sogar gestärkt zu haben. In unseren Kirchen sind jeden Abend viele Jugendliche in der heiligen Messe!

Ich ziehe aber Pater Tardif in sein Zimmer, das im Pfarrhaus für ihn bereitet ist, damit er sich ausruhen kann. Der Vormittag ist lang gewesen. Ein Dutzend Priester stehen Schlange. Alle wollen den Pater sehen! Dieser zieht sich aber zurück. Ich stelle mich vor seine Tür. Mehrere bitten mich:

— Ich muß Pater Tardif sprechen!

— Nur ein Wort!

Ich bleibe unerbittlich:

— Jetzt nicht!

Im Orient wird man mit der Fähigkeit zum Handeln und Feilschen gleichsam geboren, und man gibt sich nicht so schnell geschlagen, besonders nicht vor einer Frau. Ein dikker Mann von etwa fünfzig Jahren stellt sich vor mich hin und schleudert mir entgegen:

— Ich bin ein besonderer Fall, ich habe schon mit dem Erzbischof darüber gesprochen!

Ich bleibe unerbittlich. Die Türe wird nicht geöffnet! Wir müssen noch 48 Stunden durchhalten, und der Pater beginnt schon recht müde zu werden. Sein Mittagessen nimmt er allein in seinem Zimmer ein, es wird ihm auf einem Tablett serviert. Ich stehe noch immer als Wache im Wohnzimmer nebenan. Ein Priester streckt den Kopf durch die Türöffnung und flüstert mir zu:

— Wir haben hier Pater Johannes-Claudius. Er ist 36 Jahre alt. Er leidet an Kehlkopfkrebs und hat nicht mehr lange zu leben. Er will beichten!

Ich schlage vor, mit Pater Tardif darüber zu sprechen, wenn er zum Vortrag um 15 Uhr sein Zimmer verläßt.

Der Pater ist einverstanden, ihn zu empfangen. Man geht Pater Johannes-Claudius suchen. Ein Mann nähert sich, allem Anschein nach noch jung, aber äußerst abgemagert. Das Gesicht ist so eingefallen, daß man fast nur seine riesigen schwarzen Augen sieht. Eine unendliche Angst scheint in ihnen zu wohnen. Um den Hals trägt er eine Art Stützverband. Er zeigt ein schüchternes Lächeln und bittet den Pater um sein Gebet. Drei Minuten später kommt er mit einem gelösten Lächeln wieder heraus. Neun Monate später treffe ich ihn wieder, und zwar im Büro des erzbischöflichen Hauses, er war kräftig geworden und befand sich bei bester Gesundheit.

— Wie geht's, Hochwürden? Was macht Ihre Gesundheit?

— Bestens, antwortet er. Sehen Sie, bei Krebserkrankungen braucht es eine gewisse Zeit, um feststellen zu können, daß eine Heilung wirklich dauerhaft ist. Jetzt ist alles in Ordnung! Ich habe alle meine priesterlichen Aufgaben wieder übernehmen können.

Im Augenblick, wo der Pater die Treppe hinuntersteigt, um in dem großen Versammlungsraum seine Vorträge wieder aufzunehmen, bittet man ihn, doch so gut zu sein herauszukommen, um die Volksmenge zu segnen.

— Die Volksmenge? Welche Volksmenge?

Die Leute hatten erfahren, daß er in der Kirche war und haben versucht hineinzukommen. Aber alle Eingänge waren natürlich verschlossen. Dann haben sie sich alle auf die Straße begeben, an die Gitter der angrenzenden Höfe. Sie wollen um keinen Preis von da weggehen, ehe sie nicht zumindest einen Segen von Pater Tardif erhalten haben. Da ist auch ein Bus mit Studenten, die aus Aleppo in Syrien gekommen sind. Sie haben einen weiten Weg zurückgelegt, aber sie haben sich im Datum geirrt. Es ist unvorstellbar für sie, nach Hause zurückzukehren, ohne den Pater gesehen und mit ihm gebetet zu haben. Dieser erscheint liebenswürdig oben an der großen Treppe. Vierhundert Menschen sind dort. Man reicht ihm ein Mikrofon. Der Pater richtet einige Worte der Ermutigung an sie und bittet sie, ihren christlichen Glauben gut zu praktizieren. Dann betet er für sie und vertraut jeden von ihnen sowie auch ihre Angehörigen der Gnade des Herrn Jesus an. Schließlich segnet er sie im Namen des Vaters, des Sohnes und des Heiligen Geistes. Die Leute applaudieren. Aber der Pater hat sich schon zum Konferenzraum begeben.

Er hat die Absicht, über ein für die heutige Kirche äußerst wichtiges Thema zu sprechen: das Geöffnetsein für die Kraft des Heiligen Geistes bei der Verkündigung des Evangeliums. Sich seinen Gaben öffnen. Keine Angst haben. Das große Wort ist ausgesprochen: alle seine Gaben ausüben, besonders die der Heilung. Hat der Herr sich nicht dafür geoffenbart? Die Menschen lehren, wieder das wahre Antlitz Gottes zu erkennen, so wie er selbst es uns hat zeigen wollen, als er in Jesus Christus Mensch geworden ist. Der Pater weist besonders auf den Mangel an Glauben hin, auf die Angst vor dem, «was die Leute sagen», die Schüchternheit, die so oft die Ausübung der geistlichen Gaben behindert, was paradoxerweise bei den Priestern besonders häufig vorkommt.

Soeben ist ein neuer Bischof hereingekommen, Mgr. Bechara Ray, der Generalsekretär der Synode des Libanon, der vom Papst ernannt worden ist. (Die Synode ist eine zu besonderen Anlässen einberufene Instanz des Dialogs und des Nachdenkens, die auf Anregung von Papst Johannes Paul II. die ganze Kirche mobilisiert.) Er ist eine besonders einflußreiche Persönlichkeit im Land. Nach der Abreise von Pater Tardif wird er sagen:

— Der Besuch von Pater Tardif war eine Gnade für den ganzen Libanon. Es war wirklich eine Zeit voll von Belehrungen für die Synode. Er hat uns gezeigt, wie man ganz lebendig predigen kann, so daß man den Menschen wirklich nahe ist. Es ist ein Aufruf, den Heiligen Geist in das tägliche Leben aufzunehmen. Gerade das ist es, was die Kirche des Libanon heute am meisten braucht, besonders im Rahmen der Synode.

Gegen 17 Uhr, nach dem Vortrag, welchem zahlreiche Fragen folgten, wird der Tag mit einer heiligen Messe beendet. Entsprechend der Bitte von Erzbischof Abi Nader wird die Kirche für die Gläubigen geöffnet, und eine zahlreiche Volksmenge vereinigt sich mit der Versammlung der Priester. Der Hauptzelebrant bei dieser Messe ist Mgr. Habib Bacha, der griechisch-katholische Bischof von Beirut. Er ist ein guter Mensch, und er wird von den Leuten geliebt. Die Liturgie findet im byzantinischen Ritus statt.

Die Geschichte der griechich-katholischen Gemeinde ist verschieden von der der Maroniten. Infolge der Initiative eines pro-katholischen orthodoxen Bischofs, Euthymios Saifi, bemühte man sich um eine Annäherung gewisser Orthodoxer mit den Katholiken. Das führte 1724 zu einem Eintritt in die katholische Gemeinschaft einer seit dem Schisma von Konstantinopel im Jahre 1054 von Rom getrennten Gruppe von Orthodoxen. Sie ist jetzt ein echtes ökumenisches Bindeglied zwischen Orthodoxen und Katholiken, aber auch eine Ursache von Zwistigkeiten. Mgr. Bacha ist auch der Vorsitzende des Rates der Laien, zu welcher zahlreiche Bewegungen der Kirche des Libanon gehören, angefangen bei den Pfadfindern bis zu den Wohltätigkeitsveranstaltungen des Vinzenzvereins, nicht zu vergessen die

Gebetsgruppen der charismatischen Erneuerung. Der Vorsitzende all dieser Gruppen ist bei dieser außergewöhnlichen heiligen Messe der Hauptzelebrant, eine Gelegenheit, um für den Libanon und seine Priester aus all diesen Gemeinschaften zu beten.

In der Kirche sind etwa 2500 Personen anwesend. Nach dem Evangelium von der Hochzeit zu Kana spricht Pater Tardif einige Worte über die Jungfrau Maria. Kana in Galiläa ist ein Dorf in Obergaliläa und liegt heute im Süden des Libanon.

Das Thema ist so recht nach dem Herzen des Paters, und er legt all seine Begeisterung in seine Worte:

— Die Jungfrau Maria ist für uns ein Vorbild der Offenheit für den Heiligen Geist. Der Engel hat zu Maria gesagt: «Der Heilige Geist wird über dich kommen.»

Jesus gebraucht den gleichen Ausdruck bei den Aposteln, im Augenblick seiner Himmelfahrt: «Der Heilige Geist wird über euch kommen.»

In beiden Fällen ist es der Heilige Geist, der da handelt. Er läßt Maria fruchtbar werden, und sie gebiert Jesus, den Retter der Welt. Er verwandelt die Apostel am Pfingsttage und macht aus ihnen kühne Zeugen des auferstandenen Jesus.

Als bei der Hochzeit zu Kana der Wein ausgeht, sagt sie zu Jesus: «Sie haben keinen Wein mehr!» Und Jesus läßt sie wissen, daß seine Stunde noch nicht gekommen ist. Der Glaube Mariens zweifelt aber nicht. Sie sagt zu den Dienern: «Tut alles, was er euch sagen wird.»

Jesus läßt sechs Krüge mit Wasser füllen, und der heilige Johannes sagt: «Jesus wirkte sein erstes Wunder, er offenbarte seine Herrlichkeit, und seine Jünger glaubten an ihn.»

Ich frage oft die Leute:

— Wer hat das Wasser in Wein verwandelt?

Natürlich antworten sie:

— Jesus war es!

Ich frage dann weiter:

— Wer hat aber dafür gesorgt, daß dieses Wunder der Verwandlung von Wasser in Wein geschehen ist?

— Die Jungfrau Maria, antworten sie.

Jesus war es, der das Wunder gewirkt hat, und nicht Maria. Manchmal drücken die Leute sich sehr unklar aus. Sie sagen:

— Die Jungfrau Maria hat mich geheilt... Die Jungfrau Maria aber will nicht, daß man ihr etwas zuschreibt, was Jesus allein gebührt. Die Heilung, das ist Jesus, er ist es, der sie gibt. Und sie ist es, die für uns betet. Darum soll man nicht sagen:

— Die Jungfrau Maria hat mich geheilt, sondern:

— Die Jungfrau Maria hat bei Jesus für mich ein Wunder erlangt.

Viele Familienmütter bezeugen, daß sie ein krankes Kind hatten. Sie haben zur Gottesmutter gebetet, und die Gottesmutter hat die Heilung ihres Kindes erlangt.

Es hat in der ganzen Kirchengeschichte nicht eine einzige Person gegeben, die ein so starkes, so wirksames Charisma der Heilung besessen hätte wie die Jungfrau Maria. Eines Tages, während der Erscheinung der Gottesmutter in Medjugorje, hat eine der Seherinnen zu ihr gesagt:

— Hier in der Kirche sind heute viele Kranke anwesend. Könnten Sie für die Heilung der Kranken beten?

— Ich werde meinen Sohn Jesus bitten, daß er eure Kranken heilt.

Und die Seher haben die Jungfrau Maria gesehen, wie sie die Hände faltete und schweigend betete. Es gibt in den Archiven von Medjugorje schriftliche Zeugnisse, daß es an diesem Abend, in dieser Kirche, Heilungen von Krebskranken und Gelähmten gegeben hat.

Bei all ihren Erscheinungen im Laufe der Kirchengeschichte ist die Jungfrau Maria gekommen, um uns an das Evangelium Jesu Christi zu erinnern.

Als sie im Jahre 1917 in Fatima in Portugal erschien, sagte sie in einer ihrer Botschaften: «Wenn die Menschen wüßten, was die Ewigkeit ist, dann würden sie schnell ihr Leben ändern!»

Als sie uns das sagte, erinnerte sie uns ganz einfach an ein Wort Jesu im Evangelium: «Es nützt dem Menschen nichts, wenn er die ganze Welt gewinnt, dabei aber seine Seele verliert.»

— Möge Maria uns helfen, Menschen des Gebetes zu werden. Das ist es, was die Kirche heute braucht: Männer und Frauen des Gebetes, die sich vom Heiligen Geist verwandeln lassen.

Die Predigt wendet sich unmittelbar an die Herzen dieser Männer und Frauen, die in diesem so ausgeprägt marianischen Lande leben. Die heilige Messe hat zwei Stunden gedauert. An diesem Abend werden etwa vierzig Personen geheilt: acht Gelähmte, drei Herzkranke, mehrere Unfruchtbare, Blinde, Schwachsichtige usw. Bei jeder Ankündigung einer Heilung ist die Menge regelrecht außer sich. Seiner Gewohnheit entsprechend bittet der Pater alle, die geheilt worden sind, sich zu erkennen zu geben, indem sie die Hand erheben oder ein Taschentuch schwenken. Diejenigen, an denen sich ein Wunder vollzieht, fühlen eine intensive Wärme an der kranken Stelle, die gerade geheilt wird, oder ein Prickeln «wie von elektrischem Strom». Manchmal entsteht auch ein starker Schmerz an der kranken Stelle, um aber kurz darauf wieder aufzuhören. Dann entdeckt die betreffende Person, daß ihr Leiden verschwunden ist: vorsichtig versucht sie einen Schritt zu tun oder eine Bewegung, die ihr seit vielen Jahren nicht mehr möglich war. Wenn dann die Heilung entdeckt worden ist, gibt es eine wahre Explosion von Freude, von lauten Rufen und Händeklatschen.

Gleichzeitig aber bleibt die Atmosphäre ruhig und gesammelt: sie ist beherrscht von Frieden, von neuem Vertrauen in die Liebe Gottes, von grenzenloser Hoffnung. Diese Mischung von intensivem Glück und tiefem Frieden, ohne Überhitzung oder übertriebene Demonstrationen, ist sehr beeindruckend. Die Leute, alt und jung, sie alle beten aus ganzem Herzen. Mehrere haben die Arme ausgebreitet und die Handflächen zum Himmel gekehrt. Andere bedecken mit den Händen ihr Gesicht. Die Familien umgeben ihre Kranken, die in den Rollstühlen sitzen oder auf Tragbahren liegen. Sie haben die Hände auf die Schultern oder den Kopf der Kranken gelegt und rufen Jesus Christus an, daß er ihre Angehörigen heile.

Man betet voll Glut, voll Glauben, aber «vernünftig», wenn man sich so ausdrücken kann. «Es geschehe der Wille Gottes», denkt jeder von ihnen. Man weiß, daß nur einige wenige körperlich geheilt werden. Aber man weiß auch, daß alle Anwesenden Gnaden der Stärkung und des Trostes empfangen werden.

Es ist wie in Lourdes. Es geschehen Heilungen, aber sie sind selten. Die fünf Millionen Menschen, die sich jedes Jahr dorthin begeben, wissen, daß sie alle etwas empfangen werden, was ohne Zweifel wesentlicher ist als die Heilung von dieser oder jener körperlichen Krankheit. Es ist etwas Unaussprechliches, das man nicht mit einfachen Worten beschreiben kann. Jeder vertraut seine Sorgen und Schwierigkeiten der Fürsprache der Gottesmutter an. Die Leute bezeugen dann oft, daß sie erhört worden sind. Und selbst wenn es bei manchen nicht der Fall ist, so fühlen sie sich dann weniger allein, um die Last eines jeden Tages zu tragen. Das Gewicht der Leiden und Schwierigkeiten, von denen die meisten Menschen erdrückt werden, ist groß. Eine Pilgerfahrt ist eine Glaubensfahrt: man läßt Gott in sein Leben eintreten. Und die Gläubigen wissen, daß Gott auf diese Einladung immer in der einen oder anderen Form eine Antwort gibt. Das Wunder von Lourdes ist die Antwort Gottes, eine vielfältige und allgegenwärtige Antwort, voll von Liebe. Über eine solche persönliche Erfahrung kann man keine Theorie aufstellen. Die Erfahrung aber ist da, die Erfahrung von Gott, und das fünfmillionenmal im Jahr!

Hier geschieht etwas Ähnliches, es ist der gleiche Geist.

Die Messe ist zu Ende. Die Menge geht fröhlich auseinander. Pater Tardif wird schnell durch die Hintertür «evakuiert», wo ihn ein Auto erwartet.

— Das ist ein wundervoller Tag, stellt der Pater fest.

Aber er ist wirklich erschöpft.

Schnell wird die Mahlzeit eingenommen, zusammen mit den Verantwortlichen der charismatischen Gemeinschaft vom Worte Gottes, die bei der Vorbereitung der Begegnung geholfen haben, indem sie mehr als zweihundert ihrer jugendlichen Mitglieder für die verschiedenen Dienste mobilisiert haben. Beim Nachtisch gibt Johannes Barbara, der Verantwortliche, dem Pater das Wort:

— Haben Sie uns ein Wort vom Herrn zu sagen?

Der Pater tut einen tiefen Atemzug. Er ist kein Prophet, und die göttlichen Eingebungen erscheinen niemals auf Kommando. Daher gibt er eine ganz einfache Empfehlung, von gesundem Menschenverstand geprägt:

— Die Kirche erneuert sich im Gebet. Organisiert und vervielfältigt die Gebetsgruppen. Der ganze Libanon möge mit Gebetsgruppen gleichsam übersät werden. Dort werden die Großtaten Gottes erblühen...

Kapitel VI

Dienstagmorgen, 6. September

«Gebt acht! Seid wachsam! Ich lade euch ein, die Augen zu öffnen und Mein Werk zu beschützen!»

Heute morgen im Gebet haben wir dieses Wort vom Herrn empfangen. Unsere kleine Gruppe hat es sich zur Gewohnheit gemacht, dem Herrn, ehe wir mit unserem Dienst beginnen, alle Ereignisse des kommenden Tages anzuvertrauen. Der Heilige Geist ruft uns zu großer Wachsamkeit auf. Dieses Wort beeindruckt mich und macht mir Sorgen: Was wird wohl geschehen? Bis jetzt ist alles wunderbar und glatt abgelaufen. Der Herr scheint uns aber vor irgend etwas warnen zu wollen. Auf jeden Fall werden wird ganz besonders aufmerksam sein. Wir geben vermehrte Anweisungen für diejenigen, deren Aufgabe es ist, als Leibwächter des Paters ihren Dienst zu tun.

Was wird uns wohl dieser letzte Tag der Sendung von Pater Tardif im Libanon reservieren? Das Programm sieht um neun Uhr eine heilige Messe in Tyrus vor, im Süden des Landes, und am Nachmittag eine Versammlung im Kolleg der Weisheit in Jdaideh, wo wir auch vorgestern schon gewesen waren.

Um sieben Uhr morgens fahren wir nach Tyrus ab. Es sind 180 km auf einem gewundenen Weg am Meer entlang; die Straße ist stark befahren, besonders in den südlichen Vororten von Beirut, wo Schiiten und Palästinenser wohnen.

Der Name Tyrus allein läßt schon an ganz Phönizien und sein so bedeutendes Handelszentrum in der Antike denken. Heute ist Tyrus ein kleiner Marktflecken, der sich um seinen kleinen ruhigen Hafen gruppiert und kaum noch an diese stolze Stadt erinnert, die in der Bibel erwähnt wird: «Tyrus, die Gekrönte, deren Kaufleute Fürsten waren und die Großen dieser Erde» (Isaias 23,8). Seit dem 3. Jahrtausend vor Christus hatten Handelsbeziehungen zwischen Tyrus und Ägypten bestanden. Die berühmten Tafeln von Tell-el-Amarna liefern den Beweis, daß Tyrus schon im 14. Jahrhundert vor Christus eine blühende Stadt gewesen war, die von einem berühmten König regiert wurde.

Dieses Land wird im Evangelium oft erwähnt: Man mußte Sidon und Sarepta durchqueren, um nach Tyrus zu gelangen, zu diesem Ort, wo Jesus gelehrt und Kranke geheilt hatte. Tyrus war es auch, wo Jesus das berühmte Gebet «Vater unser im Himmel...» gelehrt hatte. Dieses Land des Glaubens hat viele Wunder gesehen. Jesus hat Tyrus mit Kapharnaum verglichen, wo er den größten Teil seiner Sendung erfüllt hatte:

— Wenn die Wunder von Kapharnaum in Tyrus und Sidon geschehen wären, dann hätte man dort längst in Sack und Asche Buße getan, und sie hätten sich bekehrt.

Jesus verglich die Herzenshärte der Juden mit der Offenheit des Herzens jener Heiden, die diese Gegend im äußersten Norden von Galiläa bevölkerten. In Tyrus geschah es auch, daß Jesus die kranke Tochter einer Phönizierin geheilt hatte, jener Frau, die so besonders beharrlich den Herrn um deren Heilung angefleht hatte. Wenn man das Glück hat, einem solchen Propheten begegnen zu können, dann läßt man ihn nicht einfach fortgehen, ohne von ihm erreicht zu haben, was man haben will. Im Orient weiß man hartnäckig zu sein!

— O Frau, dein Glaube ist groß! Dir geschehe, wie du es verlangst, hatte Jesus ihr gesagt, als er ihre Tochter heilte. Christus wollte zuerst «den Kindern Israels», den Juden, die Frohe Botschaft bringen. Aber man darf nicht die Fähigkeit zu Ausdauer und Überredung einer orientalischen Mutter unterschätzen: sie hatte das Glück, Jesus von Angesicht zu Angesicht zu sehen. Sie würde ihn nicht wieder loslassen, ehe sie nicht in ihrem Anliegen erhört worden sei!

Auch heute noch ist es das gleiche: diese orientalischen Mütter, diese beschützenden «Mamas», überlassen ihre kranken Kinder niemals nur der Fürsorge eines Arztes in der Nähe. Ein krankes Kind, selbst wenn es schon über vierzig Jahre alt ist, wird zum Mittelpunkt ihres Lebens und dem der Familie. Ein Arzt nach dem anderen wird zu Rate gezogen, die ganze Verwandtschaft und Freunde und Bekannte kommen zu Besuch. Man bespricht sich. Tausend Ratschläge werden ausgetauscht. Die Mutter thront inmitten ihrer Angehörigen am Krankenbett ihres Kleinen, aufmerksam und schmerzerfüllt.

Wenn nun Jesus erscheint — oder ein Priester, der die gleiche Gabe der Heilung ausübt —, dann vermag nichts und niemand diese christlichen oder moslemischen Mütter zurückzuhalten. Sie sind da, das Kind in den Armen oder auf einer Tragbahre, sie richten sich auf in einer Haltung, die gleichsam den Himmel herauszufordern scheint, fest entschlossen, vom Herrn die erwartete Heilung zu erzwingen... Ich bin sicher, daß Gott sich durch das Gebet dieser Frauen berühren läßt:

— Herr, es ist zwar mein Kind, aber nach allem, was ich weiß, ist es vor allem das Deinige! Du bist daher verpflichtet, es zu heilen!

Wunderbare Gebete von Müttern, die auch von denen der Großmütter, Tanten und Cousinen begleitet werden, die gleichsam in geschlossener Schlachtreihe hinter ihnen stehen. Die Haltung der Männer ist vielleicht ergebener:

— Inch'Allah! Wie Gott es will!

Aber auch sie haben diesen Glauben: es entspricht der Ordnung der Dinge, daß der Kleine geheilt wird...

Auf der Straße nach Tyrus reicht Pater Tardif mir einen kleinen Fotoapparat aus Kunststoff, den er preiswert gekauft hat. Es handelt sich um eines der gängigsten Modelle.

— Maria-Sylvia, kannst du einige Fotos für mich aufnehmen? Ich hätte gern ein Andenken an Tyrus und Sidon mitgenommen.

Armer Pater Emiliano: all seine Zeit hat er den Menschen gegeben, so daß ihm nicht einmal fünf Minuten übrigbleiben, um sich die Gegend anzusehen.

Die Wahl von Tyrus war durch zwei Erwägungen bestimmt worden: zunächst einmal waren wir davon überzeugt, daß Pater Tardif glücklich darüber sei, an den gleichen Orten, wo Jesus gepredigt hatte, eine heilige Messe feiern und für die Kranken beten zu können. Außerdem war es uns auch ein Anliegen, die Christen des Südlibanon zu ermutigen, da sie ganz besonders unter dem Krieg gelitten hatten: Die Bombardierungen der Syrer und Israelis haben nur aufgehört, um von denen der Palästinenser und der Artillerie der rivalisierenden Parteien des Amal und der Hisbollah gefolgt zu werden.

Die Bombardierungen der im Umkreis von Tyrus errichteten Palästinenserlager hören überhaupt nicht auf. Man weiß nicht mehr, wer in diesem Teufelskreis von Aggressionen und Repressalien die Initiative in Händen hält. Die Region ist unsicher, mit Waffen und Soldaten aller Himmelsrichtungen gespickt. Im Konvoi fahren wir also nach Tyrus hinab, auf einer Straße, die am Meeresufer entlangführt, von riesigen Orangen-, Zitronen- und Pampelmusenplantagen gesäumt.

Wenn auch die Libanesen aller Konfessionen viel gelitten haben, so hat es doch ganz besonders die Christen getroffen: zahlreiche Morde, Entführungen und Lösegelder, die die Leute ruinierten, Vergewaltigungen, Erpressungen und Diebstahl des Grundbesitzes. All das wurde getan, um sie zu verjagen. Einige Familien sind aber noch da, sie sind zu arm, um anderswohin zu gehen. Diese sind es, die uns jetzt empfangen werden.

Vor vierzehn Tagen hat sich Hassan, ein Mitglied der Gemeinschaft, nach Tyrus begeben, um diese morgendliche Veranstaltung vorzubereiten. Er kommt bei der Kathedrale an und sieht Pater Josef Bacha, wie er an seinem Schreibtisch sitzt und liest..., ein Buch von Pater Tardif: *Jesus hat aus mir seinen Zeugen gemacht!*

Pater Josef erklärt:

— Ich bereite mit Hilfe dieses Buches meine Predigt für den nächsten Sonntag vor!

Mit fragendem Gesichtsausdruck wendet er sich Hassan zu.

— Was wünschen Sie?

Hassan kündigt die Neuigkeit an:

— In vierzehn Tagen wird Pater Tardif in den Libanon kommen. Er würde gern eine heilige Messe hier feiern, am Dienstag, 6. September!

Man kann zwar nicht sagen, daß die Nachricht die Wirkung einer Bombe ausgelöst hat. In Tyrus ist man derart an Bombardierungen gewöhnt, daß niemand mehr darüber erstaunt ist! Die Wirkung ist aber trotzdem einem Blitzschlag gleich, die Überraschung total!

Pater Josef stottert:

— Was! Pater Tardif, hierher! Er kommt nicht nur in den Libanon, sondern hierher, nach Tyrus, in diese Kirche!

Sofort wird mit den zwei katholischen Bischöfen Kontakt aufgenommen: mit dem maronitischen Mgr. Sader und dem griechisch-katholischen Mgr. Haddad. Grundsätzlich sind sie einverstanden, aber es ist doch eine äußerst wichtige Angelegenheit. Die Fragen und Vorschläge sprudeln nur so hervor.

— Soll man ihn am Stadttor empfangen und ihn in Prozession zur Kathedrale geleiten? Wir werden die Häuser beflaggen, überall Blumen hinstellen...

Wunderbarer, gastfreundlicher Libanon! Das Beste, das Schönste wird für den von Gott gesandten Gast bereitet! Mit Bedauern erfahren sie, daß der Vorschlag aus Mangel an Zeit

nicht angenommen werden kann, da die Termine sehr
gedrängt sind.

— Kann er wenigstens zum Mittagessen dableiben?

Wieder müssen wir mit großem Bedauern auch diese Bitte
abschlagen. Man drängt uns, aber es ist ganz unmöglich,
eine Zusage zu geben. Unsere Ablehnung ist wie ein Schlag
ins Gesicht, eine Beleidigung der ganzen Tradition libanesischer Gastfreundschaft: nach Tyrus zu kommen und vor dem
Mittagessen wieder fortzufahren! Man muß verhandeln,
erklären, sich entschuldigen:

— Die Reise von Pater Tardif ist sehr kurz, und die Termine
folgen einander dichtgedrängt. Der Pater braucht eine Ruhe-
pause... Sonst würde er den Mut verlieren und — niemals
wieder den Libanon besuchen!

Das Argument ist massiv. Man kann nicht weiter diskutieren. Wir einigen uns über das Programm: Er fährt direkt bis
zur Sankt-Thomas-Kathedrale, die im 12. Jahrhundert von
den Kreuzrittern auf den Trümmern einer byzantinischen
Kirche aus dem 5. Jahrhundert erbaut worden ist, welche
ihrerseits an der Stelle einer ursprünglichen Kirche aus dem
3. Jahrhundert errichtet wurde, eine der ältesten der Chri-
stenheit. Draußen wird man ein Podium aufstellen. Pater
Tardif wird einige Worte an die Volksmenge richten, die ihn
auf diese Weise vor der Messe für die Kranken sehen und
hören kann. Die Messe selbst wird im Inneren der Kathedrale
gefeiert, wo aus Platzmangel nicht alle Leute hereinkommen
können. Man kann sie aber von draußen verfolgen, mit Hilfe
von Lautsprechern.

Wir kommen in Tyrus an. Zuerst fährt der Militärjeep, dann
der Wagen von Mgr. Abi Nader mit Pater Tardif und Anton
Massoud, von dem unsrigen gefolgt, und schließlich das
Auto der Journalisten und des christlichen Radios «Die
Stimme der Liebe».

Die heilige Messe ist für neun Uhr vorgesehen. Wir kommen zu dem kleinen antiken Hafen, wo sich auf dem Wasser
vielfarbige Fischerboote wiegen. Die Fischrestaurants hier

haben einen ausgezeichneten Ruf, besonders, was ihre See-
barben betrifft. In diesem Moment leidet der Hafen aber unter
einer harten israelischen Blockade. Es ist unmöglich für die
Fischer, sich zum Fischfang an ihre gewohnten Plätze zu
begeben, obwohl diese sich innerhalb der libanesischen
Hoheitsgewässer befinden. Es ist ihnen nicht erlaubt, sich
weiter als einen Kilometer vom Hafen zu entfernen. Die
Fischer sind Christen: sie verlieren ihren Broterwerb. Und die
Auswanderung geht weiter...

Heute bewegt sich eine dichtgedrängte Volksmenge der
Stadtmitte zu, der antiken christlichen Stadt, wo sich die
Kathedrale befindet. Die Leute erkennen Pater Tardif im
Wagen und grüßen ihn freundlich. Wir überholen eine Reihe
von vierzehn jungen Novizen, Antoninermönche in Soutane
aus einem benachbarten Kloster. Zahlreich sind die Ordens-
leute im Habit, ebenso die Familien und die Kinder. Der
Wagen kommt langsam vorwärts im Labyrinth der Gassen
dieser sechsmal tausendjährigen Stadt: Tyrus ist eine der
ältesten Städte der Welt! Sie hat einen unleugbaren Charme,
eine Mischung von Mittelmeer, Orient und antiker Architektur.

Wir kommen vor der Kathedrale an und steigen aus dem
Auto. Auf den Dächern der benachbarten Häuser sind
bewaffnete Soldaten postiert. Eine Volksmenge von ungefähr fünftausend Menschen drängt sich in den Gärten neben
der Kathedrale, die zu Ehren des Apostels Thomas errichtet
worden ist. Das Evangelium berichtet, daß Thomas an der
Auferstehung des am Kreuze gestorbenen Jesus gezweifelt
hatte: «Wenn ich meine Hände nicht in die Löcher der Nägel
an seinen Händen und der Lanze an seiner Seite legen kann,
dann glaube ich nicht!»

Gerade das ist es, was Jesus ihn dann einlädt zu tun.
Glücklich die, welche glauben, ohne zu sehen!

Hier aber glaubt man, und zwar viel. Denn das, was an
diesem Morgen in Tyrus geschehen wird, wird wunderbar
sein.

Die Volksmenge, an der Pater Tardif vorübergeht, ist reservierter als die in Beirut es gewesen war. Die Pfadfinder und Soldaten umgeben ihn schützend, und so erreicht er das Podium, das am Ende des Gartens aufgestellt worden ist.

— Euch allen einen guten Tag! Welche Freude, hier bei euch zu sein, Bewohner von Tyrus! Unser Herr Jesus Christus hat diese Stadt geliebt, er hat eure Vorfahren gekannt. Dieser gleiche Herr Jesus, der einst über diese Erde geschritten ist, er ist auch heute lebendig in seiner Kirche. Auch heute erfüllt er uns mit seiner Liebe. Heute zeigt er uns den Weg zum Vater...

Starke und einfache Worte, die immer das Wesentliche treffen: Jesus, der Herr, ist der Weg, der uns die Wahrheit vom Vater offenbart und uns den Heiligen Geist sendet: Er ist der dreifaltige Gott, ein einziger Gott in drei Personen, er ist Gott, der Retter.

Fünfzehn Minuten später ist dann die heilige Messe. Die Menge ist zurückhaltender, weniger lebhaft als in Beirut. Es sind wenig Jugendliche da. Die meisten sind aus der Gegend geflüchtet. Man legt hier nicht überall Wert darauf zu zeigen, daß man Christ ist; die Diskrimination zugunsten der Moslems ist gang und gäbe in vielen Bereichen: Wohnung, Gesundheitsdienste, nachbarliche Beziehungen. Die Christen sind stärker unterdrückt und sehr viel weniger frei als in Beirut.

Wir betreten eine leere Kathedrale. Man hat die Leute draußen stehengelassen aus Furcht vor dem Gedränge. Das erlaubt es uns, die wundervolle steinerne Architektur des Bauwerks zu betrachten. Als man dann die Türen öffnet, wird der Raum sehr schnell gefüllt. In wenigen Minuten ist alles besetzt. Auch auf der Empore gegenüber dem Altar stehen die Leute dichtgedrängt. Die Türen werden geschlossen. Es sind etwa zweitausend Personen in dieser schönen mittelalterlichen Kirche. Seit langem hat es hier keine solche Menschenansammlung gegeben, vielleicht Jahrhunderte hindurch. Die Messe ist im griechisch-katholischen Ritus.

Fünf Bischöfe konzelebrieren mit Mgr. Hadad, dem Bischof von Tyrus. Anwesend sind Mgr. Habib Bacha aus Beirut und Mgr. Zoghby, der frühere Bischof von Baalbek für die Gläubigen des griechisch-katholischen Ritus. Die Maroniten sind durch Mgr. Sader, dem Bischof von Tyrus, und Mgr. Abi Nader vertreten. Dieser letztere war es, der Pater Tardif in den Libanon eingeladen hatte.

Der Glanz der orientalischen Liturgie entfaltet sich mit Majestät. Die äußerst aufmerksame Menschenmenge betet aus ganzem Herzen. Die Moslems sind sehr zahlreich vertreten. Das Evangelium des Wunders in Tyrus wird auf arabisch psalmodiert. Feierliche, nach orientalischer Art modulierte Tonsätze folgen einander, sie sind von großer Schönheit. Wenn wir auch die Sprache nicht verstehen, so sind wir doch hingerissen von der Musik und tauschen mit Pater Tardif einen bewundernden Blick.

Danach ergreift er in aller Einfachheit das Wort, und wie gewohnt wird jeder Satz vom Französischen ins Arabische übersetzt:

— Liebe Brüder und Schwestern, an diesem Morgen möchte ich über Jesus zu euch sprechen. über diesen gleichen Jesus, der hier, in Tyrus, die Tochter der kananäischen Frau geheilt hat. Er lebt noch immer in seiner Kirche.

Vor kurzem habe ich in Zaire gepredigt, in einer Stadt namens Bandoudou. Eine große Menschenmenge war zu der Messe für die Kranken gekommen, ebenso wie hier in Tyrus. Nach dem Gebet für die Kranken hat ein kleines Mädchen von acht Jahren, das von Geburt an blind war, angefangen zu rufen:

— Ich sehe, ich sehe, ich sehe!

Alle Leute schauten hin, um zu sehen, was da geschah. Es war die kleine Blinde aus dem Dorf, die gerade geheilt wurde. Dann hat das kleine Mädchen zu rufen aufgehört und hat gefragt:

— Wer ist meine Mutter?

Sie hatte niemals ihre Mutter gesehen und wollte sie doch kennen!

Dann nahm eine Frau sie in den Arm:

— Ich bin es!

Das kleine Mädchen hat sie angeschaut und gesagt:

— Wie schön du bist, Mama!

Ich war sehr beeindruckt über die Reaktion dieses kleinen Mädchens. Das hat mich an diejenigen denken lassen, die eine persönliche Begegnung mit Jesus erfahren. Diejenigen, die ihn vorher nicht kannten, fühlen sich dann gedrängt zu rufen wie die kleine Blinde:

— Wie schön du bist, Jesus! Wie mächtig du bist! Wie groß du bist!

Und dieser gleiche Jesus, der vor zweitausend Jahren den Blinden von Jericho geheilt hat, dieser gleiche Jesus, der die Tochter der kananäischen Frau geheilt hat, er fährt auch heute noch mit den Heilungen fort, weil er in seiner Kirche lebt.

Ich hatte Gelegenheit, in 63 Ländern, in allen fünf Erdteilen zu predigen. Und überall bekundet Jesus seine Herrlichkeit, indem er die Kranken heilt. Für den Herrn Jesus gibt es keine hoffnungslosen Fälle. Einen hoffnungslosen Fall gibt es einfach nicht. Es gibt nur Männer und Frauen, die die Hoffnung verlieren, weil sie Jesus nicht kennen.

Und Jesus sagt uns heute morgen:

— Ich sage dir, wenn du glaubst, dann wirst du die Herrlichkeit Gottes schauen!

Jesus ist der Herr über das Unmögliche. Für ihn gibt es keine unheilbare Krankheit. Darum bitte ich euch, niemals von jemandem zu sagen:

— Dieser da ist verloren!

Das gibt es nicht, daß jemand für Jesus verloren ist, denn er ist gekommen, um zu retten, was verloren war. Sagt niemals von einem Menschen:

— Dieser da ist pervers!

Einen Perversen, das gibt es nicht in den Augen Gottes, weil Jesus gekommen ist, um unsere Ketten zu zerreißen. Er ist gekommen, um uns die Freiheit zu geben. Das Wesentliche ist, Jesus zu begegnen und sich von ihm retten und umwandeln zu lassen.

Es gibt nur eine einzige Sache, die Jesus nicht für dich tun kann: Er kann nicht in dein Herz eintreten, wenn du ihm nicht die Erlaubnis gibst. Darum sagt er uns in der Apokalypse: «Ich stehe an der Tür und klopfe an. Wenn jemand meine Stimme hört und mir die Tür öffnet, dann trete ich ein, und ich halte mit ihm das Mahl, und er mit mir.»

Auch heute noch steht Jesus an der Tür deines Herzens und klopft. Wenn du ihm die Türe öffnest und zu ihm sagst: «Komm, Herr Jesus!», dann wird Jesus eintreten, denn er sehnt sich danach, dein Retter zu sein!

Dann, nach der Kommunion, bereitet Pater Tardif sich vor, für die Kranken zu beten:

— Herr, der du die Überfülle der Liebe bist und nicht aufhörst, deine Gaben auszuteilen, wir wollen dir zuerst für dich selbst danken, ehe wir dir für deine Gaben Dank sagen.

Beten wir für alle hier anwesenden Kranken und auch für alle Kranken, die wir in unserem Herzen tragen.

Jesus ist dabei, an diesem Morgen einen Mann zu heilen, der an den Nieren leidet. Du spürst einen körperlichen Schmerz. Du hattest Steine in den Nieren, und die an dir handelnde Macht Gottes ist dabei, diese Steine in Bewegung zu versetzen, die dann auf natürlichem Wege ausgeschieden werden, und du wirst keine Schmerzen in den Nieren mehr haben.

Es gab unter euch auch Leute, die große Schmerzen in den Knien, den Schultern und den Händen hatten, sie empfangen eine Heilung, wovon sie jetzt Zeugnis geben können, denn die Schmerzen werden heute morgen vollständig verschwinden.

Der Herr gibt mir in meinem Herzen die Gewißheit, daß sich unter euch ein Mann befindet, der in der linken Lunge eine schwere Krebsgeschwulst hatte, die eine sehr schwierige Operation erforderlich werden ließ. Diese Krebsgeschwulst wird nach und nach vollständig verschwinden, und zwar ohne Operation...

Herr, wir danken dir, daß du diese Menschenmenge segnest, besonders das hier gegenwärtige Ehepaar, das seit achteinhalb Jahren verheiratet ist und sich bisher vergebens nach einem Kind gesehnt hat. Ein gesundheitliches Problem war die Ursache der Sterilität der Ehefrau. Jesus heilt sie, und sie wird die Freude haben, im nächsten Jahr, um die gleiche Zeit, ein Kind in ihren Armen zu halten.

Sei gelobt, o Herr, da du eine Person heilst, die an einer sehr ernsten Hautkrankheit litt. Sie hat sehr viele Medikamente eingenommen und Salben benutzt, aber sie wurde nicht geheilt. Heute morgen beginnt der Herr, deine Hautkrankheit zu heilen, die im Laufe der Woche vollständig verschwinden wird...

Unter euch sind einige, die nachher beim Herausgehen bemerken werden, daß sie zu gehen anfangen können. In diesem Augenblick ist das unmöglich, weil so viele Leute hier sind... Beim Herausgehen aber wird es sicherlich drei Personen geben, die dann langsam zu gehen anfangen, und sie werden Gott Dank sagen können, daß er sie von ihrer Krankheit geheilt hat. Danke, Herr! Lob und Ehre sei dir, o Jesus!

Die später stattfindenden Untersuchungen werden es ermöglichen, alle die angekündigten Heilungen, durch ärztliche Zeugnisse bestätigt, ausfindig zu machen und deren Wahrheitsgehalt festzustellen.

Plötzlich erscheint hinten in der Kirche, am Eingangsportal, eine Tragbahre, die von mehreren Menschen hoch über den Köpfen der Anwesenden hereingetragen wird. Sie kommen langsam ins Kirchenschiff. Die Bahre kommt immer weiter nach vorne, sie scheint wie ein Schiff über den Köpfen der Menschen zu schweben. Das läßt an das Evangelium denken, wo man ein Loch in ein Dach geschlagen hat, um den Gelähmten unmittelbar vor den Füßen Jesu niederzulegen. Tausende von Augen schauen zu, wie die Bahre sich nähert, allerdings nicht ohne Mühe wegen der dichtgedrängten Volksmenge, und nun wird sie langsam zu Füßen von Pater Tardif herabgesenkt. Ein gewaltiger Eindruck! Diese Leute lassen sich wirklich durch nichts abhalten! Wir wissen nicht, ob diese Geste von einer Heilung gefolgt sein wird, und bald ist nun die heilige Messe zu Ende. Der Pater legt seine schönen orientalischen Meßgewänder ab, die über und über mit roten und goldenen Stickereien geschmückt sind.

— Ich bin ein richtiger Weihnachtsmann geworden, scherzt er in liebenswürdigem Ton, aber es liegt in seiner Stimme eine große Ehrfurcht vor diesen ungewohnten Gebräuchen. Das Herauskommen aus der Kirche ist schwieriger als das Hereinkommen es gewesen war. Die Menge drängt sich um ihn. Immerhin herrscht hier eine etwas größere Ruhe und Zurückhaltung als in Beirut. Im Pfarrhaus wird ein Kaffee serviert. Anwesend sind die Vertreter der Kirche und die angesehenen christlichen Persönlichkeiten von Tyrus. Sie sind sehr glücklich über das, was geschehen ist. Es ist ein Tag der Ehre für Tyrus, wie ihn diese ehrwürdige Stadt seit langem nicht mehr gesehen hat.

Der maronitische Bischof schlägt vor, die aufsehenerregenden Ausgrabungen aus der Römerzeit hier in Tyrus zu besichtigen. In wenigen Augenblicken erreichen wir die Ruinen der Altstadt. Die Reste von Bauwerken, die Thermen, der Hafen und jene Werkstätten, in denen der Purpur bearbeitet wurde, haben großartig die Zeiten überdauert. Eine byzantinische Kathedrale aus dem 6. Jahrhundert mit ihren enormen Granitsäulen aus Assuan, die von ihren Erbauern aus den Ruinen des Tempels von Melqart-Héracles herausgeholt worden waren, wurde auf den Ruinen einer Basilika errichtet, die im Jahre 303 auf Befehl von Diokletian zerstört worden war; sie galt als die größte Kirche von Phönizien. Dann besichtigen wir das beeindruckende Hippodrom, eines der größten des römischen Imperiums, das nahezu dreißigtausend Zuschauer fassen konnte. Wir sind von innerer Bewe-

gung ergriffen. Der Herr Jesus ist sicherlich über diese Stein-
platten geschritten und hat den Vorfahren dieser
Jugendlichen gepredigt, die sich jetzt unter den römischen
Arkaden ergehen, mit weißen Turnschuhen an den Füßen.

Anton Massoud läßt diskret einen Umschlag in die Hände
des Paters gleiten. Das ist die Spende des Libanon, wie es der
Gewohnheit entspricht, wenn ein Priester Exerzitien leitet.
Eine Spende von eintausend Dollars. Der Pater ist fassungs-
los:

— Nein, wirklich, das ist zuviel! — Aber dennoch, wie
dankbar bin ich Ihnen dafür! Damit kann ich meine Flugreise
in die Zentralafrikanische Republik bezahlen, wohin ich
übermorgen fliegen werde. Dort unten sind die Menschen zu
arm. Sie hätten nicht die Hälfte bezahlen können!

Man hört indessen nicht auf, dem Pater Geld zu spenden,
um Heilungen zu erlangen. Ein reicher schiitischer Kaufmann aus der Bekaa ist an uns herangetreten und hat
100000, ja 300000 Dollars angeboten, wenn der Pater seinen
gelähmten Sohn heilen könnte. Der Pater aber lehnt grundsätzlich alles Geld ab:

— Ich bin es nicht, der die Heilungen vollbringt, sondern
Christus!

Ich allein kann überhaupt nichts tun!

Die Heilungen geschehen ohne jede menschliche Logik.
Mal wird der eine geheilt, mal ein anderer, und niemals auf
Kommando. Man kann sehr lange für einen bestimmten
Kranken beten, und dann wird plötzlich sein Nachbar geheilt.

— Schicken Sie Ihre Spenden an meine Kongregation,
wenn Sie wirklich etwas geben wollen, erklärt er.

Viele Leute wollen bedeutende Summen spenden und
erbitten ein Einzelgespräch mit dem Pater. Das wird jedesmal abgelehnt. Es gab nur eine einzige Ausnahme: eine sehr,
sehr arme alte Frau, eine Christin aus Westbeirut, die einzige,
die während der Kampfhandlungen in ihrem Stadtteil geblieben ist, in welchem alle Christen brutal verjagt worden sind,
die aber zu arm war und keinen anderen Ort hatte, wo sie

hingehen konnte. Sie ist gekommen, um den Pater für ihren blinden Sohn anzuflehen. Der arme junge Mann schämte sich so sehr über seine Behinderung, daß er seit dem Unfall, der ihn das Augenlicht gekostet hatte, nicht einmal mehr das Haus verlassen wollte. Die Frau war infolge des langen Weges ganz erschöpft, denn sie war zu Fuß gekommen, weil sie das Taxi nicht bezahlen konnte. Sie stand unten auf der Straße, am Eingang zum Bischofshaus, und flehte den Pater an. Dieser hat sie sehr liebenswürdig empfangen und hat ihr viel von seiner Zeit geschenkt, ohne Zweifel mehr als irgend jemandem sonst im Libanon. Sie hat dann das Haus strahlend und gestärkt verlassen. Danach haben wir gesehen, daß sie eine Spende von fünfzig Dollars «liegengelassen» hatte: ohne Zweifel das, was sie in einem ganzen Monat für Lebensmittel ausgeben konnte. Als wir es bemerkten, war es zu spät. Und niemand wußte, wo sie wohnte, um es ihr zurückgeben zu können. Der Herr möge es ihr hundertfach vergelten!

Kapitel VII

Dienstag, 6. September, am Nachmittag

Die Rückfahrt nach Beirut geht schnell vonstatten. Wir erreichen die Hauptstadt gegen 14 Uhr. Nach einer knappen Stunde der Siesta ruft uns Monsignore:

— Wäre der Pater wohl einverstanden, einige meiner Freunde zu segnen, die soeben angekommen sind?

Diese Begegnung erweist sich rasch als sehr anstrengend, und der Tag ist noch längst nicht beendet mit der riesigen Kundgebung, die für den Abend in Jdaideh vorgesehen ist. Monsignore präzisiert:

— Hier ist der sunnitisch-moslemische Leiter des Innenministeriums mit seiner ganzen Familie. Er wünscht einen Segen des Paters zu erhalten.

Pater Tardif geht in das angrenzende Wohnzimmer, wo ihn eine Gruppe von etwa zehn Personen erwartet, und er betet für jeden von ihnen. Dieser hohe Funktionär küßt überschwenglich die Hand des Paters.

Dann führt Monsignore den Pater in ein anderes Zimmer. Dort befindet sich der geistig sehr behinderte Sohn der berühmten Sängerin Fayrouz, die eine der großen Stars im Orient ist. Sie hatte den Pater zum Abendessen eingeladen, aber sein Programm erlaubt es nicht. Danach warten drei Fernsehanstalten und mehrere Zeitungen auf ein Interview. Geduldig läßt der Pater alles über sich ergehen. Seine Botschaft ist immer dieselbe:

— Christus lebt! Er ist der gleiche, gestern und heute! Es ist die Kraft seines aus Liebe erlittenen Kreuzestodes und seiner Auferstehung, die nicht aufhören, sich heute in den Heilungen zu bekunden.

Es ist bereits 16.30 Uhr. Die große Versammlung ist um 17 Uhr. Selbst wenn wir jetzt sofort abfahren, können wir nicht vor 17.10 Uhr dort sein. Es ist höchste Zeit, loszufahren. Aber die Eskorte der Polizisten ist noch nicht zur Stelle. Und der Erzbischof hat noch einige Besucher, die er dem Pater unbedingt vorstellen möchte. Wir fahren schließlich um 17.50 Uhr ab. Normalerweise braucht man etwa 40 Minuten bis nach Jdaideh.

Roger Daher ist in den ersten Wagen gestiegen mit Monsignore und Pater Tardif. Roger hat am katholischen Institut von Paris eine Abschlußprüfung in Theologie abgelegt. Heute, im Alter von 24 Jahren, ist er ein hervorragender Fachmann im Immobilienbereich, ein Beruf mit guter Konjunktur in seinem Lande, das sich mitten im Wiederaufbau befindet. Ich folge im nächsten Wagen mit Wadad Massoud und ihrer Tochter Jacqueline. Nach fünf Minuten, kaum einen Kilometer vom Bischofshaus entfernt, ist die Straße vollkommen verstopft. Eine erstaunliche Menge von Autos! Man könnte an einen Ameisenhaufen denken. Ich werde allmählich von Panik ergriffen. Meine Erfahrung mit Beirut sagt mir, daß man mit gut zwei Stunden rechnen muß, um zum Ziel zu gelangen. Die Direktübertragung des Fernsehens hat bereits begonnen. Es besteht die Gefahr, daß alles danebengeht und wir niemals ankommen. Das ist dann das Ende der Versammlung von Jdaideh. Es kommt mir der Gedanke an den Ruf des Herrn an diesem Morgen zur Wachsamkeit. Wie konnten wir uns nur so verspätet haben? Ich mache mir bittere Vorwürfe. In diesem Orient, wo niemals jemand wirklich verantwortlich ist, können Verwirrung und Unordnung schnell die wohlvorbereitetsten Initiativen zunichte machen.

Der Militärjeep an der Spitze zögert und entschließt sich dann, die entgegengesetzte Richtung einzuschlagen. Statt sich in Richtung auf das Meeresufer zu bewegen, nimmt er nun die engere Straße, welche die Stadt durchquert. Ich mache mir Sorgen, denn da ist es möglicherweise noch schlimmer. Die einzige, allerdings gewagte Lösung — aber haben wir eine andere Wahl? — besteht darin, die Autobahn in der entgegengesetzten Richtung zu nehmen, denn in Richtung auf Jdaideh ist ein Stau von mehreren Kilometern. Aber ohne Sprechfunkgerät ist es nicht möglich, mit dem ersten Wagen in Verbindung zu treten. Nach einigen Minuten geht es nicht mehr weiter. Wir sind noch mehr als 10 km von Jdaideh entfernt. Es ist schon 17.30 Uhr. Die Minuten verstreichen. Alles ist verloren, ich muß mich damit abfinden. Der Wagen kommt nicht mehr weiter. Die Fahrzeuge sind in einem unbeschreiblichen Durcheinander eingeklemmt. So etwas hat man in Beirut noch nie gesehen. Zehntausende von Personen sind nämlich unterwegs nach Jdaideh und versuchen, vorwärtszukommen. Ganz Beirut ist blockiert. Pater Tardif wird nicht zu der Versammlung kommen können wegen dieses gigantischen Staus von 22 km, den er selbst verursacht hat.

Schließlich gibt es bei einer Kreuzung ein wenig Luft. Wir können auf die andere Seite der Straße hinüberwechseln und in entgegengesetzter Richtung mühsam einige Kilometer weiterkommen. Bei jeder Kreuzung ist ein wahrer Kraftakt seitens des uns begleitenden Militärs nötig. Sie haben die größte Mühe, die Wagen auf Distanz zu halten und die Durchfahrt freizubekommen.

Zwei Kilometer vor dem Kolleg ist es wirklich zu Ende. Man kann keinen einzigen Meter mehr vorwärtskommen. Es ist schon 18 Uhr vorbei. Ich bin ganz unglücklich wegen meiner Nachlässigkeit, daß ich wegen der Zeit nicht besser durchgegriffen habe. Wie hätte ich es aber machen sollen, all den drängenden Bitten zu widerstehen, um derentwillen wir nun verspätet sind? Es wäre aber meine Pflicht gewesen. Ich steige aus meinem im Stau stehenden Wagen aus und begebe mich zu dem des Erzbischofs. Die Volksmenge hat bald den Pater Tardif erkannt und die Leute nähern sich ihm in Scharen. Bald drängen sich Hunderte von Menschen um seinen Wagen. Die beiden Militärs machen große erschrokkene Augen, Zeichen ihrer Unfähigkeit, den Ordnungsdienst weiter aufrechtzuerhalten. Ich stürze mich in den Wagen von Pater Emiliano und schließe von innen die Tür. Was tun?

Die einzige Lösung besteht darin, auszusteigen und zu Fuß weiterzugehen, aber das ist wirklich ein großes Risiko. Ich schlage vor, mich auf die Suche nach Verstärkung zu begeben. Aber das Hin- und Zurückgehen kostet weitere 30 Minuten. Monsignore zögert, er weiß nicht, was wir tun sollen. Da aber trifft Roger Daher, als praktisch veranlagter Mann, in einer plötzlichen Eingebung die richtige Entscheidung. Er rettet die Lage, indem er erklärt:

— Wir müssen sofort losgehen, sonst ist alles verloren. Pater Tardif, ich nehme Sie, erklärt er in einem Ton, der keinen Widerspruch duldet.

Er öffnet die Tür und nimmt den Pater am Arm. Dann gibt er in militärischem Ton seine Befehle:

— Maria-Sylvia, auf die linke Seite! Anna-Sophia, rechts! Wir gehen los!

Und er stürzt sich in die Menge. Monsignore entschließt sich zu folgen und läuft hinterher. Die beiden Soldaten tun, was sie können, aber sie erreichen nicht viel. Die Menge drängt sich und schreit:

— Pater Tardif ist da! Hier ist er!

Vergeblich wende ich mich an einige Männer auf der Straße, mir zu Hilfe zu kommen:

— Kommen Sie uns doch helfen!

Aber sie sind zu beschäftigt, um Frau und Kinder zusammenzuhalten. Die Leute bilden eine richtige Barriere, die uns daran hindert, weiterzukommen. Wir aber müssen durch, koste es, was es wolle. Ich sehe mich gezwungen, mit den Ellbogen zu stoßen und die Leute heftig zurückzuschieben, die es mir aber unverzüglich zurückgeben und mich von allen Seiten bedrängen. Ich muß sogar Faustschläge austei-

len, die ersten meines Lebens! Die Verwirrung ist unbeschreiblich. Roger schlägt mit Händen und Füßen um sich,
schreit und stößt. Er hält aber den Pater fest im Arm. Dieser
sucht sich zu schützen, so gut es geht, indem er seine kleine
Aktentasche vor die Brust hält, in welcher er seine Notizen
für die Vorträge verwahrt.

Viele Hände versuchen mit aller Gewalt, mich beiseite zu
schieben, um sich dem Pater nähern zu können. Dabei wird
mir die Uhr abgerissen. Meine Arme sind zerkratzt. Später
entdecke ich, daß meine Beine voll blauer Flecken sind
wegen der erlittenen Stöße und Tritte. Tausende sind es, die
sich um uns drängen. Roger, Anna-Sophia und ich, wir sind
total erschöpft. Unsere kleine Eskorte ist aber dennoch wirk-
sam, und wir kommen rasch vorwärts. Endlich sind wir an
der Tür des Kollegs angelangt. Der Ordnungsdienst der
Kommunität löst uns ab. Man muß aber jetzt noch die Höfe
durchqueren, die voll von Menschen sind. Und Pater Tardif
nähert sich endlich dem Mikrofon. Es ist 18.16 Uhr. Wir sind
wirklich im letzten Augenblick angekommen. In welchem
Zustand mag sich Pater Emiliano befinden? Wird er jetzt
noch fähig sein, vor Zehntausenden von Menschen aus dem
Stegreif einen Vortrag zu halten, der auch noch direkt vom
Fernsehen übertragen wird und wo der ganze Libanon
zuschaut?

Aber siehe da! Wider alle Erwartung gelingt es ihm. Der
Alpdruck, der noch eben auf uns gelastet hatte, ist vergessen.
Lebhaft und herzlich begrüßt der Pater die Menge, die es ihm
mit einem langen Beifallsklatschen dankt. Diese Stunde des
Wartens wurde mit vielen Gebeten und Hymnen gefüllt. Die
Stimmung ist gesammelt, voll Glut und Frieden.

Der Pater hat sich vorgenommen, an diesem Abend vom
Mysterium der Eucharistie zu sprechen. Es sind sehr viele
Menschen in den Höfen des Kollegs, wenigstens zwanzig-
tausend Personen. Und noch viel mehr befinden sich in den
angrenzenden Straßen, die ganz verstopft sind. Tausende
von Fahrzeugen sind draußen blockiert und folgen der Ver-

sammlung am Radio. Man spricht von sechzigtausend, ja von hunderttausend Personen. Sicher ist, daß der ganze Libanon das Ereignis am Fernsehen verfolgt.

Der Pater beginnt seinen Vortrag:

— Einen recht guten Tag euch allen! Selten in meinem Leben habe ich ein Volk gesehen, das einen so großen Glauben hat! Ich danke dem Herrn für den Glauben, den er euch gegeben hat! Heute abend möchte ich von der Eucharistie zu euch sprechen. Die Eucharistie ist ein Sakrament des Heiles, ein Sakrament der Heilung.

Der heilige Augustinus hat uns gesagt: «Gott ist unendlich mächtig, und er könnte Tausende von Welten erschaffen, die noch schöner wären als unsere gegenwärtige Welt.» Aber mit seiner ganzen Macht und mit seiner ganzen Majestät könnte er nichts Erhabeneres schaffen als die Eucharistie. Die Eucharistie, das ist nämlich der Herr Jesus, in Wahrheit und lebendig. Seine Gegenwart ist nicht bloß symbolisch. Sie ist die wirkliche Gegenwart des auferstandenen Jesus. Wir glauben es, weil Jesus selbst es uns gesagt hat: «Nehmet und esset alle davon, denn dies ist mein Leib.»

Um uns zu helfen, an ein so großes Mysterium zu glauben, hat Jesus im Laufe der Geschichte der Kirche viele Zeichen und Wunder der Eucharistie gewirkt. Im ersten Jahr seines öffentlichen Wirkens hat Jesus in Kana Wasser in Wein verwandelt. Im zweiten Jahr hat er zwölf Brote vermehrt und damit fünftausend Menschen zu essen gegeben. Jesus bereitete nämlich das Herz seiner Jünger vor, ehe er ihnen das größte seiner Wunder verkündete. Im dritten Jahr seines öffentlichen Lebens hat er ihnen gesagt: «Ich gebe euch mein Fleisch zu essen und mein Blut zu trinken.»

Viele der Jünger, die Jesus bis dahin gefolgt waren, begannen nun zu zweifeln und zogen sich zurück. Und sie glaubten nicht mehr an sein Wort. Da hat Jesus zu seinen Aposteln gesagt: «Wollt auch ihr mich verlassen?»

Petrus hat ihm dann diese wundervollen Worte zur Antwort gegeben: «Zu wem sollten wir gehen, Herr? Du allein hast Worte des ewigen Lebens!» Wenn wir Jesus verlassen würden, wohin sollten wir gehen, um unser Heil zu suchen? Denn es gibt keinen anderen Namen, wie der heilige Paulus uns sagt, durch den wir gerettet werden können!

Am Gründonnerstag beim Abendmahl nahm er das Brot, brach es und gab es seinen Jüngern, indem er sprach: «Esset alle davon, das ist mein Leib.»

Dann nahm er den Kelch mit Wein, segnete ihn und sprach: «Trinket alle daraus, das ist der Kelch mit meinem Blut, das Blut des Neuen Bundes, das für euch und für das Heil aller vergossen wird.»

Viele wunderbare Heilungen sind während der Eucharistiefeier geschehen.

Eines Tages predigte ich im französischen Teil von Polynesien, in Tahiti, mit folgenden Worten: Wenn wir wirklich daran glauben, daß Jesus in der Eucharistie gegenwärtig ist, und wenn wir um die Heilung der Kranken bitten, dann wird in der Versammlung etwas geschehen. Jesus ging immer umher, indem er Gutes tat. Auch heute noch geht er umher und tut Gutes.

Dort befand sich ein Blinder: an dem einen Auge sah er überhaupt nichts und an dem anderen so gut wie nichts. Er hat berichtet, daß er nach der heiligen Messe in seinem Herzen den heißen Wunsch verspürte, den in der Eucharistie gegenwärtigen Jesus um die Heilung seiner kranken Augen zu bitten. Und im Augenblick der Wandlung hat er gesehen, wie so etwas wie ein Licht aus der heiligen Hostie hervorging. Er war davon sehr beeindruckt und hat angefangen zu weinen. Und als er seine Tränen getrocknet hatte, erkannte er, daß er vollständig geheilt war. Dieser gleiche Jesus, der gesagt hat: «Ich bin das Licht der Welt», hatte diesem Blinden das Augenlicht wiedergegeben. Am nächsten Tag hat dieser geheilte Blinde im staatlichen Fernsehen sein Zeugnis gegeben. Der Erzbischof von Tahiti hat mir erzählt, daß nach diesem Zeugnis mehrere Heiden gekommen sind, um darum zu bitten, auf die Taufe vorbereitet zu werden. Auch sie wollten die Eucharistie empfangen können.

Eines Tages predigte ich in Peru, und danach feierte ich die Eucharistie in einem Stadion. Vierzehntausend Personen waren dabei. Im Augenblick der heiligen Kommunion habe ich folgendes Wort der Erkenntnis empfangen:

— Es ist in der Versammlung jemand, der gelähmt war und jetzt dabei ist, geheilt zu werden. Er spürt eine große Wärme in seinen Beinen.

Ich habe ihn gebeten, einen Glaubensakt zu setzen und aufzustehen. Es befanden sich dort viele Kranke in Rollstühlen und auf Tragbahren, aber niemand hat sich bewegt... Da habe ich es noch einmal gesagt:

— Streng dich an! Steh auf! Anderenfalls wird die Herrlichkeit Gottes nicht offenbar!

Keine Antwort. Dann habe ich gesagt:

— Fahren wir fort im Gebet! Wenn du dir deiner Heilung bewußt geworden bist, dann wirst du Zeugnis ablegen!

Dann habe ich ein anderes Wort vom Herrn empfangen:

— Es ist in der Versammlung jemand, der an Gehörlosigkeit litt, er wird jetzt geheilt.

Dann habe ich gesagt:

— Wenigstens du kannst jetzt Zeugnis geben, um dem Herrn die Ehre zu erweisen! Du hattest zuvor nichts von dem verstanden, was hier geschah, aber nun kannst du hören!

In diesem Augenblick hat sich einer von denen, die im Rollstuhl saßen, bewegt: es war der Gelähmte, aber außerdem war er auch noch taub. Da rief ich aus:

— Im Namen Jesu, steh auf und geh!

Er war taub gewesen! Und jetzt fing der geheilte Lahme langsam an zu gehen, er kam zum Mikrofon und dankte öffentlich dem Herrn, ihn von seiner Lähmung und Taubheit geheilt zu haben.

Dann nahm ich selbst das Mikrofon in die Hand und rief:

— Herr, das nächstemal sei bitte so gut und heile zuerst die Ohren und dann erst die Beine!

Die riesige Versammlung brach in Gelächter aus. Die Anekdoten um Pater Tardif sind voller Humor, voll von dem gesunden Menschenverstand des einfachen Volkes. Das hier ist eine Predigt, der man gerne zuhört und wovon man auch etwas versteht!

Der Pater fährt fort:

— Manchmal fragen die Leute mich:

— Herr Pater, warum heilt Jesus den einen Kranken und den anderen nicht, der neben ihm sitzt und großen Glauben hat?

Ich antworte dann immer das gleiche:

— Das ist ein Mysterium der Liebe Gottes! In meiner Pfarrei lebte eine vorbildliche Familienmutter, eine gute Christin, die an Krebs erkrankt war. Wir haben oft für sie gebetet, aber eines Tages ist der Herr gekommen und hat sie zu sich geholt. In der Pfarrei lebte auch eine junge Prostituierte. Auch sie war an Krebs erkrankt. Nun geschah es, daß sie während einer Eucharistiefeier für die Kranken geheilt wurde. Da haben sich die Leute gefragt, warum Jesus die Prostituierte geheilt hatte und nicht eher die Familienmutter. Jesus hat hier das gleiche getan, was auch wir tun, wenn wir Blumen pflücken. Wir nehmen die schönsten Blumen, um sie mit nach Hause zu nehmen. Die Familienmutter war eine voll erblühte, schöne Blume und bereit, ins Vaterhaus getragen zu werden. Die junge Prostituierte aber war nicht bereit, ins Haus des Vaters zu kommen. Daher hat Jesus sie geheilt, um ihr die Zeit zu geben, sich zu bekehren.

Wir müssen nämlich wissen, daß Gott in seiner Vorsehung für jeden von uns einen besonderen Plan hat. Einige empfangen eine Heilung, und das ist wunderbar. Von anderen verlangt der Herr, ihre Leiden anzunehmen und sie ihm aufzuopfern für das Heil der Welt. Wir müssen seinen Willen entgegennehmen.

Ja, Jesus hat in seiner Kirche viele Zeichen geschehen lassen, um uns zu helfen, an seine wirkliche Gegenwart in der Eucharistie zu glauben. Und zahlreiche Personen in der ganzen Welt geben Zeugnis davon, daß sie während der Anbetung des auf dem Altar ausgesetzten Allerheiligsten eine körperliche oder seelische Heilung erfahren haben. Ich lade euch also zu einer großen Verehrung Jesu im Altarssakrament ein. Wenn ihr Jesus im Altarssakrament besucht, seht ihr ihn nicht in menschlicher Gestalt, sondern ihr seht eine heilige Hostie. Er aber sieht euch, er schaut euch an, er segnet euch!

Der Pater entfernt sich langsam vom Mikrofon. Der Kirchenchor stimmt ein Lied an. Ich reiche ihm ein Glas Wasser. Er hat 40 Minuten lang gesprochen. Man bereitet die heilige Messe vor, die dann schnell beginnt in großem Eifer, in großer Glut. Danach fängt der Pater mit dem Gebet für die Kranken an:

— Komm und bekunde an diesem Abend unter uns deine Herrlichkeit, indem du viele Kranken heilst! Wir bitten dich darum, o Jesus, zur Ehre Gottes, unseres Vaters!

Für diejenigen, die du an diesem Abend nicht heilen wirst, weil du in deiner Vorsehung einen anderen Plan mit ihnen hast, erbitten wir von dir, daß du ihnen die Kraft gibst, sich niemals entmutigen zu lassen. Mögen sie bereit sein, ihre Leiden aufzuopfern, indem sie sie mit deinen Leiden am Kreuz vereinigen, so daß sie zu einem Beitrag zur Erlösung werden.

Was immer du auch tust, o Jesus, wir wissen, daß du es aus Liebe tust, und wir danken dir im voraus dafür! Ehre und Lob sei dir, Herr Jesus!

Ich lade jetzt alle diejenigen, die die Sprachengabe erhalten haben, ein, den Heiligen Geist in ihnen beten zu lassen, damit er in ihnen die Ehre Gottes, unseres Vaters, besingen kann.

Etwa einhundert Personen, die diese Gabe auszuüben wissen, beginnen mit ihm zu singen. Es ist eine übernatürliche Melodie von wundervoller Harmonie, die vom Fernsehen direkt übertragen wird. Viele haben sich gefragt, was für eine Bedeutung das hat. Man wird noch lange im Libanon von diesem Gesang in unbekannten Silben sprechen, der so sanft und gesammelt war und gleichzeitig so ungewohnt.

Pater Tardif ergreift wieder das Wort:

— Ich möchte euch jetzt um große Stille bitten, um diesen Dienst weiterführen zu können, wobei ich euch einige Worte der Erkenntnis gebe, die ich in meinem Herzen empfange, wie man eine Prophetie erhält...

Es ist nun so etwas wie ein unbeschreiblicher Hauch, der durch die Versammlung geht. Es ist der Augenblick, wo der Himmel sich öffnen wird, wo Gott kommt, um diese Volksscharen mit seiner Macht zu besuchen. Die Offenheit der Herzen ist wirklich spürbar. Ja, diese Volksmenge glaubt mit ihrer ganzen Kraft an die Liebe, die Macht und die Gegenwart Gottes mitten unter ihnen.

Und Pater Tardif wird jetzt nie gehörte Worte sagen, die er niemals an anderer Stelle seines unglaublichen Dienstes rund um die Welt gesprochen hat. Der Ton ist ernst und bewegt. Die Stimme ist von einem tiefen Gebetsgeist geprägt. Er betont jedes Wort und verkündet mit Kraft:

— An diesem Abend fällt ein Regen von Segnungen auf diese große Versammlung. Man wird die vielen Heilungen gar nicht zählen können, die Jesus in diesem Augenblick bewirkt. Zu Hunderten heilt Gott die Menschen hier oder die, welche am Fernsehen sind!

Der Pater zählt Dutzende von Heilungen auf mit ganz genauen Einzelheiten. Dann geben die geheilten Kranken sich zu erkennen. Die Menge jubelt. Von überall her hört man Schreie, laute Rufe:

— Hier! Hier!

Von allen vier Ecken des riesigen Sportplatzes werden Personen geheilt, alle jene, deren Heilung angekündigt worden war, und viele, viele andere! Die Reihe der Wartenden vor dem ärztlichen Komitee wird immer länger. Der Erzbischof von Beirut, der für seinen ernsten und strengen Charakter bekannt ist, hält das Mikrofon in der Hand mit dem sicheren Auftreten und dem Humor eines Fernsehansagers.

Er gibt die Heilungen all jener Menschen bekannt, die durch das Ärztekomitee zusammengefaßt worden sind und die sich jetzt am Fuß des Podiums vorstellen:

— Hier ist eine schiitische Frau aus West-Beirut, die querschnittsgelähmt war und seit neunzehn Jahren nicht mehr gehen konnte! Sie ist soeben aufgestanden. Ja, Gott segnet alle Kinder Abrahams!

Wieder ergreift Pater Tardif das Wort:

— Seien wir voll Freude und in der Danksagung! Wir sehen, daß mehrere hier diesen gleichen Segen empfangen. Da ist ein junges Mädchen, das jetzt zu gehen beginnt. Sie sagt, daß sie seit elf Jahren nicht mehr gehen konnte. Ehre sei dir, o Herr!

Eine Jugendliche von etwa fünfzehn Jahren gibt ihr Zeugnis, indem sie vor Freude über ihre Heilung weint. Pater Tardif fährt fort:

— Schaut hin, was dort unten geschieht: Es wird uns gezeigt, daß Jesus mehrere Kranke heilt. Es gibt auch Kranke dort unten, auf der Straße, die geheilt werden. Danken wir dem Herrn für alles, was er tut!

Segne alle kleinen Kinder, die hier sind, Jesus. Es gibt hier auch Leute, die kranke Augen hatten und fast nichts sehen konnten. Ihre Augen werden jetzt geheilt.

Der zwölfjährige Josef Roucos-el-Hajj kommt kurz darauf zum Mikrofon und berichtet, daß ihm soeben die Augen geheilt worden sind.

— Hier ist ein kleines Kind, das jetzt zu gehen beginnt. Jesus, segne es, betet Pater Tardif. Wir bitten Jesus, alle kleinen Kinder zu segnen, die hier sind, und alle Kranken zu segnen und ihnen den Frieden zu geben.

Ein von Geburt an gelähmtes Kind von sechs Jahren macht seine ersten Schritte. Es schwankt ein wenig beim Gehen, aber allmählich wird es sicherer. Sein Vater ist außer sich vor Freude.

An diesem Abend stehen etwa zwanzig Gelähmte auf, eine von ihnen ist Kadijha Ahmar, eine moslemische Frau aus

Syrien in langem Tschador, die im Rollstuhl aus Damaskus gekommen war. Sie befand sich in einem der drei Busse mit Moslems, die aus der syrischen Hauptstadt gekommen waren, welche mehr als drei Stunden von Beirut entfernt ist. Ein junges schiitisches Mädchen aus dem Südlibanon, die spastisch gelähmt war, ein sehr schwerer Fall, macht ihre ersten Schritte. Da ist auch Maria-Theresia Mattar, vierzehneinhalb Jahre alt, die seit elf Jahren nicht mehr gehen konnte, und Elias Awad, etwa sechzig Jahre alt, der sich nur mit Krücken vorwärtsbewegen konnte. Ein junges Mädchen von zwanzig Jahren bezeugt weinend vor dem Fernsehen die plötzliche Heilung von ihrer Lähmung. Ihre Mutter, die auch in Tränen aufgelöst ist, steht an ihrer Seite und hält den schweren Apparat in der Hand, der das von der Kinderlähmung her gelähmte Bein gestützt hatte.

Bald organisiert sich ein ganz orientalischer Tanz all der vorher Gelähmten, die soeben aufgestanden sind! Sie geben sich die Hand und drehen eine Runde. Das Glück gibt sich zu erkennen durch große Sanftheit und unbeschreiblichen Frieden. Es ist hier etwas vom Reich Gottes auf Erden. Gott hat die Begrenzungen unserer menschlichen Armseligkeit gesprengt, indem er diejenigen gehen ließ, die es nicht mehr konnten und die jetzt von einem Bein aufs andere springen. Diese Frauen wiegen sich jetzt in lebhaftem Tanz, eine Bewegung, die für sie vor noch wenigen Minuten undenkbar gewesen war. Freudenschreie, die «Jujus», diese bei Hochzeiten üblichen Freudenrufe, ertönen von allen Seiten. Bald gesellt sich auch Mona Saab, eine aus dem Dorfe Artaba stammende Frau von 55 Jahren zu ihnen. Sie war seit fünfzehn Jahren an den Rollstuhl gefesselt und hatte an einer schweren Arthrose gelitten. Sie hat ein Taschentuch in der Hand und bewegt ihren Arm mit Leichtigkeit im Rhythmus der Freudengesänge, die von der ganzen Versammlung aufgenommen werden. Die Szene ist unbeschreiblich. Die Herzen zerspringen fast vor Freude.

Mehrere geheilte Blinde und Schwachsichtige kommen herbei. Schriftliche Bestätigungen der Heilungen häufen sich am Fuß des Podiums. Man hat den Eindruck, das Apostolat Christi selbst jetzt neu zu erleben. Mehr als zweihundert Heilungen werden an diesem Abend registriert. All die vielen anderen Heilungen, die vor dem Fernsehen in den Häusern geschehen sind, lassen sich gar nicht mehr zählen. Manche gelangen erst nach geraumer Zeit zu unserer Kenntnis.

Es wird nämlich erst später sein, daß man die Bedeutung dieses Ereignisses ganz zu begreifen vermag, welches einzigartig ist in der Geschichte des Libanon. Das Volk ist in seiner Tiefe aufgewühlt. Sie alle wissen, daß sie hier nicht manipuliert und für fremde Ziele mißbraucht werden. Pater Tardif ist ausschließlich für sie gekommen, aus reiner Liebe, ohne Hintergedanken. Er ist der Kanal, durch welchen Gott sich gibt. Pater Tardif ist auf der Stelle vom libanesischen Volke angenommen worden. Das Volk erkennt sich selbst in diesem geraden und einfachen Menschen. Die Sympathie ist augenblicklich aufgeflammt, eine unendliche Sympathie für diesen so aufrichtigen Mann, der von sich sagt, daß er nichts anderes ist als «der kleine Esel, der Jesus trägt»! Dieses Wort verbreitet sich im ganzen Libanon. Ein Priester von einer solchen Ausstrahlungskraft bezeichnet sich selbst als kleinen Esel! Das kommt im Orient nicht alle Tage vor, wo sonst jeder, der irgendeine Autorität bekleidet, sich schnell an hochfahrende Allüren gewöhnt!

Pater Tardif fährt fort:

— Brüder und Schwestern, es ist unmöglich, alle Heilungen zu verkünden, die der Herr jetzt und hier bewirkt. Ihr selbst werdet sie verkünden, wenn ihr Zeugnis von dem geben werdet, was Jesus in seiner großen Barmherzigkeit für euch getan hat. Gemeinsam wollen wir dem Herrn für alles danken, was er an diesem Abend mitten unter uns gewirkt hat!

Der Abend schließt in einer wundervollen Festtagsstimmung. Kein Zwischenfall, keine Verletzten außer dem gebrochenen Arm eines jungen Mannes vom Ordnungsdienst, der von der Menge gestoßen wurde, als er sie zurückhalten wollte. Der Friede, die Glut, die Freude geben dieser Versammlung einen Vorgeschmack des Himmels. Alle Augen strahlen vor Freude, die Gesichter zeigen einen Ausdruck tiefen Glücks, es ist, als ob man diesem Volk eine riesige Dosis an Hoffnung eingeimpft hätte nach all dem Unglück, das diese Menschen in so vielen Jahren des Krieges erleiden mußten. Der Herr scheint ihrer Erwartung und ihrem Glauben in überreichem Maße entsprochen zu haben, um sie alle auf diese außergewöhnliche Weise zu trösten.

Später wird Pater Tardif uns im Hinblick auf diesen unvergeßlichen Abend sagen:

— Ich habe niemals etwas Derartiges gesehen! Bei all meinen Reisen durch die ganze Welt habe ich niemals eine so zahlreiche Volksmenge gesehen, die einen solchen Glauben hatte und bei welcher der Herr so viele Heilungen bewirkte! Ja, es liegt eine ganz besondere göttliche Salbung auf dem Libanon!

Pater Tardif weiß, was er sagt. Unaufhörlich ist er in der ganzen Welt herumgereist und war der staunende Zeuge von Zeichen und Wundern, die der Herr seit 21 Jahren in mehr als 63 Ländern gewirkt hat.

Ja, der Libanon hat etwas Besonderes, etwas, das einzigartig ist auf der Welt: das kommt wahrscheinlich daher, daß er eine so leidvolle Geschichte gekannt hat: Jahrhunderte der Leiden, der Verfolgungen, der Demütigungen, aber auch des Widerstandes, der Treue und des Mutes. Das patriotische Bewußtsein und die Heimatliebe sind hier von unglaublicher unzerstörbarer Kraft wie die der Zeder, welche das Symbol des Landes ist. Durch viele Jahrhunderte hindurch haben die Zedern unter ihren Zweigen alle Armeen der Welt hindurchmarschieren gesehen, alle Eroberer und fünf Zivilisationen, die hier einander gefolgt sind. Die Zivilisationen sind verschwunden, die Zedern aber stehen unbeweglich noch immer an ihrem Platz. Sie sind das Bild für den Fortbestand dieses Menschenschlags der Bergbewohner, die unter ihrem Schatten wohnen, ernsthafte und zuverlässige Menschen, von Weisheit und Glauben geprägt, aber auch eigensinnig und kriegerisch, vom Schlage jener, die vor keiner Schwierigkeit zurückschrecken, mag sie auch noch so unüberwindlich scheinen. Sie sind da, alle Zeiten hindurch, und nichts vermag sie von ihrer Erde zu vertreiben.

Der Islam, der im 8. Jahrhundert hier angekommen ist, hat alles versucht, um sie zu integrieren und zu bekehren: mit Geld, mit vielfältigen Schikanen und sogar durch Mord. Das stolze Volk aber hat niemals seinen christlichen Glauben verleugnet. Es bildet die bedeutendste christliche Bevölkerung im Vorderen Orient, die einzige, der es gelungen ist, ihre Freiheit zu bewahren. Generationenlang ist in Strömen das Blut geflossen. Der Christ des Libanon weiß sich als Aufbewahrer eines Schatzes, der ihm nicht gehört, des Schatzes des Glaubens, der ihm um den Preis der Opfer von vielen Generationen weitergegeben worden ist. Er empfindet zutiefst in seinem Herzen eine unendliche Ehrfurcht vor diesem Schatz der heiligsten Werte, der Grundlage seiner Freiheit und des Sinnes seines Lebens.

Der letzte Krieg hat den ganzen Libanon in ein Meer von Feuer und Blut getaucht. Man darf sich aber nicht täuschen: in den sechziger und siebziger Jahren sind die Söhne der Bergbewohner zur Küste hinabgestiegen, um dort zu arbeiten und ihr Land großartig zu entwickeln. Wieviel Bauern, die nicht lesen und nicht schreiben konnten, haben ein Feld verkauft, um die Universitätsstudien ihres Kindes zu bezahlen! Diese Bauern wußten ihren Nachkommen den Sinn für Arbeit und Anstrengung zu vermitteln: Chirurgen und Fachärzte für Herzkrankheiten von internationalem Ruf, hervorragende Ingenieure und Forscher, eine ganze Generation von Intellektuellen ist ganz plötzlich erschienen, als Frucht der ausgezeichneten Erziehung und Beharrlichkeit in den Familien.

Die benachbarten Länder, die eifersüchtig geworden waren, konnten den Anblick nicht ertragen, daß dieser Libanon, ein so winziges Land und auch noch ohne Öl, so stolz das Haupt erhob und sich auf ökonomischer und wissenschaftlicher Ebene auf westliches Niveau zu erheben verstand.

Der letzte Krieg und der programmierte Zusammenbruch des Landes haben die letzten zwanzig Jahre äußerst schwierig werden lassen. Zehntausende von Familien haben von einem Tag auf den anderen alles verloren. Viele Male habe ich während meines humanitären Dienstes nach mehreren Tagen ununterbrochener Bombardierungen eine Familienmutter, die alles verloren hatte, sagen hören:

— Die Hauptsache ist, daß wir alle noch am Leben sind!

Wenn man sich in den schlimmsten Widerwärtigkeiten an das Wesentliche, an das Leben, zu halten vermag, dann wird damit eine Jugend mit hohen Idealen geformt, die vom Geist des Widerstandes geprägt und zugleich an eine gewisse Bedürfnislosigkeit gewohnt ist. Wenn man Brot auf dem Tisch und Schuhe an den Füßen hat, dann freut man sich von Herzen. Die Kirchen sind übervoll, und bei der täglichen Abendmesse sieht man viele Jugendliche, die beten und ihren Durst an der Quelle dieser so erhebenden liturgischen Offizien stillen. Während in diesen letzten Jahren des 20. Jahrhunderts der Materialismus im Westen jedes religiöse Verlangen erstickt zu haben scheint, ist man hier im Libanon Zeuge einer dynamischen Erneuerung des Glaubens, der die einzige Hoffnung einer Gesellschaft zu sein scheint, die entmutigt, aufs Äußerste verarmt und ohne Zukunftsperspektiven ist. Dies ist die Erde, auf der die Botschaft von Pater Tardif Wurzeln geschlagen hat.

— Das ist eine Antwort Gottes auf unser flehentliches Gebet, erklärt eine «Teta», eine ganz einfache Großmutter, die nur aus dem Gebete lebt, und sie drückt damit die Gefühle aller aus.

— Es ist ein wirkliches Pfingsten für den Libanon, kommentiert an diesem Abend der Erzbischof Abi Nader. Der Hauch des Heiligen Geistes scheint sich buchstäblich auf dieses ganze Volk gesenkt zu haben.

Mehrere Wochen lang werden diese Ereignisse das einzige Gesprächsthema im Libanon sein. Ein Hauch von Vertrauen, von Freude, von Dankbarkeit und Liebe zu Gott hat sich über das ganze Land ergossen. Ebenso ein Hauch von Kraft. Die ganze christliche Gemeinschaft erhebt gestärkt das Haupt.

Wir finden uns alle wieder im Bischofshaus. Pater Tardif strahlt vor Freude nach diesen vier anstrengenden Tagen. Er ist begeistert, und dieser letzte Abend hat ihn am meisten in Form gebracht! Was da geschehen ist, das ist wunderbar, einzigartig, geschichtlich! Schnell vergeht die Nacht. Um sieben Uhr morgens umarmt Pater Tardif alle Leute und steigt ins Flugzeug nach Paris. Heute nacht wird er dort schlafen, und morgen früh nimmt er dann ein Flugzeug nach Bangui, wo er am gleichen Abend neue Exerzitien predigen wird. Anschließend begibt er sich auf eine Evangelisationsreise in den Busch, mit Hunderten von Kilometern auf schlechten Straßen: ein neues Abenteuer, bei dem er in wenigen Tagen vier Kilo abnehmen wird...

— Vorzüglich für meinen Blutdruck, kommentiert er mit seinem gewohnten Humor...

Mgr. Abi Nader gibt seine Eindrücke wieder:

— Das waren die schönsten Tage meines Priesterlebens! Das, was Gott im Libanon gewirkt hat, übersteigt jede Phantasie. Der Pater trat auf in einer Haltung, die ganz dem Evangelium entspricht: Alle waren von seiner Demut, seinem gesunden Menschenverstand und seiner Einfachheit sehr erbaut!

Es macht Freude, die Freude des betagten Erzbischofs zu sehen.

Es wurden allerdings auch einige kritische Stimmen laut, besonders aus den Kreisen der Intellektuellen. In gewissen Zeitungen konnte man zwischen Dutzenden von Artikeln, die des Lobes voll waren, auch Berichterstattungen lesen, die recht wenig Taktgefühl bewiesen:

— Dieser Scharlatan! Ein richtiger Hexenmeister! Wie kann man das Volk nur so zum Besten halten?

Dieses Murren wurde jedoch bald zum Schweigen gebracht durch die aufgebrachten Reaktionen aus allen Kreisen der Bevölkerung. Einer der verbreitetsten Radiosender hatte einen Arzt zu Wort kommen lassen, welcher erklärte, daß alle diese Heilungen lediglich psychosomatischen Ursprungs seien. Durch eine Lawine von Telefonanrufen, die die Entrüstung der Hörer zum Ausdruck brachten, wurde das Radio dann jedoch sehr schnell veranlaßt, einen Rückzieher zu machen, um nicht seine Hörer und damit seinen Erfolg bei der Werbung zu verlieren. Man hat also den Vortrag des Arztes abgebrochen und statt dessen das Programm mit klassischer Musik fortgesetzt!

Am Abend der Abreise des Paters wurde im Fernsehen ein humoristisches Bild gezeigt: man sieht den Präsidenten der Republik, den Premierminister und den Präsidenten der Abgeordnetenkammer, in einer Reihe hintereinander stehend, wie bei einem Fehler ertappte Schuljungen, die schüchtern ihre Augen zu Pater Tardif erheben.

Dieser, sehr groß gezeichnet, stellt an sie die Frage:

— So, und ihr, ihr wirkt keine Wunder?

Diese nette Geschichte hat man sich am nächsten Tag im ganzen Libanon erzählt.

Auch der am 9. September zusammengerufene Ministerrat hat sich über den Fall Tardif Gedanken gemacht. Die christlichen Minister haben ihn verteidigt. Einige moslemische Minister haben ihn kritisiert, zum Teil sogar sehr heftig:

— Das alles ist ein falsches Spiel! Was für ein Schwindler! Wie kann man nur so ein Individuum in aller Öffentlichkeit auftreten lassen?

In einigen Moscheen regt man sich auf:

— Moslems, schaut euch nicht mehr das Fernsehen an! Sonst werdet ihr alle noch zu Ungläubigen!

Das einfache Volk aber ist hingerissen und schenkt diesen Schmähungen keinerlei Beachtung, besonders dann nicht, wenn eins von den Familienmitgliedern krank ist!

Drei Tage später werden wir zum Büro der inneren Sicherheit vorgeladen, welches dem Innenministerium unterstellt ist. Hassan opfert sich und geht hin:

— Wie kommt es, daß Sie die Autoritäten nicht verständigt haben? Und schließlich, wer ist denn dieser Pater Tardif? Und wer steht wirklich hinter ihm?

Hassans Antworten sind glasklar und allzu einfach!

— Es ist nichts, absolut nichts hinter ihm! Kein politischer oder religiöser Komplott, keine Berechnung! Er ist ganz einfach ein katholischer Priester, der gekommen ist, um in der Kraft des Heiligen Geistes die Frohe Botschaft von Jesus Christus zu verkündigen!

Der Beamte vom zweiten Büro des Nachrichtendienstes bohrt weiter:

— Diese Heilungsgeschichten sind von den fundamentalistischen amerikanischen Bewegungen zurechtfrisiert worden, besonders von den Baptisten. Ist es nicht Amerika und letztenendes Israel, das hinter dem Ganzen steht, um zu versuchen, das Land zu destabilisieren?

Hassan macht in seiner Unschuld ganz große Augen:

— Wir sind die ersten, um von all dem, was geschehen ist, überrascht zu sein! Der Pater war erstaunt und begeistert über das, was Gott im Libanon gewirkt hat. Jetzt ist er anderswohin gegangen, um das gleiche zu tun, wie er es gewohnt ist! Er ist nichts anderes als ein Diener des Evangeliums...

Ich habe die Ahnung, daß dann, wenn wir jemals einen zweiten Besuch von Pater Tardif im Libanon vorzubereiten haben, die Sache nicht mehr ganz so einfach sein wird. Im letzten Augenblick kann irgendein Befehl alles zunichte machen und die Volksmenge unter irgendeinem Vorwand auseinandertreiben. Wir haben den Libanon sozusagen im Sturm erobert. Das war ohne Zweifel die einzige Möglichkeit, zum Ziele zu kommen.

Kapitel VIII

Der Beginn der medizinischen Untersuchungen

In der Bucht von Tabarja, etwa 15 km von Beirut entfernt, ist das Meer sehr angenehm und ruhig bei einer Temperatur von etwa 30°. Dort war es, wo der heilige Paulus fast ertrunken wäre, als eines Tages ein starkes Unwetter tobte und es ihm eben noch gelang, lebendig die Felsen zu erreichen. Eine schöne Kirche hält das Gedächtnis der Rettung des Apostels am Ufer dieses Meeres aufrecht. Wir aber sind jetzt hier, um zu baden.

Ganz entzückt rufe ich aus:

— «Das ist gerade die richtige Temperatur für mich!» Und ich mache mit Vergnügen einen Kopfsprung in das türkisblaue Wasser.

— Ich hingegen bin an englische Temperaturen gewöhnt. Sobald das Wasser auf 15° angestiegen ist, dann bade ich schon, erklärt Anna-Sophia. Für meinen Geschmack ist das Wasser viel zu warm hier. Ich liebe das Prickeln des kalten Wassers!

Roger und Johannes sind schon im Wasser und bereits weit von uns entfernt.

Das Schwimmen dient uns zur Entspannung. Es sind nun vier Tage her, daß Pater Tardif wieder abgereist ist. Wir haben es wirklich nötig, uns von den Strapazen der letzten Tage zu erholen, ehe wir uns dem zweiten Teil unserer Aufgabe zuwenden: wir sind nämlich beauftragt, in Zusammenarbeit mit Erzbischof Abi Nader uns mit den ärztlichen Bestätigungen der Heilungen zu befassen. Diese Aufgabe wird uns etwa neun Monate in Anspruch nehmen. Anna-Sophia wird die einzelnen Elemente der Untersuchungen zusammentragen und mit den Ärzten Verbindung aufnehmen. Wir ahnen noch nicht, was für eine harte Arbeit damit auf uns zukommt.

Das erste Problem, das sich uns stellt, besteht paradoxerweise darin, die Namen und Adressen der Geheilten ausfindig zu machen. Die während der Veranstaltungen von den Ärzten gesammelten Notizen erweisen sich als enttäuschend. Da diese in aller Eile aufgeschrieben wurden, sind sie in den meisten Fällen unvollständig: Die Namen sind falsch geschrieben, die Schrift ist unleserlich, die Telefonnummern sind nicht richtig notiert. Wie soll man es da fertigbringen, die im ganzen Land verstreuten Leute ausfindig zu machen?

Mehrere der geheilten Personen sind ganz spontan zum Erzbischof gekommen, um sich ihm vorzustellen. Aber auch da hat niemand daran gedacht, die Personalien zu notieren. Nachdem man den Leuten zugehört und sie beglückwünscht hatte, sind sie aus dem erzbischöflichen Haus wieder fortgegangen, ohne eine Spur zu hinterlassen.

Schließlich wird die Nachforschung von Mund zu Mund sich als unser bester Helfer erweisen. Eine strenge Aussonderung wird sich bald als notwendig erweisen, um die echten von den zweifelhaften Fällen zu scheiden. Sodann wird man unter den ersteren die interessantesten Zeugnisse auswählen, die dann der Gegenstand einer langen und sorgfältigen ärztlichen Untersuchung sein werden.

Jeden Abend kommt Anna-Sophia erschöpft ins Büro unserer Arbeitsgruppe zurück und kommentiert ihren Tag:

— Ich habe heute siebenmal ein Taxi genommen und bin in den Palästinenserlagern am Stadtrand von Tyrus gewesen. Ich wollte unbedingt eine Frau finden, die, wie es scheint, an den Augen geheilt worden ist. Mit meinem schlechten arabischen Akzent hat niemand den Namen des Quartiers verstanden, in welches ich mich begeben wollte. Ich habe aber nicht aufgegeben. Man hat mich hierhin und dorthin geschickt. Ich bin gegangen und gegangen. Alle Palästinenser wollten mir einen Kaffee anbieten und mich begleiten. Jeder wollte mir aufrichtig helfen, aber niemand hat verstanden, was ich wollte!

Als ich dann endlich das Quartier gefunden hatte, kannte niemand eine Person mit dem betreffenden Namen. Aber das war doch nicht möglich! Es kann hier doch nicht hundert geheilte Kranke geben. Endlich rief ich aus: «Aber ich suche die Person, die an den Augen geheilt worden ist!» Das war das «Sesam, öffne dich». Jetzt ging alles ohne Schwierigkeiten weiter. Warum hatte ich das nicht vorher gesagt? Jeder kannte Affaf, die Christin, deren Augen geheilt worden waren!

Anna-Sophia stößt einen tiefen Seufzer aus. Wenigstens eine Heilung! Aber sie ist immer noch nicht am Ende ihrer Mühen angelangt: Eine ganze Reihe von Personen in dem gleichen Quartier tragen den gleichen Namen! Sie hat sie fast in der Person eines gewissen Anton Khoury in Antelias gefunden. In diesem gleichen Häuserblock gibt es davon aber noch neun, und es ist immer noch nicht der Richtige!

Eines Abends kommt sie total erschöpft ins Büro:

— War das ein irrsinniger Tag! Wir haben uns in den Süden begeben, drei Freunde sind mitgekommen, um mir bei meiner Suche behilflich zu sein. Die Leute haben Angst, besonders in den Kreisen der Moslems. Geheilt sein, das ist eine Sache. Aber bezeugen, daß die Heilung bei den Christen geschah, das ist eine andere! Niemand spricht davon, obwohl alle wissen, daß es zahlreiche Heilungen gegeben hat. Aber das ist eine heikle Angelegenheit. Man zieht es vor, sich verborgen zu halten. Den ganzen Tag über sind alle Nachforschungen ergebnislos verlaufen. Da haben wir zum Herrn gerufen:

— Hilf uns doch! Es ist ja für dich, daß wir hier arbeiten!

Kaum hatten wir dieses Gebet gesprochen, da erzählt uns die erste Person, der wir begegnet sind, von einer Heilung in einem kleinen Dorf im Schouf, Ain-el-Deleb, zwanzig Minuten im Osten von Saida. Am Abend, von der Tagesarbeit erschöpft, gehen wir trotzdem noch dahin. Und jetzt platzt Anna-Sophia vor Lachen los:

— Das ganze Dorf ist am Rücken geheilt worden!

— Am Rücken geheilt? Ich wiederhole, ohne zu verstehen. Wie denn das?

— Da ist zunächst die Frau des Pfarrers, Essaya Chalhoum. Ihr wißt ja, daß die Priester im Orient das Recht haben, zu heiraten, ehe sie die Priesterweihe empfangen. Sie ist etwa fünfzig Jahre alt. Ein spektakulärer Fall. Sie war ganz gekrümmt, geradezu im rechten Winkel, das Gesicht war wirklich der Erde zugekehrt. Aufrecht stehen konnte sie nie. Auch vermochte sie nur schwer vorwärtszukommen, indem sie sich auf einen Stock stützte. Jetzt ist sie kerzengerade!

Diese Frau trug nämlich in ihrem Herzen einen tiefen Haß gegen jemanden, der ihr im Krieg viel Böses angetan hatte. Während des Heilungsgebetes, das sie ebenso wie das ganze Dorf am Fernsehen mitverfolgt hatte, spürte sie, daß Gott ihr die Kraft gab, dieser Person zu verzeihen. Das war eine Art innerer Heilung. Danach wurde sie augenblicklich auch von ihrem Rückenleiden geheilt!

Da ist auch noch ein Mann, Youssef Saad, der die Hüfte nicht bewegen konnte. Vor meinen Augen hat er seine Hose fast ganz heruntergelassen, um mich die riesige Narbe bestaunen zu lassen, die von einer vor kurzem erfolgten Bandscheibenoperation herrührte. Ich empfand das als äußerst peinlich, und ich hatte Lust zu lachen. Aber in diesem abgelegenen Dorf hat niemand an etwas Böses dabei gedacht. Auch er hatte fast nicht mehr gehen können. Er war zur gleichen Zeit geheilt worden wie die Pfarrersfrau. Er machte dann einige Gymnastikübungen, wobei er die Knie bis zum Boden beugte und dann wieder aufstand, fünf- oder sechsmal hintereinander. Er war außer sich vor Freude.

Dann war da auch noch ein junges Mädchen, Odette Mikael, die den Nacken nicht bewegen konnte. Heute ist sie gelenkig wie ein neugeborenes Kind!

Sie hält einen Augenblick inne und flüstert:

— Wirklich, man muß immer beten, und der Herr hilft uns! Aber das wird eine riesige Arbeit sein, mit all den Ärzten Kontakt aufzunehmen!

Es gibt aber auch Tage, an denen alles sehr enttäuschend ist:

Wir finden niemanden oder nur zweifelhafte Fälle, oder solche, die ganz einfach der Phantasie entsprungen sind. Und die sind gar nicht so selten: Die Episode Tardif hat im ganzen Lande so viel Bewegung verursacht, daß damit die unausweichliche Folge eintreten mußte, daß sich nämlich alle Arten von seelisch Gestörten und geistig Zurückgebliebenen, um sich interessant zu machen, dazu angetrieben fühlten, falsche Heilungen vorzutäuschen.

Die Mißerfolge bei unseren Nachforschungen häufen sich. Viele Leute, die nicht geheilt wurden, zeigen in starkem Maße das, was man «Mittelmeer-Syndrom» nennen könnte, nämlich eine Neigung zur Übertreibung und den Wunsch, überall etwas Übernatürliches sehen zu wollen. Das alles ist aber letzten Endes noch harmlos. Ich höre mich selbst oft sagen:

— Inch'Allah! Wolle Gott, daß es mit Ihrem Rheumatismus besser geht, liebe Frau!

Und ich öffne die Tür eines Hauses, wohin wir gerufen worden sind, um ein Heilungszeugnis entgegenzunehmen, das sich dann aber als der Phantasie entsprungen erweist. Wenn es da auch keine Heilung gegeben hatte, so haben wir doch in solchen Fällen meist eine sympathische, häufig in bescheidenen Verhältnissen lebende Familie angetroffen, die uns mit großer Herzlichkeit empfangen hat.

Die meisten der falschen Heilungen lassen sich schon nach wenigen Minuten als solche erkennen: diejenigen, die versuchen, uns etwas vorzumachen, sind nervös, unzusammenhängend, und das, was sie sagen, ist zu gekünstelt. Bei anderen ist es schwieriger: Da muß man genaue medizinische Untersuchungen durchführen lassen, um zu dem Ergebnis zu kommen, daß da keine Heilung stattgefunden hat, ja nicht einmal eine Besserung.

Glücklicherweise gibt es aber auch wunderbare, ganz erstaunliche Begebenheiten, die uns Gelegenheit geben, in Familien zu kommen, die wirklich die Gnade einer wunderbaren Heilung erfahren haben und deren Zeugnisse erschütternd sind in ihrem Glauben und Gottvertrauen.

Ich denke da an die Tante von Elias Mandalek, die wir zuerst besuchen. Diese Frau war fünf Jahre lang fast blind gewesen. Sie trug eine sehr starke Brille und konnte doch nichts anderes unterscheiden als Licht und Dunkelheit. Die Möbel und die Menschen zeigten sich ihr erst im letzten Augenblick als dunkle Konturen, denen sie nicht mehr ausweichen konnte und an denen sie sich dauernd stieß. Elias ruft uns und lädt uns zu einer Begegnung mit ihr ein. Wir begeben uns zu ihrer Wohnung. Eine lebhafte, etwa vierzigjährige Frau öffnet uns die Tür und bittet uns, im reich ausgestatteten Wohnzimmer Platz zu nehmen. Sie serviert uns den obligatorischen türkischen Kaffee und kommt dann unverzüglich auf das Thema zu sprechen:

— In der Nacht vom Dienstag, 6. September, die auf die letzte Versammlung in Jdaideh gefolgt war — und die ich mir am Fernsehen angeschaut hatte, bin ich mitten in der Nacht durch ein seltsames Gefühl wach geworden: zwei unsichtbare Finger drückten stark, aber doch sanft auf meine Augenhöhlen. Als ich dann richtig aufgewacht war, öffnete ich die Augen: aber niemand war da! Ich befand mich in großem Frieden und hatte überhaupt keine Angst. Das war doch nicht normal! Ich wußte aber, daß es der Herr gewesen war. Dann habe ich den Wecker mit dem Leuchtzifferblatt auf dem Nachttisch neben meinem Bett gesehen. Ich vermochte die Uhrzeit zu erkennen: es war drei Uhr morgens. Ich, die ich vorher überhaupt nichts sehen konnte! Ich habe verstanden, daß Jesus mich geheilt hatte. Meine Reaktion hätte nicht einfacher sein können: Ich habe einen Augenblick in meinem Bett gebetet, um dem Herrn zu danken, und dann bin ich in aller Ruhe wieder eingeschlafen! Am Morgen bin ich dann aufgestanden, und ich habe nicht meine Brille aufgesetzt. Ich konnte ganz richtig sehen! Vorher habe ich mich selbst mit der Brille überall gestoßen, denn ich konnte die Dinge überhaupt nicht unterscheiden. Diesmal bin ich sogleich in die Küche gegangen, um das Frühstück zu bereiten. Plötzlich hat mein Mann gemerkt, daß ich dabei war, ohne Brille die Teller auf den Tisch zu stellen, und er hat ausgerufen:

— Arlette! Arlette! Aber du kannst ja sehen!

Ich habe ihm erzählt, wie der Herr mich während der Nacht nach der heiligen Messe von Pater Tardif geheilt hatte, und wir sind zusammen zur Kirche gegangen, um Gott zu danken! So war es! Heute ist mein Leben von Grund auf verändert. Es ist wie im Evangelium, wo Jesus die Augen der zwei Blinden berührte, indem er seine Finger in ihre Augenhöhlen legte: «Es geschehe euch, wie ihr geglaubt habt — und ihre Augen öffneten sich» (Mt 9,29). Letzten Endes war es aber mein Mann, der am meisten erstaunt war und am stärksten reagierte!

Diese Frau war im Stadtviertel gut bekannt; ihre schwere Behinderung rief großes Mitleid hervor: ihre Nachbarinnen übernahmen gern ein wenig Hausarbeit oder gingen Einkäufe machen. Sie fügt hinzu:

— Das Unglaublichste daran ist, daß ich nie daran gedacht hatte, den Herrn um meine Heilung zu bitten. Sie ist ganz von selbst gekommen, wenn ich mich so ausdrücken darf!

Anna-Sophia und ich sind zu Tränen gerührt. Wir fühlen uns für all unsere Mühen belohnt, und wäre es nur wegen dieser einen Heilung, nämlich der von Arlette.

Wir verabschieden uns von Arlette, und gleich begeben wir uns in einen von einfachen Menschen bewohnten Stadtteil von Beirut, nach Ain el Remaneh. Wir, das sind Anna-Sophia, Veda Hartouche, die Übersetzerin, und ich.

Veda ist achtzehn Jahre alt. Ihr Großvater Elias hat 1917 den Libanon verlassen, um nach Ägypten auszuwandern, in der Zeit der englisch-französischen Auseinandersetzungen wegen der Aufteilung des Vorderen Orients. Er hat im Immobiliensektor und durch den Aufbau von Fabriken in Kairo sein Glück gemacht. Ihre überaus wohlhabende Familie wurde von einem Tag zum anderen ruiniert, als Präsident Nasser im Jahre 1963 seinen ganzen Besitz verstaatlicht und ihm zehn Tage Frist gewährt hatte, um das Land zu verlassen und in den Libanon zurückzukehren. Die Familie hat nichts behalten können, da sie christlich war.

Zwölf Jahre später, 1975, ist dann im Libanon der Krieg ausgebrochen, und das Haus von Elias wurde im Februar 1977 durch Bomben zerstört. Zwei Monate später ist die kleine Möbelfabrik, die Vedas Vater nach der Rückkehr aus Ägypten aufgebaut hatte, durch Brandbomben vollständig ausgebrannt. Diese Fabrik hatte er mit dem Erlös aus dem Verkauf einiger Schmuckstücke, die er bei der ägyptischen Verstaatlichung retten konnte, aufgebaut. Ihre Mutter Nisrine ist in einer Nacht des Jahres 1985 bei einem Bombenangriff ums Leben gekommen, verschüttet unter den Trümmern ihres neuen Hauses, und Veda und ihre drei Geschwister blieben als Halbwaisen zurück. Angesichts all dieses Unglücks wurde der Vater zuckerkrank. Der kleine Verdienst von wenigen Dollars, die sie nun als Übersetzerin erhält, wird ihr sehr nützlich sein. Wir aber profitieren von ihrem ausgezeichneten Französisch, der Frucht ihrer Erziehung in einer kultivierten, aber durch das Unglück getroffenen Familie.

Ain el Remaneh ist ein Stadtteil der Märtyrer, denn er liegt an der Demarkationslinie. Der Krieg im Libanon hat am 13. April 1975 begonnen, und siebzehn Jahre lang haben die Bombardierungen nicht aufgehört. Nicht ein Quadratmeter ist dem Beschuß durch die Granaten entgangen. In einem

Gewirr von armseligen Gassen und beschädigten Häusern, die dort in großer Unordnung ohne jeden Städtebauplan errichtet worden sind, versuchen wir, eine gewisse Laura Khoury aufzufinden. Auch diesmal ist es eine mühsame Suche. Nachdem wir durch ein Eingangstor geschritten sind, von dem der Putz abgeblättert ist, klopfen wir an die Tür. Es öffnet uns eine magere Frau. Sie kann sich nur mit Mühe fortbewegen, wobei sie sich an der Mauer festhält. Sie führt uns in das einzige Zimmer ihres Hauses. Da sie nicht französisch spricht, übernimmt Veda die Übersetzung ihres Zeugnisses:

— Ich wurde durch die erste Granate getroffen, die vor neunzehn Jahren, im Jahre 1975, auf Ain el Remaneh niederging. Ein Splitter ist in meine Wirbelsäule eingedrungen, wodurch ich vollständig gelähmt wurde. Eine Operation hat mir ein klein wenig Beweglichkeit zurückgegeben, aber ich verliere oft das Gleichgewicht.

Ihr Gesicht ist ängstlich und traurig. Ich frage sie:

— Glauben Sie, daß Sie nach den heiligen Messen von Pater Tardif eine Besserung Ihres Zustandes feststellen konnten?

Sie bejaht das, dann zögert sie, dann aber bestätigt sie aufs neue ihre Heilung.

— Heute bin ich sehr nervös. Im allgemeinen aber geht es besser!

Vorsichtig frage ich weiter:

— Was sagen denn Ihr Mann und Ihre Kinder?

— Sie behaupten, es habe sich nichts geändert! Ich aber fühle, daß da etwas anders geworden ist...

Der Ton klingt nicht sehr überzeugend. Ich fühle mich recht hilflos. Diese Frau ist doch überhaupt nicht geheilt worden! Ohne Zweifel sehnt sie sich so sehr nach ihrer Heilung, daß hier die Tendenz besteht, den Wunsch für die Wirklichkeit zu nehmen. Auf jeden Fall ist Laura sehr behindert. Sie kann sich kaum vorwärtsbewegen.

Ich verabschiede mich:

— Nun gut! Wir müssen ohne Zweifel noch ein wenig warten, bis wir erkennen können, ob eine Besserung eingetreten ist! Auf jeden Fall sind wir glücklich, daß wir Ihnen begegnen durften!

Und das ist wahr. Hier ist der authentische Libanon, der Libanon der Kleinen, der Armen, die mit solchem Mut den Krieg ertragen haben und dageblieben sind. Ihre Gegenwart hat bewirkt, daß die Christen des Libanon den Krieg nicht wirklich verloren haben. Wenn sie nämlich fortgezogen wären, dann wäre es zu Ende gewesen mit dem Christentum und mit der Freiheit in diesem Land. Diese Menschen waren es, welche Widerstand geleistet haben. Die Granate, die das Leben von Laura zerstört hat, ist das Symbol für das Kreuz der Christen des Libanon. Ich nehme mir vor, mit dieser Frau in Verbindung zu bleiben und zu versuchen, ihr zu helfen, nicht dadurch, sie in ihrer Illusion einer Heilung zu bestärken, sondern indem ich ihr ein wenig Liebe und Ermutigung schenke, was sie am nötigsten hat.

Anschließend gehen wir Manuel Kalouskian besuchen. Er wohnt in Boury-Hammoud, dem armenischen Stadtviertel von Beirut. Eine bedeutende armenische Gemeinde von 300000 Menschen hat sich nach den Massakern der Türken im Jahre 1915, bei denen mehr als anderthalb Millionen Armenier ums Leben gekommen sind, dorthin geflüchtet. Manuel ist 62 Jahre alt. Er betreibt eine Reiseagentur. Er hat acht Töchter, von denen fünf bereits verheiratet sind. Die Armenier sind ganz besonders zurückhaltend. Sein Neffe Robert, ein Psychologe, ist einer der Verantwortlichen der Gemeinschaft des Wortes Gottes. Er hat sich sorgsam gehütet, uns auf seinen Onkel hinzuweisen, als wir ihn gefragt hatten, ob er etwas von Heilungen gehört hätte:

— Ich kann da nichts Bestimmtes sagen..., hatte er schließlich vorsichtig erklärt. «Nichts Bestimmtes», das bedeutet für einen Orientalen weder ein Ja noch ein Nein. Ich habe dann nicht weiter gefragt.

Ein Telefonanruf einer Freundin hatte mich eines schönen Novemberabends, zwei Monate nach der Abreise von Pater Tardif, aus dem Schlaf geschreckt.

— Hast du das Fernsehen angeschaut?

Es war elf Uhr abends, und ich war gerade eingeschlafen.

— Ich habe kein Fernsehgerät. Und außerdem verstehe ich doch kein Arabisch!

— Eine Sendung von Maguy Farah hat soeben das Wirken von Pater Tardif lächerlich gemacht. Sie haben Ärzte kommen lassen, welche die angeblich geheilten Kranken untersucht und dann erklärt haben, daß an der ganzen Sache nichts Wahres dran sei. Der Erzbischof von Beirut war auch dabei, und er hat sich sehr schlecht zu verteidigen gewußt! Es war widerlich!

Ich habe sie um einige genauere Angaben gebeten, vor allem um die Namen der hauptsächlichen Beteiligten. Da sagte sie mir:

— Hast du den Onkel von Robert gesehen, der von der Diabetes geheilt worden ist?

Ich hatte Robert mehrere Male gesehen, aber er hat mir nicht ein Wort darüber gesagt.

Ich suche die Telefonnummer des Onkels, fest entschlossen, so bald wie möglich mit ihm in Verbindung zu treten. Am nächsten Morgen versuche ich vergeblich, ihn anzurufen. Die Verbindung kommt nicht zustande. Ich versuche dann, Robert anzurufen, um die Adresse seines Onkels zu erfahren. Die Sekretärin im Vorzimmer seiner Praxis sagt mir, er sei nicht da. Sie kennt aber die Cousine von Robert, die Nachbarin des Onkels, Fräulein Hosanna. Ihr Telefon antwortet sofort. Sie spricht fließend französisch. Auf der Stelle, ohne mich zu kennen, sagt sie zu mir:

— Liebste, was kann ich für dich tun?

In den Ländern des Orients geht man im allgemeinen nicht gleich auf sein Ziel los. Man muß sich zuerst kennenlernen:

— Ich würde Sie sehr gerne sehen, um mit Ihnen über Ihren Onkel Manuel zu sprechen. Sagt man nicht, daß er auf

wunderbare Weise geheilt worden ist? Wie denken Sie darüber?

Wir verabreden eine Zeit für ein Gespräch. Ich begegne
einer liebenswürdigen alten Dame mit Strohhut und weißen
Handschuhen.

— Sehen Sie, wir sprechen sieben Sprachen in der Familie:
Armenisch selbstverständlich. Und türkisch. Auch arabisch.
Ich wurde in Aleppo in Syrien geboren, wohin meine Mutter
sich nach der Flucht aus Armenien zuerst begeben hatte. Sie
war in Hoffnung mit mir. Mein Vater ist umgebracht worden.
Ich habe ihn nie gekannt. Wir sprechen französisch, fügt sie
stolz hinzu. Und dann sprechen wir auch englisch —, ein Teil
meiner Familie ist in Amerika; ich habe einen Neffen, der ist
einer der größten Fachärzte für Herzkrankheiten in New
York! Wir sprechen auch italienisch, Italien liebe ich so sehr,
und ein wenig deutsch.

Die Familie hat ohne Zweifel bessere Tage gesehen, in
einer Epoche, wo man die Mittel hatte, Reisen zu unternehmen und die Ferien in Europa zu verbringen. In der Wohnung
finden sich noch einige schöne Andenken aus dieser Zeit:
Bücher, ein paar Bilder und allerlei Kleinigkeiten. Heute lebt
man in bescheidenen Verhältnissen. Man sieht, daß kein
Geld mehr da ist. Fräulein Hosanna lebt dort mit ihren beiden
Schwestern, die ebenfalls unverheiratet sind. Alle drei sind
über achtzig Jahre alt.

Hosanna weiß die Sache zu arrangieren: es gelingt ihr,
Manuel aufzuspüren, der kurz darauf kommt. Er ist ein Mann
von gepflegtem, unauffälligem Äußeren, mit einem gutsit-
zenden, aber bereits verschlissenen Anzug. Wir stellen uns
vor, und bald kommen wir zum Kern der Sache. Manuel gibt
sein Zeugnis:

— Am 10. Juli 1994, zwei Monate vor der Ankunft von Pater
Tardif im Libanon, begab ich mich frühmorgens wie üblich
zur Arbeit. Ich erfreute mich einer vorzüglichen Gesundheit
und hatte niemals ernsthafte Probleme gekannt. Auf einmal
fühlte ich so etwas wie eine große Leere, etwas wie ein

schwarzes Loch; meine Beine trugen mich nicht mehr, und ich bin zusammengebrochen. Man hat mich aufgehoben und mich auf den Rand des Bürgersteigs gesetzt, während man die Ambulanz anrief. Man untersuchte mich und stellte gleich drei Krankheiten fest: zunächst eine starke Diabetes mit einem Blutzuckerwert von 468 mg/dl, während er sich normalerweise zwischen 70 und 110 bewegen soll. Das Blut war zu dickflüssig, mit einem Gehalt an Triglyzerid von 1300 mg/dl, während er normalerweise 200 beträgt. Außerdem war da noch ein zu hoher Blutdruck festgestellt worden mit Herzbeschwerden und häufigen Anfällen von Tachykardie. Schließlich funktionierten auch die Nieren nur schlecht, und daher wurde eine Dialyse verordnet. Unverzüglich wurden mir auch täglich zwei Insulinspritzen gegeben. So war ich nun von einem Tag zum anderen ganz schwach und hinfällig geworden. Ein Schwerkranker war ich jetzt, und natürlich habe ich sofort mit meiner Berufsarbeit aufhören müssen! Meine Familie ist mir sehr beigestanden. Sie machte sich solche Sorgen!

Manuel stößt einen tiefen Seufzer aus bei der Erinnerung an diese schwierige Zeit. Fräulein Hosanna lächelt verschmitzt. Sie weiß ja, wie außergewöhnlich jetzt die Geschichte weitergeht.

— Und dann?

Die Neugier hat mich gepackt. Der Mann macht einen aufrichtigen Eindruck. Eifrig beschreibt er sein Elend, er läßt mich an einen Schüler denken, der an die Wandtafel gerufen wird. Er macht nicht den Eindruck eines Spinners. Auf jeden Fall werden wir nachher gemeinsam den Krankenbericht einsehen, wenn die Sache sich als seriös erweist.

Manuel fährt in seinem Bericht fort:

— Am 4. September habe ich mich trotz meiner großen Erschöpfung zur Versammlung in Jdaideh hingeschleppt, wobei meine älteste Tochter mich begleitete. Ich wollte den Herrn um meine Heilung bitten! Ich konnte aber nicht ins Innere hineinkommen. Sie wissen ja, wie viele Menschen dort versammelt waren! Da haben wir uns entschlossen, nach Hause zurückzukehren. Ich habe mir gesagt: Christus ist überall! Wenn er mich heilen will, dann kann er das genau so gut auch bei mir zu Hause tun! Ich habe das Fernsehen eingeschaltet und angefangen zu beten. Im Augenblick, als für die Kranken gebetet wurde, mußte ich weinen und habe den Herrn angefleht: heile mich!

In diesem Augenblick habe ich eine starke Wärme verspürt und danach eine Art von Zittern, das meinen ganzen Körper ergriff. Da dachte ich: das ist so, als ob man einen Ventilator eingeschaltet hätte! Es war aber innerlich, das Gefühl kam aus meinem Inneren.

Dann spürte ich ein wunderbares Wohlgefühl. Der Gedanke, daß Gott dabei sei, mich zu heilen, kam mir in den Sinn, aber ich wollte mich nicht der Freude überlassen, solange ich meiner Sache nicht sicher war.

Am nächsten Tag bin ich ins Krankenhaus gegangen, um neue Untersuchungen machen zu lassen. Nach einer Woche hatte ich die Ergebnisse: Die neuen Blutuntersuchungen zeigten, daß der Blutzuckerwert auf 110 heruntergegangen und daß der Blutdruck und die Funktion der Nieren normal geworden war. Sollte ich mit den Insulinspritzen aufhören? Das war so unglaublich, daß mein Arzt mir zur Vorsicht riet.

— Wenn Sie aufhören, dann wird Ihr Blutzuckerwert sich in zwei Tagen verdoppeln.

Ich habe trotzdem mit den Spritzen aufgehört. Ich habe meinem Arzt einen Mittelweg vorgeschlagen: wenn ich die «Minidiabs» nehme, dieses leichte Medikament für leichte Fälle von Diabetes, würde mich das vor einem eventuellen Rückfall bewahren? Mein Arzt war kategorisch:

— Wenn Sie geheilt sind, dann haben Sie die «Minidiabs» nicht mehr nötig, wenn Sie aber krank sind, dann nützt diese Behandlung Ihnen nichts, denn Ihr Zustand erfordert zwei Insulinspritzen am Tag.

Ich habe trotzdem beschlossen, meine «Minidiabs» zu nehmen, gegen den Rat des Arztes. Mein Blutzuckerwert hat sich bei 97 stabilisiert, und das kann er nicht verstehen.

— Aber, wenn Sie sich doch immer noch behandeln, dann sind Sie doch nicht geheilt?

— Doch, ich bin geheilt, aber ich habe Angst! Das ist alles! Obwohl mein Arzt mir gesagt hatte, das das sinnlos sei: denn diese «Minidiabs», diese Tabletten mit ganz geringer Dosis, sind nur für leichte Fälle von Diabetes, was bei mir aber nicht der Fall war, denn ich war schwer erkrankt. Mit den Insulinspritzen aufzuhören, das mußte nach Ansicht meines Arztes zu einem schnellen Rückfall führen. Ich aber habe damit aufgehört und habe keinen Rückfall erlitten, und ich bin seit dem 4. September geheilt.

Dieser Widerspruch springt in die Augen. Er erklärt sich durch die seelische Verfassung Manuels. Er ist ein ängstlicher Typ, den seine Krankheit in äußersten Schrecken versetzt hat. Wenn er diese kleinen Pillen nimmt, dann fühlt er sich sicherer. Im Grunde genommen nützen sie aber nichts, wie sein Arzt uns versicherte, den wir zwei Tage später aufgesucht hatten.

Eine Woche später haben wir eine weitere Begegnung mit Manuel:

— Sie müssen unbedingt mit dieser unnötigen Behandlung aufhören. Lassen Sie sich ständig ärztlich überwachen: Wir übernehmen die Kosten, und Sie hören mit den Medikamenten auf, wie Ihr Arzt es Ihnen rät. Anderenfalls ist Ihre Heilung unglaubwürdig. Geheilt oder nicht geheilt, hier muß Klarheit geschaffen werden! Tun Sie es zur Ehre Gottes, der so große Dinge für Sie gewirkt hat, nicht wahr?

Manuel, der Herr hat Ihnen die Gesundheit wiedergegeben. Erweisen Sie ihm jetzt die Ehre, indem Sie die Konsequenzen Ihrer Heilung akzeptieren. Anderenfalls sprechen wir nicht mehr davon. Sie sehen ja, daß Ihr Leben vollständig verwandelt ist: die Nieren funktionieren, ebenso das Herz, und Sie haben Ihre Berufsarbeit wieder aufgenommen, was man gar nicht mehr zu hoffen gewagt hatte!

Der gute Mann zögert und sucht Zeit zu gewinnen. Er hat seinen eigenen Willen, der sich nicht leicht beeinflussen läßt.

— Wir werden sehen, wir werden sehen..., antwortet er ausweichend.

Ich nehme mir vor, sehr aufmerksam diese interessante Krankengeschichte zu verfolgen. Ich bin der Ansicht, daß er eine großartige Heilung empfangen hat. Die Sache muß unbedingt zu Ende geführt werden, um die Heilung ganz offenkundig werden zu lassen.

Im Stadtteil wohnt auch noch ein anderer Armenier, der uns allerdings ein Problem zu lösen aufgibt. Ich wurde von einer Freundin darauf hingewiesen. Diese hat sich ein Paar Senkfußeinlagen in einer orthopädischen Schuhmacherei herstellen lassen, ein Handwerkszweig, den die Armenier ganz hervorragend beherrschen. Sie berichtet mir:

— Der zehnjährige Sohn dieses Schuhmachers sollte in Paris im Kinderkrankenhaus Necker operiert werden, und zwar in der zweiten Septemberwoche: eine sehr schwierige Operation; es war eine Krebsgeschwulst im Gehirn zu entfernen. Das Kind wurde während der Sonntagsmesse in Jdaideh geheilt! Die Reise nach Paris wurde acht Tage vor dem chirurgischen Eingriff abgesagt...

Ich erkundige mich nach der genauen Lage der Werkstatt und begebe mich dorthin. Hassan, der auch Armenier ist, begleitet mich. Wir treffen einen unfreundlichen Mann, der uns nicht einmal zuhören will:

— Lassen Sie mich in Ruhe. Das ist eine Angelegenheit zwischen Gott und mir. Das geht niemanden etwas an! Ja, meinem Sohn geht es sehr gut, aber ich will keine Scherereien haben! Er litt an einer Krebsgeschwulst im Gehirn, und die Sache wurde als sehr gefährlich angesehen. Hamdouleillah! Danke, Herr, daß du ihn geheilt hast!

Und der Mann schlägt ein schnelles Kreuzzeichen auf der Brust.

Es ist für uns unmöglich, mehr zu erreichen: weder den Namen des Arztes noch Hinweise auf die Krankenberichte. Und in Frankreich erlaubt die ärztliche Schweigepflicht keinerlei Nachforschungen. Ich versuche, ihm klarzumachen, daß ihm die empfangene Gnade nicht nur für ihn und für seinen Sohn gegeben worden ist. Die Wunder sind auch dazu da, Zeugnis zu geben von den Großtaten des Herrn. Da wird er noch abweisender:

— Ich will keine Unruhe hier im Haus, keine Prozessionen, keine Ansammlungen von Menschen, die doch bloß kommen, um einen «wunderbar Geheilten» anzuschauen! Das ist mein Problem! Und jetzt lassen Sie mich gefälligst weiterarbeiten.

Unfreundlich dreht er uns den Rücken zu. Auch zwei oder drei sorgfältig ausgewählte Delegationen aus den Kreisen der Armenier erreichen weiter nichts als die offizielle Bestätigung, daß eine Operation in Paris vorgesehen und dann annuliert worden war. Auch das ist eine Krankengeschichte, die noch näher zu untersuchen ist!

In diesem November kommen allmählich doch noch weitere Zeugnisse von Heilungen zusammen. Wir verfügen nun über sehr interessante Hinweise, mit denen wir uns nun einige Monate lang näher befassen möchten. Die ernsthafte Arbeit wird nun mit jenen aufsehenerregenden Wundern beginnen, die bei dem gegenwärtigen Stand der Wissenschaft vollständig unerklärlich sind.

Kapitel IX

Von allergischem Asthma geheilt

Houda wird niemals diesen schönen Apriltag des Jahres 1992 vergessen. Am Nachmittag steigt die zarte Gestalt in ein Taxi:

— Bitte nach Harissa.

— Von welchem Kloster sind Sie denn?, fragt der Fahrer.

Die junge Ordensschwester antwortet:

— Vom Kloster des Heiligsten Erlösers, in Joun, im Schouf. Ich bin griechisch-katholisch!

— Das bin ich auch, sagt der Fahrer und lächelt dazu.

Es ist ungewöhnlich, daß eine junge libanesische Frau, besonders wenn es sich um eine Ordensschwester in langem schwarzem Habit und mit Schleier handelt, allein ein öffentliches Verkehrsmittel nimmt. Grundsätzlich tut man so etwas nicht im Orient. Man läßt sich immer von einer anderen Ordensschwester oder einem Mitglied der Familie begleiten.

— Bitte halten Sie hier an!

Die junge Frau scheint ein wenig nervös zu sein, sie springt aus dem Auto und eilt rasch davon, während das Taxi am Straßenrand stehen bleibt, weit von jedem Wohnhaus entfernt. Der Fahrer schaut beunruhigt in seinen Rückspiegel: Wo wird sie wohl hingehen...? Dann verschwindet sie in einer Kurve.

Sie betritt einen Pfad und geht die Böschung hinauf, die zu einem kleinen, ganz weißen Kloster führt, das in einem Kiefernwald verborgen ist. Am Eingangsgitter steht zu lesen:

«Karmel der Einheit». Schwester Houda tut einen tiefen
Atemzug, hält ein wenig an und zieht dann die Glocke.

— Ich möchte bitte Mutter Oberin sprechen. Ich bin Schwester Houda Farah.

Sie wird ins Sprechzimmer geführt. Der Karmel ist ohne
Zweifel einer der strengsten Orden der katholischen Kirche.
Diese Frauen, die dieses so schwierige Leben der Armut und
des Schweigens gewählt haben, sind vollkommen glücklich.
Eine tiefe Freude strahlt aus ihren Augen, und ihr sanftes
Lächeln vermag auf beredte Weise davon zu überzeugen,
daß Gott diejenigen erfüllt, die sich ihm vorbehaltlos übereig-
nen.

Ein leises Knarren der Tür, das Geräusch eines Rockes, der
über die Erde schleift —, und da kommt Mutter Theresia, eine
Frau von 65 Jahren, eine starke Persönlichkeit, die man von
weither aufsucht wegen ihrer Ratschläge, die voll von Weisheit und geistlicher Erfahrung sind.

Schwester Houda kommt gleich auf ihr Anliegen zu sprechen:

— Sie werden erstaunt sein...

Schwester Houda vernimmt ein leises Lachen, das ihr sagt,
daß Mutter Theresia sich über nichts erstaunt.

— Aber ich fühle in meinem Herzen einen starken Ruf des
Herrn, in dieses Kloster zu kommen, um hier ein zurückge-
zogenes Leben des Gebetes zu führen. Meine Mutter, ich
möchte in den Karmel eintreten!

— Das ist keine menschliche Entscheidung. Wir wollen
warten und beten. Seien Sie im Frieden und haben Sie großes Gottvertrauen. Wenn es der Wille Gottes ist, dann wird er
Sie hierher führen. Bleiben wir im Gebet vereint, meine Tochter!

Einige weitere kurze Besuche ermöglichen es, sich besser
kennenzulernen. Es ist von der Kirche erlaubt, den Orden zu
wechseln, wenn die Regel dort strenger ist als in jener Kongregation, die man verlassen will. Dabei muß man aber sehr
behutsam vorgehen. Die Ordensschwestern, die man ver-

läßt, können das mit Bitterkeit zur Kenntnis nehmen. Die Ordensschwester, die sie verlassen will, kann sich getäuscht haben und sich dann in einer sehr schwierigen Lage wiederfinden. Die in größter Diskretion stattgefundenen Kontakte zwischen Schwester Houda und dem Karmel in dieser ersten, noch nicht offiziellen Phase nehmen indessen ein plötzliches Ende:

— Meine liebe Schwester, Sie haben nicht die erforderliche Gesundheit, um Karmelitin zu sein!

Seit drei Jahren leidet Schwester Houda nämlich an einem allergisch bedingten Asthma. Die Anfälle treten ein- oder zweimal in der Woche auf, oft nach der Aufnahme von bestimmten Nahrungsmitteln, wie Öl, Nüsse, Käse oder andere Dinge. Am Anfang hatte sie kaum darauf geachtet, sie war so beschäftigt in dem Waisenhaus, in welchem sie eingesetzt war. Die Anfälle hörten aber nicht auf, sie wurden sogar immer schlimmer. Als sie darüber mit Mutter Theresia spricht, entdeckt sie, daß das ein absolutes Hindernis ist, um in den Karmel einzutreten. Ihre Enttäuschung ist unbeschreiblich. Mutter Theresia sagt ihr ganz einfach:

— Wenn Gott Sie im Karmel haben will, dann wird er Sie heilen!

Die Heilung scheint aber nicht eintreten zu wollen. Die verschiedenen ärztlichen Behandlungen führen kaum zu einem Ergebnis. Als im August 1993 ein besonders starker Anfall auftritt, muß sie sogar ins Krankenhaus und wird unter ein Sauerstoffzelt gelegt. Die Anfälle werden immer schlimmer.

Ein Jahr später, am 24. August 1994, eine Woche vor der Ankunft von Pater Tardif, ist das Kloster von Joun in großer Bestürzung. Schwester Houda liegt im Sterben wegen eines furchtbaren Asthmaanfalles, der seit dem Beginn des Nachmittags andauert:

— Wie geht es Schwester Houda?, fragt die Oberin.

Der an ihr Krankenbett gerufene Arzt macht ein bedenkliches Gesicht:

— Es geht ihr sehr schlecht. Sie bekommt kaum noch Luft, sie ist vollkommen erschöpft. In jedem Augenblick kann eine Erstickung eintreten. Wenn das nicht aufhört, kann sie sehr bald sterben.

Die Medizin ist machtlos. Schwester Houda kämpft seit sechs Stunden, um ein wenig Sauerstoff, ein wenig Leben einzuatmen. Das violette Gesicht ist stark angeschwollen. Die Augen sind verstört, die Hände so sehr zusammengepreßt, daß die Finger ganz weiß geworden sind. Die Schwestern sind in der Kapelle und empfehlen Houda im Gebete Gott. Endlich läßt der Anfall allmählich nach. Es war höchste Zeit. Schwester Houda ist sehr geschwächt, aber sie kann wieder auf normale Weise atmen. Dicke Tränen rollen über ihre Wangen. Die Oberin faßt sie mütterlich bei der Hand.

— Ich kann nicht mehr, meine Mutter! Es war zuviel. Das nächste Mal werde ich es nicht mehr überstehen, seufzt sie.

Schwester Houda ist ganz knapp dem Tode entronnen. Aber sie hängt am Leben. Sie ist fröhlich und dynamisch und voller Zukunftspläne. Sie hat ihren verborgenen Wunsch nach dem Karmel Gott übereignet, und sie verrichtet freudig ihre täglichen Pflichten bei den Schwestern und den Waisenkindern. Nun ist sie schon zehn Jahre in der Kongregation der Schwestern des Heiligsten Erlösers, mit achtzehn Jahren ist sie dort eingetreten. Ihre Tante, die Schwester ihres Vaters, ist dort die Generaloberin. Ihre Familie ist aus dem Dorfe Forzol, einem christlichen Marktflecken mitten in der Ebene der Bekaa, zwischen Zahlé und Baalbek. Joun, im Schouf, ist sehr verschieden davon, es liegt inmitten von Kiefernwäldern, die auf den Hügeln in der Nähe des Meeres gepflanzt worden sind und wo man das unaufhörliche Zirpen der Grillen hört. Das Kloster ist wunderschön, es wurde im 17. Jahrhundert aus großen gelben Steinen erbaut und liegt in der prallen Sonne. Die Zufahrtsstraße zum Kloster ist mit seltsamen Steinhaufen gesäumt: es sind die Reste der christlichen Häuser, die von den Drusen in den Jahren zwischen 1983 und 1985 zerstört worden sind; das war die Periode der großen

Massaker an den Christen. Das Kloster wurde nicht ver-
schont: die Schwestern mußten fliehen, als die Angreifer
kamen. Das Haus wurde von den Drusen geplündert.

Schwester Houda ist die erste Schwester gewesen, die es
gewagt hat, im Februar 1991 in dieses Kloster zurückzukehren; es hatte acht Jahre lang leer gestanden. Die Anführer der
Drusen aus der Gegend haben die Zusicherung gegeben, daß
die Ordensschwestern nicht belästigt würden. Ein Wort, das
mit Vorsicht aufzunehmen ist. Houda ist mutig in das Kloster
zurückgekehrt; sie hat die zerstörten Reste der Kapelle gesehen mit ihren Ikonen, die mit Messern zerkratzt worden sind
und an deren Mauern sich blasphemische Schmierereien
befanden. Sie war die erste, die den Friedhof der Schwestern
gesehen hatte. Er war ganz durcheinander gewühlt; die
Gebeine lagen zerstreut auf dem Boden umher. Alles war
gestohlen und geplündert. Eines Tages hatte sie mir erzählt:

— Als wir zurückgekehrt waren, haben wir alles sauber
gemacht, alles neu aufgebaut. Schon zu Beginn des neuen
Schuljahres haben wir die Schule und das Waisenhaus neu
eröffnet. Es war kein einziges christliches Kind mehr da. Die
Moslems sind gekommen, aber die Drusen haben es nicht
gewagt, ihre Kinder zu schicken, obwohl sie es sehr gerne
getan hätten: sie wußten nämlich, daß wir den Kindern eine
gute Erziehung vermitteln. Einige Kontakte wurden aufgenommen, und im darauffolgenden Jahr waren auch die Dru-
senkinder da. Wir hatten die Aufgabe, die Kinder unserer
Verfolger zu erziehen, die selbst einmal in unseren Schulen
gewesen sind! Das ist die Aufgabe, die harte Aufgabe der
Christen im Libanon...

— Warum kommen aber die Christen nicht zurück?

— Sie haben Angst.

— Angst, wovor? Vor wem?

Die Schwester zuckt mit den Schultern. Auch hier ist alles
derart kompliziert. Einige Christen sind kürzlich gekommen,
um die Früchte ihrer Obstgärten zu ernten, die seit acht Jahren von den Drusen beschlagnahmt sind. Sie wurden ermor-

det, eine ernste Warnung für die anderen! Seit die Christen verjagt worden sind, besitzen sie gar nichts mehr hier, weder die Mittel, um ein Haus wieder aufzubauen, noch die Möglichkeit, mit der Landarbeit zu beginnen, das wäre eine zu unsichere Sache. Sie haben sich kümmerlich in den Vororten von Beirut installiert. Sie leben und arbeiten dort, aber das Heimweh nach ihren Dörfern verläßt sie nie.

Das Kloster hat also das Waisenhaus wieder eröffnet. Vierzig kleine Mädchen leben dort inmitten der Kiefernwälder. Der Eingang zum Kloster ist von einem zahlenmäßig starken Posten der libanesischen Armee bewacht. Jeder Besucher wird genauestens untersucht, bevor er eintreten kann. Innerhalb der Mauern aber haben Lachen und Gesang das Schweigen des Todes abgelöst, welches mehr als acht Jahre lang nur vom Pfeifen der automatischen Waffen unterbrochen worden war. Jetzt wird die Ruhe dieser ländlichen Gegend durch nichts mehr gestört, das Leben geht seinen gewohnten Gang, jeder ist mit seinen täglichen Pflichten beschäftigt.

Schwester Houda ruht sich in ihrem Zimmer aus. Es hat dicke Wände, so bleibt es drinnen kühl. Eine befreundete Ordensschwester, Schwester Fikria, kommt sie besuchen und sagt zu ihr:

— Hast du schon gehört, daß Pater Tardif demnächst den Libanon besuchen wird? Es ist der, welcher die Gabe des Wunderwirkens hat.

Schwester Houda stellt ihr weitere Fragen. Schwester Fikria weiß auch nicht viel, aber sie betont:

— Das ist etwas wirklich Gutes, und du mußt unbedingt hingehen zu der Versammlung!

Houda erkundigt sich nach dem Ort und der Zeit. Es wird in der kommenden Woche in Tyrus sein, in der St.-Thomas-Kathedrale.

Und an diesem Dienstag, 6. September, begibt sich das ganze Kloster mitsamt den Waisenkindern zur Messe von Pater Tardif. Es sind etwa 20 km vom Kloster aus. Gegen fünf Uhr morgens ist man losgefahren, wirklich sehr früh, aber es werden zu der auf neun Uhr angesetzten Messe ja sehr viele Leute kommen. Wenn auch das Fernsehen nicht bis nach Joun kommt, so sind doch die Gerüchte durchgekommen. Man erzählt, daß sich in der Hauptstadt Dutzende von Gelähmten erheben konnten und daß Taube und Blinde geheilt worden sind. Alle haben die Zeichen und Wunder gesehen, von denen alle profitiert haben, die Christen, die Moslems und auch die beschämten und bestürzten Drusen.

Als die Delegation von Joun, etwa dreißig Personen, in Tyrus ankommt, ist der Platz vor der Kathedrale schon längst besetzt. Schwester Houda zieht eine andere Schwester am Rock und flüstert ihr zu, ohne daß die anderen es hören:

— Komm! Wir wollen versuchen, uns in die Sakristei zu schleichen!

Den beiden gelingt es, die Wachsamkeit der am Eingang postierten Soldaten zu hintergehen:

— Wir sind vom Dienst!

Und sie schieben sich in die Kirche. Es war höchste Zeit: man schickt alle Leute hinaus, aber man hat nicht an die winzige Sakristei gedacht. Houda und ihre Mitschwester verkriechen sich dort. Houda zittert bei dem Gedanken, daß sie einen Asthmaanfall bekommen könnte in diesem überhitzten Raum, wo man sich nicht bewegen kann. Die beiden Schwestern warten auf einen günstigen Augenblick. Um fünf Minuten vor neun Uhr, als Pater Tardif eingetreten ist, öffnen sich die Türen wieder und lassen eine Menschenmenge von ungefähr zweitausend Personen hereinkommen, danach werden die Türen wieder geschlossen. Draußen verfolgt man die Feier mit Hilfe von Lautsprechern. Das ist der Fall bei der ganzen Gruppe, die aus Joun gekommen ist, sie sind nämlich draußen geblieben. Houda schleicht sich in die Kirche und findet sich fast in der ersten Reihe wieder. Aufs neue vertraut sie dem Herrn ihre Sehnsucht an, in den Karmel einzutreten, und sie betet mit den Worten:

— Herr, dein Wille geschehe! Wenn du willst, daß ich immer krank bleibe oder daß ich sogar sterbe, dann überlasse ich mich dir! Wenn es aber dein Wille ist, dann heile mich!

Im Augenblick, als für die Kranken gebetet wird, durchströmt eine Hitzewelle ihre Lungen, und sie spürt ein Prikkeln, wie beim elektrischen Strom. Schwester Houda begreift sogleich, was an ihr geschieht. Der Herr ist dabei, sie von ihrem Asthma zu heilen. Eine überirdische Freude durchzieht ihr Herz. Sie möchte rufen und schreien vor Glück. Aber sie bleibt gesammelt. Sie versteht, daß Gott ihr eine sehr innerliche Gnade geschenkt hat, und sie bleibt in den ersten Augenblicken als Geheilte bei Jesus, ganz gesammelt im Gebet:

— Danke, Herr! Wie gut du bist! Ich habe es nicht verdient!

Sie zweifelt nicht einen Augenblick, aber sie sagt zu niemandem ein Wort. Sie will, daß die Schwestern selbst die Veränderung erkennen. Als sie ins Kloster zurückgekehrt ist, sind alle von ihrer strahlenden Freude beeindruckt. Aber die Freude ist allgemein. Man spricht von nichts anderem als von der außerordentlichen heiligen Messe, die soeben gefeiert worden ist:

— Ich habe einen Gelähmten gesehen, der gerade vor mir aus seinem Rollstuhl aufgestanden ist...

— Neben mir befand sich eine schiitische blinde Frau, die plötzlich sehen konnte. Da hat sie in der Kirche ausgerufen: «Allah akbar! Gott ist groß!»

Man stellt sich Fragen über diesen Pater Tardif, der so freundlich und liebenswürdig ist, und vor allem so einfach:

— Das muß ein Heiliger sein, erklärt die kleine Gruppe einstimmig.

— Welch ein Glück, daß er zu uns gekommen ist!

Vierzehn Tage vergehen, und Schwester Houda hat keinen Asthmaanfall mehr, während ihr das vorher zwei- oder dreimal in der Woche passierte. Die anderen bemerken es:

— Es geht Ihnen ein bißchen besser, liebe Schwester! Es ist vielleicht das Ende der großen Sommerhitze, das Ihnen gut tut?

Schwester Houda lächelt, ohne zu antworten. Sie fängt vorsichtig an, ein wenig von all jenen Speisen zu essen, die ihr verboten waren und die bei ihr diese schrecklichen Allergien ausgelöst hatten. Der Versuch ist ganz und gar ermutigend. Welche Freude, wieder ein normales Leben führen und wieder all diese ganz einfachen Dinge des täglichen Lebens tun zu können! Nur die, die niemals gelitten haben, vermögen nicht das Glück zu ermessen, das darin liegt, ganz einfach essen und atmen zu können.

Eines Tages faßt sie einen Entschluß. Im Refektorium beißt sie herzhaft in einen «Mamoul»-Kuchen, eine Spezialität des Libanon mit Nüssen und Olivenöl. Das war ihr vorher streng verboten. Eine Mitschwester bemerkt es:

— Vorsicht, Schwester Houda, ruft sie erschrocken aus. Sie wissen wohl nicht, was Sie tun? Das sind Mamouls!

Alle Schwestern richten die Augen auf Schwester Houda. Da erklärt diese ihnen:

— Ich wollte drei Wochen warten und Ihnen nicht eher meine Heilung mitteilen, bis ich sah, daß sie sich bewahrheitete. Der Herr hat mich in Tyrus bei der heiligen Messe von Pater Tardif von meiner Krankheit befreit. Ich habe keine Anfälle mehr und kann nun alles essen, was ich nur will!

Mit einigen einfachen Worten beschreibt sie die «Symptome» des Wunders, eine Wärme und so etwas wie einen elektrischen Strom, den sie während des Gebetes für die Kranken verspürte. Sie spricht von ihrem Versuch, allmählich die verbotenen Speisen zu sich zu nehmen, die vorher die schrecklichen Anfälle ausgelöst hatten.

Sie ist noch nicht mit ihren Erklärungen zu Ende, als die Schwestern schon in Freudenrufe ausbrechen. Von allen Seiten hört man Jujus, Händeklatschen und Gebete. Man ruft: «Hamdouleillah! Gott sei gelobt!» Und jede steht auf, um sie zu umarmen und sie zu beglückwünschen. Freudentränen brechen aus. Hatte man sie nicht beinahe verloren, kaum einen Monat zuvor? Die Nachricht verbreitet sich wie ein Lauffeuer, zuerst in der Küche, dann im Waisenhaus und bald im ganzen Dorf. Die Leute strömen herbei: man will ein solches Wunder mit eigenen Augen sehen, mit eigenen Ohren hören. Schwester Houda muß vor aller Augen wieder und wieder diese berühmten Nußkuchen essen. Sie mag sie sehr gerne, und da sie ihr so lange verboten waren, läßt sie sich nicht lange bitten. Bald ist die ganze Kapelle voll. Man bringt alles vor Gott und dankt ihm wieder und wieder. Ganz spontan stimmt eine Dorfbewohnerin ein Lied an. Dann spricht eine andere ein Gebet. Alle singen eine altehrwürdige Hymne aus der griechisch-katholischen Liturgie. Jemand läutet die Glocke mit voller Kraft. Die Glocke, das ist die Freiheit, die Auferstehung. Sie ist in allen arabischen Ländern strengstens verboten, wo nur der islamische Gebetsruf Bürgerrecht hat. Acht Jahre lang hatte sie im Schouf geschwiegen. Heute verkündet ihr Läuten die Freude der Christen. Es ist ein Neugewinn an Eifer und Freude für alle.

— Ja, wir haben eine wunderbare Religion, hört man von allen Seiten.

Dann geht das Leben seinen gewohnten Gang weiter. Bald wird das neue Schuljahr beginnen, eine Zeit, die für die Schwestern mit viel zusätzlicher Arbeit verbunden ist.

Schwester Houda verbringt viel Zeit allein in der Kapelle. Stunden hindurch betet sie den gegenwärtigen Herrn an, und sie erhebt sich auch in der Nacht, um zu beten und in der Gesellschaft dessen zu verweilen, den sie liebt, dem Gefährten ihrer Seele, dem sie ihr Leben übereignet hat. Dieser ruft sie mit drängender Stimme.

— Wenn Gott Sie im Karmel haben will, dann wird er Sie auch heilen, hatte Mutter Theresia gesagt.

Nun ist es soweit. Eine ruhige Sicherheit breitet sich im Herzen von Schwester Houda aus. Jetzt erwartet der Herr sie dort oben, auf dem heiligen Berg von Harissa, im Schweigen

und in der Abgeschlossenheit des Karmel. Die Karmelitinnen
hatten ihre Heilung für ganz selbstverständlich gehalten.

— Sie ist geheilt? Das ist ihr Weg! In der Krankheit wie in
der Gesundheit, überall dient man dem Herrn. Es ist letzten
Endes Er, der die Art und Weise wählt!

In Joun aber beginnt ein Entrüstungssturm. Auf die Ankündigung hin, in den Karmel eintreten zu wollen, wird die Mutter Oberin, die Tante von Schwester Houda, sehr ärgerlich
und will sich nicht so ohne weiteres von einer so tüchtigen
jungen Schwester trennen, die außerdem noch ihre geliebte
Nichte ist.

— Das an ihr geschehene Wunder hat ihr den Kopf ver-
dreht! Jetzt bekommt sie uns noch mystische Anfälle!

Man gibt ihr nachdrücklich den Rat, noch etwas zu warten.
Die Zeit bringt die Dinge oft wieder ins rechte Geleise, besonders, wenn es sich um überhitzte Gemüter handelt.

Im Karmel betet man und sagt zu ihr:

— Gehorchen Sie, meine Schwester! Gott ist es, der Ihnen
die Türen öffnen wird!

Ganz klar, nicht wahr? Aber für Schwester Houda beginnt
jetzt eine schlimme Zeit. Ihre Mitschwestern verstehen sie
nicht:

— Du liebst uns nicht! Du denkst wohl, wir wären
schlechte Ordensfrauen? Hat man dich jemals daran gehin-
dert, dich dem Gebet zu widmen? Was fehlt dir denn überhaupt hier bei uns?

Und dann, gegen Weihnachten, wird Schwester Houda zu
ihrer Tante gerufen:

— Mein liebes Kind, ich will den Willen Gottes nicht daran
hindern, sich zu erfüllen. Ich bin einverstanden, daß du einen
Versuch machst im Karmel. Wenn es dein Weg ist, dann sei
dort glücklich und bete für uns. Wenn nicht, dann komm
wieder zu uns zurück, du wirst hier immer zu Hause sein!

Schwester Houda springt auf und umarmt ihre Tante,
indem sie ihr voller Freude dankt. Aber der Gedanke an die
Trennung ist sehr hart. Die Familienbande im Orient sind so

stark! Sie schluchzt, und auch ihre Tante hat die größte Mühe, ihre Tränen zurückzuhalten. Dann ruft sie die Kommunität zusammen und verkündet, daß jetzt für Schwester Houda die Zeit gekommen ist, in den Karmel einzutreten. Es ist keine vorübergehende Laune. Schwester Houda wird einen Versuch machen. Der Wille Gottes geschehe...

Die Formalitäten sind kompliziert. Rom muß eingeschaltet werden. Wenn man nach den ewigen Gelübden die Kongregation wechselt, dann braucht es dazu eine besondere Genehmigung, die auf sich warten läßt. Aber im Mai 1995 sind alle notwendigen Papiere beisammen. Als Eintrittstag für Schwester Houda ist der erste Samstag im Juli vorgesehen, der Tag der Gottesmutter. Am Tage zuvor ist im Dorf die Hochzeit einer ihrer Schwestern in Forzol. Das wird für Schwester Houda die Gelegenheit sein, ihre ganze so sehr geliebte Familie wiederzusehen und sich von ihr in gewisser Weise endgültig zu verabschieden: man wird Schwester Houda nicht mehr in den Arm nehmen können: ein doppeltes Gitter wird sie von nun an für immer voneinander trennen. Da aber verzögert ein Trauerfall in der Familie, der Tod eines Cousins ihrer Mutter, die Hochzeit. So tritt Schwester Houda schließlich am 16. Juli 1995, dem Festtag Unserer Lieben Frau vom Berge Karmel, in den Karmel ein. Am Abend zuvor haben ihre Schwestern vom Heiligsten Erlöser sie mit sehr viel Liebe gefeiert.

Es sind nun mehr als zehn Monate her, daß Schwester Houda geheilt worden ist. Nicht der geringste Rückfall hat diese so plötzliche Heilung getrübt, die ja auch ein Ruf des Herrn ist. Es ist der Aufruf zur Heiligkeit, zu welcher der Herr die Seele einlädt. Die geheimnisvollen Wege der göttlichen Vorsehung wissen, wohin sie führen: bis zur ewigen Hochzeit einer Seele mit ihrem Gott.

Kapitel X

Die vor dem Fernseher geheilte Herzkranke

— Mama, du kannst nicht reisen! Komm, wir gehen wieder nach Hause!

Ein junges Mädchen mit langen braunen Haaren und todunglücklichem Gesicht zieht sanft ihre Mutter aus dem Bus heraus, in den sie einzusteigen versucht hatte. Auf deren Gesicht ist die Enttäuschung und der Schmerz zu lesen wegen der schier übermenschlichen Anstrengung, die sie sich soeben zugemutet hatte. Diese sehr zarte Frau hatte versucht, in dem überfüllten Bus einen Platz zu finden. Plötzlich bekommt sie keine Luft mehr und preßt ihre Hand auf die Brust. Sie scheint furchtbare Schmerzen zu haben.

Eugenia Frangié hatte gehofft, mit Einsatz all ihrer Kräfte in das 110 km entfernte Beirut zu kommen und an der Messe von Pater Tardif teilzunehmen. Aber nun muß sie einsehen, daß es nicht geht und daß sie nach Hause zurückkehren muß.

An diesem Morgen stehen in Zghorta ein Dutzend Busse, von fröhlichem Lärm umgeben, vor dem Pfarrhaus St.Maroun. Zghorta, im Norden des Libanon, liegt in einem Talkessel, inmitten majestätischer Berge. Die Stadt ist stolz darauf, aber es ist ein ernster und scheuer Stolz. Man kennt in dieser von maronitischer Tradition geprägten Stadt das rauhe Leben der Gebirgsbewohner, das in dieser Gegend nicht nur durch ein schwieriges Klima und eine armselige

Landwirtschaft gekennzeichnet ist, denn Zghorta ist auch so etwas wie eine Grenzstadt zwischen dem Heiligen Tal, der Zufluchtsstätte der maronitischen Christen, und Tripoli, der großen sunnitischen Metropole, über die sich unaufhörlich die Wogen von Angreifern ergossen haben. Wie überall in diesem Land, so hat auch hier die Geschichte sehr bewegte Zeiten gekannt, aber in den letzten Jahren hat man einen *modus vivendi* mit den Syrern ausgehandelt, wodurch während der Feindseligkeiten ein Minimum an Freiheit ermöglicht worden ist.

Der Priester der Pfarrei hatte seine Pfarrangehörigen dazu aufgerufen, sich in großer Zahl nach Jdaideh zu begeben:

— Das ist eine große Gnade für den Libanon und für jeden von euch!

— Glücklicherweise war es unser Pfarrer, der uns eingeladen hat, dort hinzugehen und Pater Tardif zu hören, wird uns Eugenia später erzählen. Anderenfalls hätte man glauben können, daß es sich um die organisierte Kundgebung einer Sekte gehandelt hätte! Stellt euch vor! Ein Ausländer! Wissen Sie, in unseren Bergen ist man auf dem Gebiete der Religion nicht sehr erpicht auf Neuerungen, schon gar nicht, wenn sie aus dem Ausland kommen! Wenn ich meiner Sache nicht sicher gewesen wäre, dann hätte ich niemals versucht, mich nach Jdaideh zu begeben! Wir haben darüber mit den Nachbarinnen gesprochen, und alle haben uns die Zusicherung gegeben, daß die Versammlung mit Pater Tardif wirklich eine heilige Messe wäre!

Die Volksmenge drängt sich, um in die Busse zu steigen. Die Gesunden helfen den Kranken, und bald fahren die Busse mit ohrenbetäubendem Geknatter los. Es sind alte Fahrzeuge aus den sechziger Jahren. Immer wieder zusammengeflickt, erfüllen sie aber doch noch treu ihren Dienst für den Schülertransport und Sonntagsausflüge.

Eugenia und ihre Tochter begeben sich wieder zu ihrem Auto. Sie verlassen die Stadt und durchqueren jetzt die Olivenhaine, die sich bis zum Horizont erstrecken. Ein bescheidenes Haus beherbergt die Familie von Raymund Frangié, dem städtischen Feuerwehrmann. Der Familienname «Frangié», den der frühere Präsident der libanesischen Republik getragen hatte, ebenso wie auch all seine vielen Verwandten, die in der Gegend wohnen, kommt vom arabischen «Franj», das heißt «Franke». Die Franken sind nämlich im 11. Jahrhundert während der Kreuzzüge hierher gekommen. Sie haben in dieser Gegend gewohnt und sich hier dauerhaft niedergelassen, daher die vielen blonden und blauäugigen Kinder, die sich in den Gassen des Dorfes vergnügen.

Als die 44jährige Eugenia Frangié wieder zu Hause angekommen ist, läßt sie sich erschöpft auf die Kissen fallen. Sie ist nämlich schwer herzkrank. Ihr Leben hängt nur noch an einem Faden. Ungeachtet der starken Medikamente leidet sie unter stechenden Schmerzen in der Brust. Es ist ihr immer kalt, und die meiste Zeit muß sie im Bett verbringen, wo sie von vier Kissen gestützt wird, damit sie aufrecht sitzen kann; würde sie nämlich liegen, dann bekäme sie Atemnot. Sie hat sehr niedrigen Blutdruck, und außerdem hat sie den Schlaf verloren; sie kann auch fast nichts mehr essen. Sie wiegt nur noch 35 kg. Wegen ihrer Schwäche muß man um ihr Leben fürchten. Sie kann fast nicht mehr gehen: wenn sie nur mit Hilfe ihrer Familienangehörigen ein paar Schritte tut, bekommt sie furchtbare Atemnot. Auf ihre Kissen gestützt, stellt sie das Fernsehen an, um die Übertragung der Eucharistiefeier in Jdaideh mitzuverfolgen.

Im Jahre 1990 hatte sich Eugenia nach Australien begeben, wo sie ihren ältesten Sohn, den 22jährigen Charbel, besuchte, der kurz zuvor ausgewandert war, um in Sydney eine Arbeit als Automechaniker aufzunehmen. Dort unten erfährt sie von dem plötzlichen Tod ihres Bruders im Libanon. Der Schock war so groß, daß sie einen Herzinfarkt erlitt und in aller Eile am offenen Herzen operiert werden mußte. Man macht ihr eine Art Brücke von der Aorta zu den Herzkranzgefäßen, aber die Operation wird als zum Teil mißlungen erachtet. Fünf Monate später kehrt sie in den Libanon zurück.

Einen Monat nach ihrer Rückkehr wird sie mitten in der Nacht durch einen Telefonanruf geweckt. Die Verbindung ist schlecht. Man ruft sie aus Australien an:

— Eugenia, fasse dich! Dein Sohn Charbel ist bei einem Autounfall ums Leben gekommen!

Unverzüglich fährt sie nach Sydney zurück. Durch den Schmerz wegen dieses Todes wird ihre Gesundheit wiederum sehr in Mitleidenschaft gezogen: nervöse Depressionen und Verschlimmerung des Zustandes ihres Herzens, der nach der Operation von 1990 teilweise wieder ins Gleichgewicht gekommen war. Sie leidet besonders an Krämpfen der Herzkranzgefäße. Als sie drei Wochen nach Charbels Tod wieder in den Libanon zurückgekehrt war, muß sie von neuem mehrmals ins Krankenhaus.

1993 möchte sie wieder nach Australien reisen, um einige Mitglieder ihrer Familie zu besuchen. Dafür benötigt sie ein Visum. Wegen des Krieges ist die australische Botschaft im Libanon schon seit Jahren geschlossen. Sie muß sich zum australischen Konsulat nach Damaskus in Syrien begeben, um dort ihren Antrag auf ein Visum abzugeben. Als sie bei drückender Hitze dort in der Schlange steht, bricht sie plötzlich zusammen. Es ist ein neuer Herzanfall. Sie bleibt vier Tage im Krankenhaus in Damaskus, ehe sie nach Hause zurückkehren kann. Ihr Mann holt sie ab. Dieser Anfall war eine ernste Warnung. Seitdem ist ihr Leben das einer Schwerkranken.

Eugenia hat einen tiefen Glauben: sie hört nicht auf zu beten und ihr Leben den Händen Gottes zu übereignen. Heute, an diesem Dienstag, 6. September, erhebt sie sich in einer ihre Kräfte übersteigenden Geste des Gottvertrauens und kniet sich vor dem Fernsehgerät hin. In Jdaideh beginnt die Messe für die Kranken, die in Direktübertragung in den ganzen Libanon ausgestrahlt wird. Die sechsjährige Rana und der zweijährige Ralph machen beim Spielen im Wohn-

zimmer großen Lärm. Sie bittet ihre Tochter, die Kinder hin-
auszuführen, denn es ist jetzt die Stunde des Gebetes und der
inneren Sammlung. Sie hat ein Mindestmaß an Ruhe nötig.
Alle begeben sich jetzt in den Garten. Eugenia betet vor dem
Fernsehgerät, in ihrem Herzen mit den Zehntausenden von
Menschen verbunden, die sich dort befinden oder die, wie
sie, vor dem Fernsehgerät sitzen. Plötzlich verkündet Pater
Tardif:

— Es ist eine Frau bei sich zu Hause, die sehr stark mit dem
Herzen zu leiden hat. Sie kniet in diesem Augenblick in
ihrem Wohnzimmer. Sie betrachtet die Fernsehsendung, und
Jesus beginnt, ihr krankes Herz zu heilen.

Eugenia fühlt im gleichen Augenblick eine seltsame
Wärme in der Herzgegend, und es durchdringt sie so etwas
wie eine Kraft, wie eine sanfte Macht, die von ihr Besitz
ergreift. Dann durchflutet sie ein wunderbares Gefühl des
Wohlbefindens. Aber Eugenia versteht nicht, was ihr da
widerfährt:

— Ich habe gar nicht daran gedacht, daß ich geheilt werden könnte! Und dann fühlte ich das unwiderstehliche
Bedürfnis zu schlafen, und bald war ich eingeschlummert.

In dieser Nacht schläft sie das erstemal seit mehr als vier
Jahren fünfzehn Stunden an einem Stück. Schließlich kommt
ihre Tochter, um sie zu wecken, denn sie ist sehr in Sorge,
weil sie so lange schläft, und sie fürchtet, daß sie etwa ohnmächtig sein könnte. Nach ihrem Erwachen hat sie Hunger
und nimmt mit großem Appetit eine kräftige Mahlzeit zu
sich.

— Von diesem Tag an verspüre ich überhaupt kein Sym-
ptom meiner Krankheit mehr. Ich habe auch alle Medikamente abgesetzt. Und ich habe dreizehn Kilo zugenommen,
verkündet sie uns voller Stolz.

Tatsache ist, daß sie jetzt eine andere Frau geworden ist.
Vorher war ihr Gesicht grau gewesen, eingefallen, mitleid-
erregend. Heute erstrahlen aus ihrem Antlitz mit rund
gewordenen roten Wangen zwei vor Freude leuchtende

schwarze Augen. Sie ist nett frisiert, leicht geschminkt, fast hübsch zu nennen. Sie ist um zehn Jahre jünger geworden.

— Vor allem aber ist es mir jetzt möglich, überall hinzugehen, während ich vorher bei einigen Schritten schon schwere Atemnot bekam. Ich habe zu deinem Besuch gerade den Fußboden im ganzen Haus geputzt und die Vorhänge gebügelt!

Und sie erzählt uns, wie entsetzt eine Cousine gewesen ist, die vor kurzem in die Nachbarschaft gezogen war und im sechsten Stock eines Hauses ohne Aufzug wohnt. Eugenia hatte sie noch nie besucht, da sie die Treppen nicht steigen konnte, nicht einmal eine einzige Stufe! Was für eine Überraschung war es für die Cousine, als sie die Tür öffnete und die lächelnde Eugenia entdeckte, die da stand ohne die geringste Atemnot!

— Und ich habe beim Treppensteigen vier Stufen auf einmal genommen, erzählt sie uns mit den strahlenden Augen eines Kindes, das von einem Erfolg berichtet.

— Ich hatte die Gelegenheit, mein Zeugnis vor moslemischen Freunden in Tripoli zu geben, sie hatten mich nämlich zu einer Hochzeit eingeladen. Es waren viele Leute da. Und alle haben vor Freude und Bewegung geweint, da Gott mir solche Güte erwiesen hat!

Was sie aber nicht sagt, das ist die Erneuerung ihres Glaubens: man muß es gesehen haben, mit welchem Blick der Liebe Eugenia ihr an der Wand hängendes Kruzifix betrachtet. Unaufhörlich betet sie zum Herrn Jesus, und die Freude verläßt sie nicht, sie, die in den letzten Jahren so viele schmerzvolle Prüfungen erlitten hatte: der Tod ihres Bruders, dann der ihres Sohnes, die furchtbaren Herzanfälle, die Operationen, die Leiden ihrer Krankheit mit vielen Anfällen, der eine schwerer als der andere. Sie hat eine tiefe innere Heilung von diesen durch all die Ereignisse verursachten Verletzungen ihres Gemütslebens erfahren. Sie bleibt jetzt im Frieden, wenn sie davon spricht, als ob dieses Wunder sie dem Himmel und denen, die sie liebt, näher gebracht hätte.

— Wie gut ist der Herr! Er hat mir das Leben zurückgegeben! Aber jetzt gehört mein Leben Ihm! Er möge damit tun, was Ihm gefällt! Weißt du, ich bete jeden Tag für Pater Tardif und für deine Aufgabe im Libanon, vertraut sie mir an.

Ich weiß, daß das wahr ist. Eugenia hat von Gott eine ganz besondere Gnade des Gebetes und der Fürsprache erhalten. Diese Berufung ist nicht nur für die in ihren Klöstern verborgenen Mönche und Nonnen reserviert. Sie kann durch einen besonderen Ruf Gottes auch den Laien, Leuten wie du und ich, anvertraut werden, Leuten, die wie Eugenia mitten in der Welt leben als Ehegattin, Familienmutter und Hausfrau. Es ist eine neue Berufung, die der Herr ihr schenkt. Ich erkläre es ihr, und sie hört mir mit ernstem Gesichtsausdruck zu:

— Das ist genau das, was ich fühle! Meine Berufung besteht jetzt darin zu beten, besonders für die Kranken und Sterbenden!

Ich stütze mich oft auf ihr Gebet, und von Zeit zu Zeit rufe ich sie an, um ihr diese oder jene Schwierigkeit anzuvertrauen. Jeden Tag verbringt sie eine lange Zeit mit ausgebreiteten Armen damit, ihren Rosenkranz zu rezitieren oder für die ganze Welt zu beten. Die Nachbarn kommen gern, um mit ihr zu beten, und das Wohnzimmer verwandelt sich jeden Nachmittag in eine Kapelle für das ganze Stadtviertel.

Die medizinische Analyse im «Fall» Eugenia ist komplex. Ihr Arzt, Dr. Fares Souhaid vom Krankenhaus Unserer Lieben Frau von der Hilfe in Jbeil, unterscheidet drei Stufen bei der Diagnose:

Die erste Stufe ist physiologisch. Die im Januar 1995 durchgeführten Untersuchungen, die den physiologischen Zustand Eugenias feststellen sollten, haben keine Veränderungen gezeigt, der Cholesterinspiegel ist immer noch hoch.

Die zweite Stufe der Auswertung ist die des Eletrokardiogramms. Auch hier haben sich keine wesentlichen Änderungen gezeigt im Vergleich zu den vor der Heilung durchgeführten Untersuchungen.

Die dritte Stufe aber, die klinische Situation der Patientin, zeigt sich vollständig verwandelt. Es sind keinerlei Symptome der Herzkrankheit mehr vorhanden, und nach dem augenblicklichen Stand der Wissenschaft kann diese plötzliche positive Veränderung ihres Gesundheitszustandes durch nichts erklärt werden.

Jetzt verbringt Eugenia ihre ganze Zeit damit, die Kranken zu besuchen und für sie zu beten. Sie hat einen Glauben, der Berge versetzen könnte:

— Was Gott für mich getan hat, das kann er auch für andere tun!

Und in Zghorta geht das Gerücht umher, daß das Gebet von Eugenia schon zu vielen Heilungen geführt hat...

Kapitel XI

Die vierjährige Emmanuela von einem akuten Gelenkrheumatismus geheilt

Als plötzlich, am Morgen des 8. Februar 1975, vor der Kirche von Aramoun eine Schießerei losbrach, gerade in dem Augenblick, als die Leute aus der heiligen Messe kamen, mußte man drei Tote beklagen: die 62jährige Teresa Maalouf, den Sakristan Emil und die 38jährige Katharina Khoueiry, die ihr sechstes Kind erwartete. Sie war in die Schußlinie einer Gewehrkugel geraten. Es war eine Abrechnung unter Gangstern. Die eine dieser Banden war von einem Bischof aus der Gegend bewaffnet worden!

Von da an hatte Josef, der dritte Sohn von Katharina, gegen alles, was von nah oder fern mit der Kirche, oder schlimmer noch, mit einer Soutane zu tun hatte, eine unüberwindliche Abneigung in seinem Herzen bewahrt.

Dennoch hatte er sich mit Anna-Maria kirchlich trauen lassen. Unter Christen geht es nämlich nicht anders, die Zivilehe gibt es nicht im Libanon. Danach aber vermied er wieder sorgfältig jede Berührung mit dem kirchlichen Leben, er widmete sich seiner Berufsarbeit als Tischler; allerdings hatte er nur selten Arbeit, und sie brachte auch nicht viel ein. Seine junge Frau ist Lehrerin, griechischer Herkunft und sehr fromm. Sie arbeitet im Apostelkolleg, einer Institution in Jounieh. Ihre Familie ist ein Vorbild im Glauben.

Der Vater von Anna-Maria, Toni, ein Fliesenleger, war im Jahre 1977, zu Beginn des Krieges, von den Palästinensern entführt worden, als er von einer Baustelle in West-Beirut zurückkam. Dann verbrachte er die schrecklichsten 24 Stunden seines Lebens. Von der Zelle aus, in die man ihn eingeschlossen hatte, hörte er die im Schnellverfahren durchgeführten Hinrichtungen seiner Kameraden, die zusammen mit ihm festgenommen worden waren und die von den Henkersknechten nun nacheinander herausgeholt wurden. Seine letzte Stunde schien gekommen zu sein; da begann er, Loblieder zu Gott zu singen, denn er würde ja in Kürze mit ihm vereinigt sein. Die drei anderen Gefangenen, die bei ihm waren, machten es bald ebenso. Weil er nämlich wegen seines Christseins sterben sollte — dieses sein einziges Verbrechen war nämlich auf seiner Kennkarte vermerkt —, nun gut, dann würde er auch als Christ sterben! Und die Hymnen ertönten mit um so größerer Kraft. War es nun die Stunde des Abendessens, oder waren die Henker durch den Glauben der armen Gefangenen beeindruckt worden? Tatsache ist, daß sie nicht wiedergekommen sind, um ihre traurige Arbeit zu Ende zu führen und daß die vier letzten Gefangenen die ganze Nacht damit zugebracht haben, sich auf den Tod vorzubereiten. Früh am Morgen aber, welch ein Theaterdonner! Die Türe öffnet sich und ein Schrei ertönt:

— Verschwindet!

Selten wurde ein palästinensischer Befehl mit größerer Begeisterung ausgeführt, und Toni befand sich plötzlich auf der Straße und in Freiheit.

— Das ist ein Wunder, dachte er und lief, so schnell er konnte. Er mußte durch gefährliche Straßenzüge hindurch, wo die Gefahr bestand, daß er von Heckenschützen, die an jeder Straßenecke versteckt waren, niedergeschossen würde. Es gelang ihm jedoch, nach Hause zu kommen, nach Harissa im Norden der Stadt, wo auch seine liebe kleine achtjährige Anna-Maria ihn erwartete.

Toni wird niemals die Gnade seiner mysteriösen Freilassung mitten in den Massakern vergessen; auch heute noch zeigt sich das Entsetzen auf seinem Gesicht, wenn nur davon gesprochen wird. Sein Herz ist voll Dankbarkeit gegenüber dem Herrn, der ihm die Freiheit und das Leben wiedergegeben hat. Daher ist die Familie von Anna-Maria von dieser Haltung des Gottvertrauens tief geprägt, denn sie wurde aus der gelebten Erfahrung geboren, daß der Himmel die Gebete erhört. Diese Geschichte und auch noch andere Fälle, wo die göttliche Vorsehung während des Krieges mit all den Katastrophen für die Zivilbevölkerung eingegriffen hat, haben es der Familie erlaubt, den wachsamen Schutz Gottes am eigenen Leibe festzustellen... Wenn das Unglück groß ist, dann ist die Gnade noch größer für den, der sich Gott anvertraut.

Anna-Maria ist an diesem Nachmittag mit der Zubereitung ihrer Spezialität beschäftigt: eine Brombeertorte, über die Josef und ihre zwei Kinder, der sechsjährige Anton und die vierjährige Emmanuela, sich immer ganz besonders freuen. An diesen letzten Sommertagen des Jahres 1994 sind die Brombeeren ganz besonders groß und saftig. Ganze Körbe voll wurden in den benachbarten Gebüschen gepflückt und sollen nun zu Saft und Konfitüre verarbeitet werden. Anna-Maria ist von liebenswürdigem Wesen. Ungeachtet der äußersten Armut der Familie ist hier alles voll Liebe und Freude.

Aber da ertönen laute Schreie: ihr in Tränen aufgelöstes Töchterchen stürzt sich in die Arme seiner Mutter. Emmanuela ist schon wieder hingefallen. Sie wollte mit ihren Kameradinnen, den kleinen Mädchen aus der Nachbarschaft, unterhalb des Gartens herumlaufen und mit ihnen spielen. Aber sie hat immer Angst, daß die anderen Kinder sie stoßen könnten. Mit einer großen Beule an der Stirn und einem blutenden Knie weint Emmanuela leise vor sich hin. Ihre Knie tun ihr wirklich sehr weh. Dauernd fällt sie auf die Erde. Das macht sie zurückhaltend und furchtsam, und nur selten lächelt sie.

Emmanuela Khoueiry leidet seit ihrer Geburt an einem starken Gelenkrheumatismus. Sie ist auch das Opfer zahlreicher Infektionen. Ihre Ohren sind regelmäßig entzündet, und dann tritt Eiter aus ihnen heraus. Ihre Handgelenke, die Knöchel, die Knie und die Füße sind ständig angeschwollen und tun ihr weh.

Anna-Maria setzt ihre kleine Emmanuela auf ihre Knie und sucht sie zu trösten. Aber was soll sie sagen, da alle Behandlungen bisher ein Mißerfolg waren und da die jahrelange Einnahme von Medikamenten bei einem so kleinen Kind allerlei unangenehme Nebenerscheinungen verursacht und dessen gelbliche Gesichtsfarbe im Gegensatz zu den roten Wangen ihrer Kameradinnen aus dem Kindergarten steht.

Die letzten Untersuchungsergebnisse, die am 29. Juli 1994 im Krankenhaus Unserer Lieben Frau vom Libanon durchgeführt worden waren, haben Blutserumwerte von 825 ergeben, was sehr ernst zu nehmen ist, da die normalen Werte bei Erwachsenen bei 150 bis 200 liegen. Auch die Blutuntersuchung läßt eine zu schnelle Blutsenkung erkennen. Ihr Mutterherz leidet angesichts dieser unheilbaren Krankheit. Wieder einmal opfert sie ihr Töchterchen dem Herrn auf in einem glühenden Gebet.

Anna-Maria hat erfahren, daß Pater Tardif in den Libanon kommen würde, als sie sein Buch las: *Jesus hat aus mir seinen Zeugen gemacht.* Da entstand in ihrem Herzen eine riesengroße Hoffnung für Emmanuela. Es gelingt ihr, ihren Mann Josef dazu zu bewegen, mit ihr und den Kindern zur heiligen Messe mit Pater Tardif zu gehen.

Als sie am Sonntag, 4. September, um 14 Uhr in Jdaideh zu der um 17 Uhr beginnenden heiligen Messe ankommen, ist es schon unmöglich, einen freien Stuhl zu finden. Emmanuela kann es nicht ertragen, lange zu stehen. Jemand bietet ihr einen Sitzplatz an. Aber Anna-Maria wagt es nicht, ihn anzunehmen. Eine lange Wartezeit steht bevor. Die andere Person aber besteht darauf:

— Sind wir nun Christen oder nicht?

Und sie hält ihr den Stuhl hin, den Anna-Maria dann mit Dankbarkeit annimmt. Emmanuela setzt sich auf ihren Schoß. Die ganze Familie ist von der außerordentlichen Atmosphäre der Gebetsglut und des Glaubens ergriffen, der in dieser großen Versammlung herrscht. Sogar Josef, der sonst so verschlossen ist, scheint verwandelt zu sein.

Als bei der heiligen Kommunion das Heilungsgebet gesprochen wird, hat Pater Tardif ein Wort der Erkenntnis und verkündet, daß der Herr dabei ist, mehrere Personen von akutem Gelenkrheumatismus und Schmerzen in den Knien zu heilen. Anton dreht sich zu seiner kleinen Schwester um:

— Jesus hat dich geheilt!

Aber Emmanuela fängt zu weinen an, ihre Knie tun ihr plötzlich sehr weh. Ihre Mutter zieht ihr die Strümpfe aus: die Beine des Kindes sind ganz geschwollen. Wie könnte man erkennen, daß etwas geschehen ist?

Dann, als die Messe zu Ende ist, kehrt die Familie Khoueiry in ihr Dorf zurück. Es dauert mehr als drei Stunden, bis die Volksmenge sich zerstreut hat und man zu seinem Wagen gelangen kann. Josef hat sein Töchterchen auf seine Schultern gesetzt. Die Kleine jammert leise: der Schmerz, die Ermüdung, all diese Aufregungen, das war ein bißchen viel. Erst nach 23 Uhr kommt man zu Hause an. Anna-Maria beeilt sich, ihre beiden Kinder schnell ins Bett zu bringen. Sie spürt, daß ihr Mann wegen dieses wundervollen Abends ganz erschüttert ist, und sie freut sich im stillen darüber. Es ist für sie immer ein Schmerz, in den Dingen des Glaubens nicht mit ihm übereinzustimmen. Er ist seit seiner Kindheit verletzt, weil seine Mutter durch die vom Bischof gedungenen Männer ermordet worden ist, wodurch er sich vollständig gegen alles, was mit der Kirche zu tun hat, gesperrt hat. Sein Lächeln und sein Frieden sind bereits die schöne Frucht dieses Abends.

Am nächsten Morgen weigert sich Emmanuela, ihre Medikamente zu nehmen:

— Ich bin geheilt, versichert sie.

Ebenso ist es auch an den folgenden Tagen. Sie hat keine Schmerzen und zeigt auch keines der üblichen Symptome, wie diese stechenden Schmerzen, an denen sie zuvor alle Tage gelitten hatte, seit ihrer Geburt. Der zu Rate gezogene Arzt besteht jedoch darauf, daß die Behandlung fortgesetzt wird, bis man neue Untersuchungen gemacht hat. Diese sind aber teuer: ungefähr zweihundert Dollars. Das ist der Monatslohn von Josef. Man wird also bis zum Monatsende warten, bis er den Lohn bekommen hat und man sich diese Ausgabe leisten kann.

Die am 30. September durchgeführten Untersuchungen im Labor zeigen Serumwerte, die auf 100 zurückgegangen sind, während sie vorher 825 betragen hatten, und die Blutsenkung beträgt in der ersten Stunde 20 mm. Als der Kinderarzt, Dr. Georg Fahed, die Ergebnisse sieht, schlägt er die Hände über dem Kopf zusammen und erklärt seinen Patienten:

— So etwas habe ich noch nie im Leben gesehen! Dem Kind fehlt nichts! — Ob es im Labor vielleicht eine Verwechslung gegeben hat?

Anna-Maria hat es noch nicht gewagt, dem Doktor die Episode mit Pater Tardif zu erzählen. Nun fragt sie ihn:

— Herr Doktor, Emmanuela ist jetzt vollständig geheilt. Wie erklären Sie sich das?

Allerlei vage Erklärungen werden vorgebracht: es ist vielleicht der Penizillinbehandlung zu verdanken. Das Ergebnis ist unverhofft eingetreten, aber man muß noch abwarten, ob es dauerhaft ist und ob es nicht etwa einen Rückfall gibt...

Seit sechs Monaten hat Emmanuela nun an keiner Entzündung mehr gelitten, das ist das erstemal in ihrem Leben. Ganz neu entdeckt sie die Freuden ihres kindlichen Alters, sie läuft überall umher, ohne hinzufallen. Ihre Erzieherin im Kindergarten stellt fest, daß sie ganz umgewandelt ist. Sie lächelt und hat mehr Selbstvertrauen, während sie vorher so furchtsam gewesen war. Sie hat schöne rote Bäckchen bekommen; und vor allem: dieser Dreikäsehoch von vier Jahren gibt jetzt überall das Zeugnis:

— Jesus ist es, der mich geheilt hat!

Ihr Vater Josef hat sich jetzt vollständig mit diesem Gott versöhnt, der seine Tochter geheilt hat. Für den Großvater Toni aber ist diese Geschichte nichts weiter als ein zusätzliches Kapitel in der langen Reihe der Segnungen, mit welchen der Herr unaufhörlich die Familie überhäuft.

Kapitel XII

Der zwölfjährige Josef wird an den Augen geheilt

Im Jahre 1985 fällt ein wahrer Regen von Granaten auf Jdaideh herab. Bereits seit mehr als zehn Tagen dauern die unaufhörlichen Bombardierungen an. Die Stalinorgeln lassen Tausende von Granaten auf den Stadtteil niedergehen, ungefähr sechshundert in jeder Minute. Die Bevölkerung, vor Schrecken fast außer sich, sucht Schutz in den Häusern. Wenn auch die Mauern bei kleinen Granateneinschägen standhalten, die Fensterscheiben widerstehen nicht. Man sieht kaum eine, die noch nicht zerbrochen ist. Wenn eine Granate mit aller Kraft auf die Außenmauer einer Wohnung trifft, dann verursacht sie bei ihrem Aufprall ein todbringendes Loch und verbrennt und tötet alles, was ihr auf dem Weg begegnet. Unter diesem Geschoßregen scheint das Leben der Bewohner nur noch an einem Faden zu hängen.

Für die Nerven am schwersten zu ertragen sind die Kanonen. Ein zweimaliges Geräusch und dazwischen eine furchtbare Pause: zunächst das Geräusch der Zündung und dann, nach einigen unheilvollen Augenblicken, während derer das Geschoß durch die Luft fliegt, das Krachen des Aufpralls: eine furchtbare Explosion. In den Schutzräumen zusammengekauert, versucht man, den Ort der Explosion abzuschätzen: in 1 km Entfernung, rechts, in der Nähe des Farbenlagers, oder aber ganz nahe, in einem benachbarten Haus, wo die Familie Saad wohnt, während die Mauern des eigenen Hauses noch am Zittern sind... Die Kinder schreien und flüchten sich in die Arme ihrer Eltern. Diese versuchen, ruhig auszusehen, so gut es geht. Wenn jemand im Schutzraum die Nerven verliert, dann ist es auch mit der Fassung aller anderen vorbei, und das muß unter allen Umständen vermieden werden. Die Menschen haben sich in die Keller oder unter die Treppen geflüchtet, und da hausen sie schon wochenlang. Das Überleben muß jedoch organisiert werden. Das größte Problem ist nicht die totale Finsternis, denn seit drei Wochen gibt es keinen Strom mehr, sondern die Verpflegung, besonders die Trinkwasserversorgung. Die Wasserleitungen im ganzen Stadtteil sind zerstört. Man muß Mineralwasser kaufen, aber das ist teuer und nicht zu bekommen: soll man etwa sein Leben riskieren für eine Flasche Wasser, indem man den Schutzraum verläßt und versucht, das Lebensmittelgeschäft zu erreichen? Es ist zwar geschlossen, aber der Besitzer hat ganz hinten in seinem Keller noch ein kleines Vorratslager. Da man aber ohne Wasser und Brot nicht überleben kann, nimmt jeder dieses Risiko auf sich.

Auch dieses Schuljahr wird für die Kinder wieder verloren sein. Es ist nun bereits das zweite hintereinander. Wenn es ruhiger werden sollte, dann wird die Schule während der Sommerferien geöffnet, um den Rückstand aufzuholen. Man studiert bei Kerzenlicht, mit allergrößtem Eifer: auch dieses Jahr wieder werden die Ergebnisse der Prüfungen zum Abitur, die von der französischen Botschaft organisiert worden sind und an denen die meisten Schüler der Abschlußklasse teilgenommen haben, die im Durchschnitt erzielten Ergebnisse von ganz Frankreich übertreffen! Niemand in Frankreich kann sich indessen vorstellen, mit welchen Anstrengungen und um welchen Preis die Schüler sich darauf vorbereitet haben...

Wenn die Bombardierungen wieder losgehen und wenn niemand weiß, ob man auch diesmal wieder davonkommen wird, dann steigen flehentliche Bitten zum Himmel empor:

— Heilige Maria, Mutter Gottes, bitte für uns arme Sünder, jetzt und in der Stunde unseres Todes!

Jetzt und in der Stunde unseres Todes! Oft nur eine abstrakte Formel, aber in solchen Augenblicken weiß man um ihren ganzen Sinn. Denn wenn Dutzende von Batterien und Kanonen Tausende von Geschossen auf das Stadtviertel fallen lassen und wenn das stundenlang, tagelang dauert, dann ist das wirklich die Stunde des Todes... Man wird mehr als vierhundert Tote aus den Trümmern dieses Stadtviertels herausziehen.

Der kleine, dreieinhalbjährige Josef Roucos-el-Hajj macht sich einen ruhigen Augenblick zunutze, um sich auf die Terrasse der elterlichen Wohnung zu schleichen. Er ist so lange eingesperrt gewesen! Dann holt er schnell sein rotes Plastikfahrrad und beginnt, auf der Terrasse eine wilde Runde zu drehen. Eine wirklich notwendige Entspannung, nachdem er tagelang eingesperrt gewesen war!

Plötzlich aber explodiert neben ihm mit höllischem Lärm eine einzelne Granate. Von Panik ergriffen, stürzt das Kind mit dem Kopf zuerst ins Innere des Hauses. In seiner Eile stößt er mit dem Kopf heftig gegen die Türverkleidung der Terrasse. Seine Mutter hebt ein bewußtloses Kind auf, während wieder viele Granaten einschlagen. Man bringt Josef in den Schutzraum hinunter. Er hat einen Schädelbruch erlitten, und die Wunde ist tief. Die Bombardierungen haben wieder mit solcher Heftigkeit begonnen, daß man 24 Stunden warten muß, ehe man hinausgehen kann, um ihn ins Krankenhaus zu bringen.

In seinem Alter erholt man sich schnell, aber die schweren Folgeerscheinungen bleiben. Der Aufprall hat schwere Störungen der Sehkraft verursacht: erhebliche Weitsichtigkeit auf jedem Auge, dazu kommt noch ein sehr starkes Schielen.

Josef muß von jetzt an mit seinen dreieinhalb Jahren eine sehr starke Brille tragen. Wenn er sie auch nur für wenige Augenblicke abnimmt, bekommt er eine furchtbare Migräne. Zwei Jahre nach dem Unfall hat Dr. Sinno, ein berühmter

Professor am Krankenhaus «Hôtel-Dieu de France», ihn operiert: mit dem Schielen ist es besser geworden, aber die Sehkraft ist noch genau so schlecht. Josef leidet unter den Hänseleien seiner Klassenkameraden, die ihn verspotten und herumstoßen, weil er eine Brille mit so dicken Gläsern trägt, welche seine Augen viel größer erscheinen lassen.

Josef gehört einer maronitischen, sehr gläubigen Familie an, die aus Baskinta stammt. Sein Vater ist Angestellter in einer Druckerei. Die Familie lebt bescheiden, aber sie leidet keine Not. Der älteste Bruder Peter will Priester werden, Weißer Vater, und er besucht jetzt das kleine Seminar in Tripoli. Ramona, eine kleine, sehr lebhafte und fröhliche Schwester, ist der Sonnenschein des Hauses.

Das ganze Leben der Kinder dreht sich um das Lernen. Die Eltern haben, wie es bei so vielen libanesischen Eltern der Fall ist, keine Mühen und keine Kosten gescheut, um ihre Kinder in eine gute Privatschule zu schicken, um ihnen damit die besten Voraussetzungen für eine gute Zukunft zu geben. Zu Hause dreht sich alles um das Lernen. Die Kinder wissen, welche Opfer ihre Eltern bringen, um ihnen diese gute Ausbildung zu ermöglichen. Ja, die Schule ist ein Glück für sie.

Jeden Sonntag begibt sich Josef zur St.-Franziskus-Bruderschaft, einer von der Pfarrei organisierten Kindergruppe. Man betet, man denkt nach und erweist kleine Dienste (man stellt die Stühle in der Kirche zurecht, man packt Pakete für die alten Leute im Stadtviertel usw.), wobei die ganze Gruppe mit Begeisterung dabei ist, die dadurch zu einer wundervollen Rasselbande kleiner Kameraden geworden ist.

In der Pfarrei werden auch Vorbereitungen getroffen, um diejenigen, die es möchten, zur Messe für die Kranken am Sonntag, 4. September, in Jdaideh, direkt neben dem Hause, zu führen. Josef geht mit seiner Jugendgruppe dorthin, und zwar schon um ein Uhr nachmittags, um sicher zu sein, nichts von der Feier zu versäumen. Auch die Eltern begeben sich dorthin. Josef beginnt zu beten, während Pater Tardif die

Worte der Erkenntnis ausspricht, die er vom Herrn empfängt. Dann kommt dieses Wort:

— In der Versammlung gibt es Menschen, die eine Heilung der Augen empfangen haben. Es gibt hier einige, die nur sehr schlecht sehen konnten. Jetzt blicken sie umher und sind ganz überrascht, daß sie alles sehen können, was hier geschieht.

Im gleichen Augenblick verspürt Josef so etwas wie ein Jucken, als ob ihm jemand Pfeffer in die Augen gestreut hätte. Er muß sich die Augen reiben, in denen er auch noch ein heftiges Stechen fühlt. Deshalb nimmt er seine Brille ab. Welche Überraschung! Er betrachtet die Volksmenge ringsum. Statt behindert zu sein, weil er die Brille nicht trägt, verschwindet nun das Stechen, und er beginnt ganz klar zu sehen.

Josef begreift sofort, daß der Herr ihn geheilt hat. Er ist ganz erschüttert und in Tränen aufgelöst. Seine Kameraden befragen ihn. Josef stottert:

— Ich sehe! Ich sehe!

Der Verantwortliche seiner Gruppe, ein großer junger Bursche von achtzehn Jahren, nimmt die Sache in die Hand und begleitet Josef zum Podium. Dort gibt man ihm das Mikrofon in die Hand. Wie alle schlecht sehenden Kinder war er vorher schüchtern und zurückhaltend. Aber jetzt ist es ein ganz neuer Josef, der das Mikrofon eines Berichterstatters vom Fernsehen ergreift und sein Zeugnis gibt. Er hat seine Sehkraft wiedererlangt, die er vor neun Jahren teilweise verloren hatte!

Seine Eltern, die auch gekommen waren, hören plötzlich am Mikrofon die Stimme ihres Sohnes, wie er von seiner Heilung Zeugnis gibt. Sie sitzen auf der anderen Seite des riesigen Sportplatzes des Kollegs. Sie springen auf vor Freude und loben den Herrn, der Josef von seiner schmerzlichen Behinderung befreit hat. Es ist vor allem die ihrem Sohn erwiesene unermeßliche Liebe Gottes, welche sie erschüttert. Es ist ihnen allerdings unmöglich, in dieser großen Menschenmenge zu ihm hinzulaufen und ihn zu umarmen. Sie kehren daher nach Hause zurück.

Die Neuigkeit ist aber schneller als sie. Das vor Freude erschütterte Gesicht Josefs ist im Fernsehen in allen Häusern gesehen worden. Unverzüglich eilen Verwandte und Freunde zu den Roucos-el-Hajj, um ihr unermeßliches Glück mit ihnen zu teilen und um sie zu beglückwünschen. Man drängt sich im Treppenhaus und auf dem Balkon.

Es wird spät, aber Josef ist noch immer nicht nach Hause zurückgekehrt, und das ganze Stadtviertel wartet doch auf ihn! Erst um 22.30 Uhr kommt er an. Dort, in Jdaideh, wollte nämlich jeder sein Zeugnis hören, ihn anrühren, ihn umarmen. Mit Begeisterung ist Josef zu allem bereit, und so kommt es, daß seine Rückkehr nach Hause sich ganz erheblich verzögert. Endlich ist er da! Josef erscheint an der Straßenecke, von seinen Kameraden der Franziskus-Gruppe im Triumphzug geleitet, welche um keinen Preis den Helden des Tages verlassen wollen. Danklieder werden angestimmt und von allen wiederholt, es wird Beifall geklatscht, Freudenschreie werden laut. Alle drängen sich, um ihn zu umarmen und zu beglückwünschen:

— Mabrouk! Hamdouleillah! Herzlichen Glückwunsch! Allezeit sei Gott Dank gesagt!

Die Untersuchung der Brillengläser, die er an diesem Sonntag, 4. September 1994, in Jdaideh bis ungefähr 19.30 Uhr getragen hatte, ergab eine sehr starke Weitsichtigkeit auf jedem Auge. Die Untersuchungen im Krankenhaus «Hôtel-Dieu» vom 21. November 1994 ergaben eine vorzügliche Sehkraft auf jedem Auge! Wenn Josef, um sich zu amüsieren, gelegentlich einmal seine Brille aufsetzt, die jetzt in der hintersten Ecke einer Schublade verstaubt, dann kneift er die Augen zu und nimmt sie schnell wieder weg:

— Au! Da tun mir ja die Augen weh, ruft er dann aus.

Nach seiner Heilung hat Josef in seinem Herzen beschlossen, Priester zu werden. Er will sein Leben hingeben für den

Dienst Christi und die Frohe Botschaft von Jesus verkünden, der gekommen ist, um ihn zu heilen und alle Menschen zu retten.

Kapitel XIII

Der siebenjährige Abdallah
von der Epilepsie geheilt

— Es kommt gar nicht in Frage, daß Abdallah zu dieser Versammlung geht!

Scheich Mohammed Husseini ist außer sich vor Zorn. Vor ihm steht eine junge Frau von dreißig Jahren. Sie erbleicht und beißt sich auf die Lippen. Vor acht Jahren hat er sich mit ihr vermählt und sie vor vier Jahren verstoßen. Die Ursache ihres heutigen Zerwürfnisses ist der siebenjährige Abdallah, ihr Sohn: da er schwer epileptisch ist, will seine Mutter ihn zu der heiligen Messe von Pater Tardif mitnehmen.

Die Husseini sind eine einflußreiche, vornehme schiitische Familie des Libanon. Der Islam wird bei ihnen streng praktiziert, und man betrachtet keineswegs wohlwollend die Initiative Annas, der verstoßenen christlichen Gemahlin, die nicht aufhört, den Allerhöchsten um die Heilung des kleinen Abdallah anzuflehen. Im Islam gehören die Kinder in jedem Falle dem Vater, und die Mutter hat nichts zu sagen. Als das Ehepaar sich getrennt und der Vater das bereits epileptische Kind zu sich genommen hatte, sind die Anfälle immer schwerer und immer häufiger geworden. Das war ohne Zweifel eine unbewußte Reaktion des Kindes, seiner Sehnsucht nach der Mutter Ausdruck zu verleihen! Schließlich hat der junge und unerfahrene Vater sich einverstanden erklärt, daß das Kind die Woche über bei seiner Mutter bleiben kann, um aber an den Wochenenden zu ihm zu kommen.

Anna versucht zu verhandeln:

— Auf jeden Fall wird es zwei Möglichkeiten geben: entweder er wird geheilt, und dann wirst du der erste sein, der sich darüber freut, oder er wird nicht geheilt, und das Kind wird bei dieser Volksmenge gar nicht wissen, um was es da geht! Laß mich eine Stunde lang dorthin gehen. Was kann dir das schon ausmachen?

Für Scheich Mohammed ist das eine Grundsatzangelegenheit:

— Ich habe nein gesagt!

Er dreht sich auf dem Absatz um und verschwindet hinter einer Tür, die er zornig zuknallt. Sein autoritärer Charakter hat niemals auch nur den leisesten Widerspruch ertragen können.

Anna begibt sich ein wenig traurig wieder zu ihrem Wagen. Aber sie hat mit diesem Mann schon ganz andere Dinge erlebt. Während sie ihren Wagen aufschließt, um nach Hause zurückzukehren, ist Abdallah, der neben ihr sitzt, ganz glücklich, seine Mutter wiederzusehen. Er ist bei dem Streitgespräch seiner Eltern nicht dabeigewesen, aber er scheint alles zu erraten. Er drückt ihr liebevoll den Arm und beginnt, ihr mit lebhafter Stimme all seine kleinen Abenteuer des Tages zu erzählen. Anna hört aufmerksam zu, während sie gleichzeitig versucht, in ihrem Kopf einen Plan zurechtzulegen.

— Ich werde Mohammed am Dienstagabend einen Besuch abstatten. Er wird nicht auf den Gedanken kommen, daß Abdallah ohne mich das Haus verlassen könnte. Während dieser Zeit wird sich meine Mutter mit ihm nach Jdaideh begeben. Ich werde dann später zu ihnen kommen, wenn es mir möglich ist! Mohammed wird nichts davon erfahren!

Schon seit geraumer Zeit hat Abdallah es gelernt, daß sein Leben sich zwischen seinem Vater und seiner Mutter bewegt. Er fühlt, daß er in der Mitte zwischen zwei sehr verschiedenen Welten steht. Anna ist eine starke Persönlichkeit, eine Mischung aus Sanftmut und Festigkeit. Als talentierte Rechtsanwältin läßt sie sich nicht alles gefallen und hat es verstanden, es in langen, vorsichtigen Verhandlungen zu erreichen, ihr Kind bei sich behalten zu können, und das in einer Gesellschaft, wo sie im Prinzip gar kein Recht darauf hat. Abdallah hängt sehr an seiner Mutter, und vor seinem Vater hat er große Angst.

Vor allem aber sorgt sich Anna um die Gesundheit ihres Sohnes. Seit er ein Jahr alt ist, hat er epileptische Anfälle und wird mit Dekapin behandelt. Im Winter verursacht schon ein leichtes Fieber eine Panik. Denn das kann ein Risikofaktor sein, und es besteht die Gefahr, daß dadurch wieder ein epileptischer Anfall ausgelöst wird. Anna hat einen starken Glauben und ist sicher, daß Gott ihr helfen kann. Um nichts in der Welt wird sie die Versammlung in Jdaideh versäumen, wo eine Hoffnung auf Heilung besteht, und sei sie auch noch so gering.

Am nächsten Dienstag wird der Plan ausgeführt. Scheich Mohammed scheint sich nicht mehr an diese Geschichte zu erinnern, für ihn ist die Angelegenheit erledigt. Anna ist erleichtert, ihm nicht ins Angesicht lügen zu müssen und ist froh, daß die Sache ganz einfach der Vergessenheit anheimfällt. Unter dem Vorwand, etwas wegen Abdallahs Schulbesuch zu besprechen, geht sie ihren Mann besuchen und spricht mit ihm, um seinen Rat zu erbitten. Seine Ansicht kundzutun, das ist eine Tätigkeit, die er über alles liebt!

— Was ist das doch für ein schwieriger Mensch, denkt sie. Für ihn ist alles ganz einfach, bei ihm gibt es nichts als Theorien. Aber er ist vollkommen unfähig, sie in die Praxis umzusetzen.

— Gut, ich kehre jetzt nach Hause zurück, ich habe viel zu tun, beendet sie das Gespräch und steht auf. Mohammed hält sie nicht zurück. Auch er ist sehr beschäftigt. Er entschuldigt sich sogar, daß er sie nicht bis zur Tür begleiten kann.

— Was für ein Muffel, kann sie sich nicht enthalten zu denken. Sie erinnert sich an jenen brillanten Jurastudenten, dem sie an der Amerikanischen Universität begegnet war und der ihr eifrig und beharrlich den Hof gemacht hatte. Sie hat nicht auf die Warnung ihrer Eltern gehört, die ganz unglücklich darüber waren, daß sie in eine moslemische Familie geheiratet hat. Er ist schön, reich und hat ein einnehmendes Wesen. Die Geburt eines kleinen Knaben läßt ihr Glück vollkommen sein. Sehr bald muß Anna aber feststellen, daß ihr Gatte nur aus Egoismus besteht. Das ganze Leben dreht sich ausschließlich um ihn, um seinen Vorrang, um seine Wünsche. Und die Gattin wird niemals gefragt, an sie denkt er gar nicht. Das Faß läuft über, als er kaum zwei Jahre nach der Eheschließung sie zu betrügen beginnt. Das hat sie niemals akzeptiert. Angesichts ihrer Weigerung hat er sie verstoßen.

— Vielleicht ist es besser so, seufzt sie.

Ihr Wagen begibt sich mühsam in Richtung auf das Kolleg der Göttlichen Weisheit in Jdaideh, wo die Versammlung mit Pater Tardif stattfindet. Dazu muß sie die Stadt von einem Ende bis zum anderen durchqueren. Überall gibt es lange Staus. Man hat den Eindruck, daß ganz Beirut zum Kolleg zu kommen versucht. Wie viele andere, so läßt auch Anna ihren Wagen am Straßenrand stehen und geht die letzten drei Kilometer zu Fuß. Aber es ist unmöglich, ins Innere hineinzukommen. Die Türen sind verschlossen. Die Sportplätze sind voller Menschen. Es bleibt ihr nichts anders übrig, als den Vortrag und die Gebete von der Straße aus zu verfolgen, aber es sind ja Lautsprecher angebracht. Sie hofft aus ganzem Herzen, daß Abdallah und ihre Mutter beizeiten angekommen sind, um ins Innere hineinzukommen. Sie schaut besorgt umher, aber sie sieht sie nicht. Wo mögen sie sein? Dann gibt sie es auf, sie zu suchen. Die Hauptsache ist das, was jetzt geschieht. Sie beginnt zu beten und schließt die Augen, wobei sie versucht, die Volksmenge zu vergessen, die sich um sie drängt.

— Der Herr ist überall! Jesus! Bitte heile Abdallah!

Das Heilungsgebet beginnt, und Pater Tardif zählt die Heilungen auf, wie der Heilige Geist sie ihm eingibt: es sind die,

welche Gott in dieser großen Versammlung gerade vollbringt. Auf der Straße herrscht vollkommenes Schweigen,
obwohl Tausende dort stehen, dicht gedrängt. Plötzlich
springt Anna auf. Das Blut scheint ihr in den Adern zu stok-
ken, ihr ganzer Körper erschauert vor innerer Erregung, denn
die Worte, die sie hört, prägen sich ihr gleich glühenden
Buchstaben ein. Des Paters tiefe Stimme mit dem Akzent von
Quebec hat gerade gesagt:

— Ein Knabe von sieben Jahren hatte sehr häufige Epilep-
sieanfälle und ist jetzt dabei, geheilt zu werden. Er wird keine
epileptischen Anfälle mehr bekommen!

Ihr Herz schlägt in heller Aufregung. Wie, wenn es Abdallah wäre? Diese starke Frau, die seit Jahren nicht mehr
geweint hatte, bricht in Tränen aus. Weiß man es? Sie bittet
den Herrn um ein Zeichen, welches ihr die Bestätigung gibt,
daß es sich wirklich um ihren Sohn handelt. Da verspürt sie
eine tiefe Freude und beginnt wieder zu weinen. Sie ist von
seiner Heilung überzeugt.

Zu Hause angekommen, wartet sie voll Ungeduld auf
Abdallah.

Der kommt ganz gesprächig an und beginnt mit Hilfe seiner Großmutter zu berichten:

— Als das Heilungsgebet stattgefunden hatte, bekam ich
starke Kopfschmerzen, ich fing an zu weinen, und es wurde
mir schwindelig, und dann ging es wieder vorbei.

— Dem Kleinen wurde es dann sehr heiß, und Schweißper-
len tropften ihm von der Stirn. Ich habe ihm dann die Hand
auf den Kopf gelegt, um ihn zu beruhigen. Ich habe mich
gefragt, was er denn wohl haben könnte... Als ich das Wort
der Erkenntnis hörte, habe ich verstanden, daß sich bei
Abdallah etwas Außergewöhnliches ereignete!

Abdallah zeigt ein bezauberndes Lächeln, voll Vertrauen
und Hingabe. Den Kindern ist Jesus sehr nahe, und eine Heilung erscheint ihnen letztes Endes ganz natürlich.

— Weil er doch alles kann, wiederholt er voller Überzeugung, wobei er die Worte wiederholt, die er im Katechismus gelernt hatte...

Anna bricht nun die Behandlung mit den Medikamenten ab. Heute, fast ein Jahr ohne jedes Medikament, ist Abdallah vollständig ohne Anfälle geblieben. Im Dezember erkrankt er an einer Grippe mit hohem Fieber, wobei sonst immer die Gefahr eines Anfalls bestanden hatte. Seine Mutter ist sehr beunruhigt und wacht die ganze Nacht bei ihm. Sie war schon in Versuchung, ihm das Dekapin zu geben, aber dann beschloß sie, im Glauben zu bleiben und an die Worte von Pater Tardif zu denken: er ist geheilt, er wird niemals mehr einen Epilepsieanfall haben... Und er hat keinen bekommen. Abdallah, der nun seine täglichen Medikamente nicht mehr zu nehmen braucht, fühlt sich besser als je zuvor.

Zahlreiche Journalisten, die auf der Suche nach den Heilungen waren, welche sich nach den Gebeten von Pater Tardif zugetragen hatten, kamen zu ihr, und sie hat nicht gezögert, Zeugnis zu geben von den Wundern, die der Herr in ihrer Familie gewirkt hatte. Das hat den Zorn ihres Mannes hervorgerufen:

— Das alles ist erlogen! Vollkommen falsch! Es ist gar nicht sicher, ob mein Sohn überhaupt noch krank gewesen ist!

Und er hat Abdallah verboten, vor den Journalisten zu sprechen. Anna aber hat es mit Geschick und Klugheit verstanden, die Botschaft zu verbreiten:

— Die Leute müssen wissen, daß es eine Hoffnung gibt! Daß Gott die Gebete erhört! Darum ist es nötig, daß man Zeugnis gibt!

Die zu Rate gezogenen Ärzte, unter ihnen vor allem ein Spezialist für Epilepsie, Dr. Koussa, ein Moslem, der Abdallah behandelte —, sie alle weisen die Hypothese einer wunderbaren Heilung nicht zurück. Die Epilepsie ist eine echte und qualvolle Krankheit. Ihre Symptome treten aber nicht regelmäßig auf; es braucht zumindest drei Jahre ohne Anfälle, bis man sagen kann, daß der Patient geheilt ist. Abdallah ist noch sehr jung, und man kann sich schlecht vorstellen, daß er Theater spielt. Seine Mutter überwacht ihn mit großer Sorgfalt. Ich nehme mir vor, in Verbindung zu bleiben mit dieser tapferen Frau, die einen Glauben hat, um Berge zu versetzen und die vom Himmel die Heilung ihres Sohnes erzwungen hat.

Bei meinem letzten Besuch hat mir Abdallah voller Stolz sein Zeugnisheft gezeigt: er ist Klassenbester! Neunzehn von zwanzig möglichen Punkten hat er in allen wissenschaftlichen Fächern erreicht: in Mathematik, Naturwissenschaften, Erdkunde usw.

— Dieses Jahr ist es ihm gesundheitlich sehr gut gegangen. Das hat sich sofort bei seiner Arbeit in der Schule bemerkbar gemacht, sagt seine Mutter mir stolz.

Die Augen Annas strahlen in einer neuen, sieghaften Freude, die voll von Hoffnung ist. Ich umarme einen ganz glücklichen Abdallah und beglückwünsche ihn von ganzem Herzen, während er sorgfältig seine Hefte zusammenlegt. Anna bemerkt dann noch:

— Die Genauigkeit des Wortes der Erkenntnis bei Pater Tardif ist ganz erstaunlich: das Geschlecht, das Alter des Kindes und die Krankheitssymptome sind auf prophetische Weise verkündet worden! Wie ist das möglich?

Ich antworte mit etwas ausweichenden Worten, denn es gibt keine andere Antwort als die eines Menschen, der auf den Herrn zu hören versteht:

— Das ist ein Mittel für Gott, die Nichtglaubenden zu überzeugen: so können sie die Macht und Kraft des Heiligen Geistes sehen und hören, der sich durch einen Menschen zu erkennen gibt.

Anna ist ganz erschüttert darüber, daß Gott sich in dieser Weise über ihren Sohn herabgeneigt hat:

— In den so schwierigen Familienverhältnissen, wie es die seinigen sind, hat Abdallah auf ganz persönliche Art die Liebe Gottes zu ihm erfahren können, flüstert sie voll Ergriffenheit, während sie ihren Sohn mit einem Blick umfaßt, der mit der mütterlichen Zärtlichkeit der ganzen Welt erfüllt ist... — Und ist das letzten Endes nicht das Wichtigste?

Kapitel XIV

Die ersten Schritte mit 27 Jahren

— Aber das ist ja May! Jawohl, sie geht!

Die Mitarbeiter der Fernsehsanstalt LBC kommen aus dem Staunen nicht heraus. Alle dort kennen die junge Telefonistin mit dem so liebenswürdigen Lächeln und dem zarten und schwächlichen Körper der Schwerbehinderten. Seit acht Jahren arbeitet sie in der Telefonzentrale der Fernsehanstalt. Ein Verband, der sich mit der Stellenvermittlung von Behinderten befaßt, hat für sie diesen Arbeitsplatz gefunden. Man sieht sie jeden Morgen, wie sie sich mit ihren Krücken zu dem Sessel schleppt, der neben dem Telefon steht.

Als sie noch ein Baby von neun Monaten war, wurde sie von einer starken Kinderlähmung erfaßt. Das rechte Bein ist ganz unbeweglich, und das linke Bein ist sehr schwach. Mit Hilfe von Krücken kann sie sich indessen auf dieses linke Bein stützen und das rechte Bein heben, das vollkommen unbeweglich und mit einem schweren Stützapparat versehen ist. So kann sie sich ein wenig fortbewegen, von der Wohnung zum Wagen, vom Wagen zum Büro... Das Wachstum ihrer Beine ging nicht gleichmäßig vonstatten. Wegen des unterschiedlichen Lähmungsgrades ist das rechte Bein etwa sieben Zentimeter kürzer als das linke. Orthopädische Schuhe mit dicker Sohle gleichen in etwa die fehlenden sieben Zentimeter aus.

Heute in Jdaideh ist beim Fernsehen Hochbetrieb: die Direktübertragung der heiligen Messe von Pater Tardif, die das ganze Land mitverfolgt in einem außerordentlichen

Klima von Freude und glühendem Eifer. Plötzlich werden die Fernsehtechniker und die Kameraleute starr vor Staunen: da, vor ihren Augen, das ist doch May, ja, May Khalil, die dabei ist, ohne Krücken die Volksmenge zu durchqueren und sich zum Podium zu begeben. Beim Fernsehen läßt man sich so schnell nicht aus der Ruhe bringen, man ist ja so vieles gewohnt! Aber hier, alle Leute kennen sie ja. Kein Zweifel möglich! Sicher, sie geht noch etwas hinkend, denn das kürzere Bein ist nicht nachgewachsen. Dieses starre und unbewegliche Bein aber, das seit dem Alter von neun Monaten niemals funktioniert hat, das vermag sie nun zu tragen, es ist beweglich geworden, kurz, sie kann gehen!

Nach der heiligen Messe geht May ganz allein ohne Krükken zum Auto ihrer Brüder, die sie begleiten.

— Geh weiter, May, ermuntert sie ihr Bruder Issam. Noch ein Schritt, noch ein paar Meter!

Das Bein ist nicht mehr gelähmt, aber es ist ganz ohne Muskeln. Es ist daher eine überaus große Anstrengung für May. Sie legt indessen tapfer den Weg zwischen dem Kolleg und dem Wagen zurück, und das bedeutet mehr als achthundert Meter von den Höfen von Jdaideh aus durch die ganze Volksmenge! Zu Hause angekommen, welche Überraschung! Viele Freunde warten da auf sie. Alle haben sie am Fernsehen erkannt und sind nun hingeeilt, um sie zu sehen, sie zu beglückwünschen und Gott für dieses Wunder zu danken. Als ihr Vater und ihr Onkel sie ohne Krücken kommen sehen, weinen sie vor Freude! Die Glocken von Antoura, ihrem Dorf, läuten mit aller Kraft, und das bis zwei Uhr früh! Die ganze Familie Khalil begibt sich zur Kirche, trotz der späten Stunde, denn es ist schon 22 Uhr vorbei. Die Dorfbewohner kommen auch, denn sie wollen wissen, warum die Glocken sie zu dieser ungewohnten Stunde zusammenrufen. Schnell ist die Kirche ganz voll Menschen.

— Es wird geläutet, weil May geheilt ist!

Es gehört sich, daß man zuerst betet, um dem Herrn Dank zu sagen, da er etwas so Großes getan hat. Die Christen im

Libanon haben Sinn für Ordnung: Gott gebührt der erste Platz, der ist für ihn! Erst danach kann man sich mehr prosaischen Freuden widmen, indem man der ganzen Nachbarschaft, die sich im Hause Khalil zusammendrängt, Kaffee und Süßigkeiten serviert. Alle können sehen, wie May ihre ersten Schritte macht!

Am nächsten Morgen spricht man in der Fernsehanstalt, wo May arbeitet, von nichts anderem als von ihrer Heilung, und die Nachricht gelangt auch bis zur Direktion. Diese beschließt sodann, alle von Pater Tardif geleiteten Versammlungen direkt zu übertragen und dadurch dazu beizutragen, diesen Ereignissen ein gebührendes Ausmaß zu geben. Dieses Programm ist nicht nur im ganzen Libanon zu empfangen, sondern auch noch im Norden Israels und im Süden von Syrien.

May berichtet mir:

— Am Sonntag, 4. September, habe ich mich zur Messe von Pater Tardif begeben, mit dem Glauben, daß Jesus mich heilen würde. Ich habe sogar eine besonders weite Hose angezogen, um, wenn nötig, meinen Stützapparat leichter entfernen zu können! Meine Brüder, Issam und Klaudius, begleiteten mich.

Als Pater Tardif verkündete, daß mehrere Gelähmte geheilt würden, wurde ich im gleichen Augenblick von einer unglaublichen Kraft durchströmt, welche nicht aus mir selbst kam, es war eine Art Fluidum, wie ein Strom, der meinen ganzen Körper durchzog, und das dauerte vier oder fünf Minuten. Ich hatte keine Angst, denn ich war von einer riesigen Freude beseelt und habe so etwas wie eine innere Stimme gehört, die Stimme des Herrn, der mir sagte:

— May, steh auf und geh!

Und ich habe festgestellt, daß mein rechter Fuß zu zittern anfing und daß mein rechtes Bein zu funktionieren begann; das Knie tat, was das Gehirn ihm sagte: es beugte und bewegte sich, während eine unbekannte Kraft das Bein durchströmte. Da habe ich zu weinen angefangen. Mit einem

Wort, mein Bein war nicht mehr gelähmt, und das, nachdem ich 27 Jahre lang krank gewesen war! Ich bin dann aufgestanden und habe angefangen, ohne meine Krücken zu gehen.

Und jetzt strömt mein Herz über vor Dankbarkeit gegen Jesus, die Jungfrau Maria und den heiligen Charbel, zu dem ich immer viel gebetet hatte!

Einige Wochen später macht die Familie eine Pilgerfahrt zum Grab des heiligen Charbel in Annaya. Dort legt May ihre Krücken hin, neben sehr viele andere Krücken, Zeugen der wunderbaren Heilungen, die auf die Fürsprache dieses so großen libanesischen Heiligen erlangt worden sind. Dann wird in der steinernen Kapelle dieses ehemaligen Klosters, wo die Pilgerscharen hinströmen, eine Dankmesse für die Familie Khalil gefeiert.

Inzwischen haben sich die atrophischen Muskeln durch Bewegungsübungen gut entwickelt, und ihr Bein wird jeden Tag kräftiger. Es ist noch schwach, und um sich fortzubewegen, muß sie ihre Hand auf den rechten Oberschenkel legen. Sie mußte sich neue orthopädische Schuhe anfertigen lassen, da der Unterschied in der Länge der beiden Beine, der vorher sieben Zentimeter betragen hatte, jetzt nur noch dreieinhalb Zentimeter beträgt. Ist das Bein nachgewachsen? Das ist schwer zu glauben. Hat es sich entspannt, weil es wegen der Lähmung verkrampft gewesen war? Die Ärzte wissen nicht, was sie antworten sollen angesichts eines solchen Phänomens. Wenn May geht, dann hinkt sie noch wegen der unterschiedlichen Länge der Beine. Pater Tardif hat sie darauf hingewiesen, daß diese Art von Heilung ungefähr ein Jahr benötigt, bis sie ganz abgeschlossen ist.

— Was mir die meiste Freude macht, ist die Möglichkeit, jetzt so leben zu können wie die anderen Menschen auch, sagt May mit einem strahlenden Lächeln. Ich bin nicht mehr die Behinderte, die immer abseits stand. Übrigens habe ich auch Pläne für meine weitere Berufstätigkeit, denn jetzt kann ich endlich dieses Telefon verlassen, dessen ich überdrüssig bin und vor dem ich acht lange Jahre gesessen habe. Ich könnte jetzt z.B. Sekretärin werden! Ich werde mit meinem Personalchef darüber reden.

May entdeckt jetzt die Freuden des täglichen Lebens eines jungen Mädchens: mit ihrer Mutter einkaufen gehen, Getränke für Gäste vorbereiten, aufstehen können, um zum Telefon zu gehen... So viele Dinge muß sie jetzt lernen, und sie tut es mit kindlicher Freude. Da sie seit dem Alter von neun Monaten gelähmt gewesen war, hat sie nie eine normale Beweglichkeit gekannt. May ist eine zarte und liebenswürdige Persönlichkeit. Sie ist von einem Glauben und einer Spontaneität wie die eines Kindes.

Aber der psychologische Schock einer so plötzlichen Heilung hat bei May zu einigen Skrupeln geführt, nachdem sie so sehr gefeiert und beglückwünscht worden war. Wenn Gott so großmütig mit ihr gewesen ist, steht sie dann nicht in Schuld bei ihm?

— Muß ich jetzt etwas Besonderes tun, um dem Herrn zu danken? Etwa ins Kloster gehen?

Ich beruhige sie schnell. Eine Heilung ist immer ein reines Geschenk des Herrn, der dafür keine Gegenleistung erwartet! May fühlt sich nun freier als je zuvor und liebt den Herrn, so wie sie selbst es für richtig hält!

Schnell erscheint auch wieder ihr Lächeln. Welche Freude, wenn sie mir mit schelmischem Blick ihren Fuß zeigen kann, der sich bewegen kann, und wie sie sich schnell erhebt, um mir einen Kaffee zu servieren!

Kapitel XV

Siebzehn Jahre lang gelähmt

— Schwester Helene, kommen Sie doch bitte zur Wandtafel und zeigen Sie uns, was Sie in Erdkunde gelernt haben!

Schwester Helene Hayek, 43 Jahre alt, gehört zu einer Klasse von Erwachsenen, die sich darauf vorbereiten, im St.- Josefs-Institut (Dora) das Abitur nachzuholen. Alle nehmen das Studium sehr ernst. Jeder ist freiwillig da und nimmt große Anstrengungen auf sich, um eines Tages die Universität besuchen zu können.

Schwester Helene beugt sich vor, um sich von ihrem Stuhl erheben zu können und zur Tafel zu gehen. Da fühlt sie plötzlich einen rasenden Schmerz und fällt auf ihren Stuhl zurück.

— Mein Rücken ist verklemmt! Ich kann nicht aufstehen, stöhnt sie.

Ganz erstaunt versucht sie es von neuem. Ein Schmerzensschrei kommt von ihren Lippen. Sie muß den Tatsachen ins Auge sehen. Sie kann sich nicht mehr bewegen. Ein eilig herbeigerufener Arzt läßt sie gleich ins Krankenhaus bringen. Die Röntgenaufnahmen zeigen, daß ein Wirbel der Wirbelsäule sich nicht mehr an der richtigen Stelle befindet. Man muß sie sofort an der Bandscheibe zwischen dem dritten und vierten Wirbel operieren.

Als sie aus der Betäubung erwacht, macht der Chirurg ein ernstes Gesicht. Er erklärt ihr:

— Wir sind nicht sehr zufrieden mit der Operation, Schwester. Wir müssen noch abwarten, um das endgültige Ergebnis
beurteilen zu können.

Für den Augenblick macht Schwester Helene sich darüber
keine Gedanken und überläßt sich vertrauensvoll der Pflege,
die man ihr angedeihen läßt. Aber ein Tag nach dem anderen
vergeht, und es zeigt sich nach der Operation keine Besserung. Sie stellt fest, daß sie nicht nur Rückenschmerzen hat,
sondern daß auch ihre Beine vollkommen unbeweglich
geworden sind! Die Operation ist mißlungen.

— Das wird sich in ein paar Monaten geben, verspricht
man ihr.

Schwester Helene wird unruhig, und zwar zu Recht, denn
die Monate vergehen, und ihr Zustand ist immer der gleiche.
Nach und nach wird es ihr klar, daß sie von jetzt an ans Bett
gefesselt ist, an beiden Beinen gelähmt.

— Das war ein riesengroßer Schock, erzählt sie. Plötzlich
gehörte ich zu den Schwerkranken, zu den Behinderten, zu
denen, die ich mein ganzes Leben in meiner Kongregation
gepflegt hatte. Ich war dann eine zeitlang ganz verzweifelt
und habe viel geweint. Wozu soll es gut sein, in diesem
Zustand weiterzuleben, da man für alle nur eine Belastung
ist? Die Schwestern, die mich pflegten, haben mir viel geholfen. Schließlich brachte ich es fertig, diese Prüfung Gott aufzuopfern. Am meisten habe ich darunter gelitten, so vollständig abhängig zu sein. Bei allem mußte man mir helfen.
Während dieser ganzen Zeit habe ich immerzu gebetet und
auf Christus geschaut, der ja nicht aufgehört hat, am Kreuz
für mich zu leiden!

Ein halbes Jahr später wurde sie wieder operiert, und
dadurch ist die Lähmung des rechten Beines zurückgegangen, das sie dann wieder bewegen konnte, es gab beim
Gehen allerdings noch Schwierigkeiten mit dem Fuß und
dem Knie. Das linke Bein ist gelähmt geblieben. Man hat ihr
einen Stützapparat bis zur Hüfte angefertigt. So kann sich
Schwester Helene mit Hilfe von Krücken vorwärtsschleppen.

Aber sie verträgt das Autofahren nicht: wenn es einmal notwendig ist, dann bekommt sie davon sehr starke Rückenschmerzen. So ist Schwester Helene nun seit siebzehn Jahren gelähmt und liegt die meiste Zeit im Bett.

Vor neun Jahren hat die Kongregation der Schwestern vom heiligen Kreuz zum 25-Jähr-Jubiläum des Ordenslebens von Schwester Helene eine Feier veranstaltet. Die Oberin, Mutter Azzi Gemayel, ist die Schwester des früheren Präsidenten der Republik Amin Gemayel.

Präsident Amin Gemayel ist zum Jubiläum von Schwester Helene gekommen. Man serviert Champagner und Gebäck. Er beglückwünscht sie und wünscht ihr viel Mut, denn es entgeht ihm nicht, an welcher schrecklichen Behinderung Schwester Helene leidet. Sie hat all ihre Kraft zusammengenommen, um während der heiligen Messe mit Hilfe ihrer Krücken stehen zu können. Er fragt sie:

— Was haben Sie in diesen 25 Jahren getan, meine Schwester?

— Zehn Jahre lang war ich in den Waisenhäusern von Deir-el-Kamar und Abey eingesetzt. Mit 36 Jahren habe ich meine Studien fortgesetzt, die ich vorher unterbrochen hatte, während ich gleichzeitig in der Grundschule Unterricht erteilte. Und dann, nach sechzehn Jahren im Ordensstand, kam die Krankheit! Ich habe von da an nichts anderes mehr tun können, als das Telefon in der Zentrale zu bedienen...

Seit zwei Jahren sind bei Schwester Helene die Schmerzen im rechten Bein sehr viel stärker geworden, und sie kann sich immer schlechter mit ihren Krücken vorwärtsbewegen. Auch die Rückenschmerzen haben sich verschlimmert, das linke Hüftgelenk bereitet ihr furchtbare Schmerzen; sie verträgt auch sehr schlecht die vielen Medikamente — besonders nicht die schmerzstillenden Mittel —, sie muß sie aber nehmen. Die kranken Glieder der Wirbelsäule führen zur Nekrose und verursachen eine Entzündung mit ständigem Fieber, wodurch sie sehr erschöpft wird.

Im Winter 1993-1994 lädt ihr in New York lebender Bruder sie zu sich ein: er wird dafür sorgen, daß eine Serie genauerer ärztlicher Untersuchungen durchgeführt wird. Dafür sucht er die besten Fachärzte auf, besonders Professor Paul Hobeika am St.-Lukas-Roosevelt-Krankenhaus.

In Amerika macht man keine langen Umschweife, und man erklärt ihr:

— Meine Schwester, mit Ihrer Lähmung sieht das böse aus. Sie wird noch das Becken ergreifen. Und die Entzündung der kranken Wirbel macht die Sache noch wesentlich schlimmer. Man kann nichts für sie tun. Im April 1994 kehrt sie in den Libanon zurück, sie ergibt sich in ihr Schicksal und vertraut sich den Händen des Herrn an.

Als sie wieder in den Libanon zurückgekehrt war, fing man an, von dem geplanten Besuch Pater Tardifs zu sprechen, dem Gott die Heilungsgabe verliehen hatte. Der Sommer vergeht, und am Sonntag, 4. September, faßt sie den Entschluß, sich früh zum Kolleg der göttlichen Weisheit zu begeben, um an der für die Kranken zelebrierten Eucharistiefeier teilzunehmen, obwohl sie starke Schmerzen hat, wenn sie sich fortbewegen muß. Aber an ihre eigene Heilung denkt sie nicht.

— Ich werde vor allem für die anderen Kranken beten, sagt sie. Vor ihr stehen mehrere Reihen von Rollstühlen mit Dutzenden von Behinderten, für die sie ein großes Mitleid empfindet. Sie fleht den Herrn an, sie zu heilen.

Jetzt ist der Augenblick des Gebetes für die Kranken gekommen. Pater Tardif verkündet ein Wort der Erkenntnis:

— Herr, wir danken dir, daß du in dieser großen Versammlung Personen heilst, die nicht allein gehen konnten, die sich auf Krücken stützen mußten. Im Glauben werden sie jetzt aufstehen und ohne fremde Hilfe versuchen, einige Schritte zu tun...

In diesem Moment fühlt Schwester Helene ein Kribbeln im linken Bein, das vollständig gelähmt ist. Dann verspürt sie so etwas wie einen gewaltigen elektrischen Schlag am unteren

Ende der Wirbelsäule, dort, wo im Jahre 1977 die Bandscheibe sich verschoben hatte. Schwester Helene ruft der neben ihr sitzenden Ordensschwester zu:

— Ich fühle etwas!

Die andere Ordensschwester sagt zu ihr:

— Versuche zu gehen!

Und sie begibt sich daran, den Stützapparat vom Bein Schwester Helenes zu entfernen. Pater Tardif bemerkt ihr Bemühen und gibt den Rat, Schwester Helene ohne Hilfe näher kommen zu lassen.

— Steh auf!, sagt er zu ihr.

Schwester Helene empfängt in diesem Moment in ihrem Herzen ein Wort der Ermutigung vom Herrn:

— Du wirst geheilt werden!

Zum erstenmal steht sie auf..., um sich fast augenblicklich wieder hinzusetzen, weil sie vor ihrem eigenen Mut erschrocken ist. Dann steht sie von neuem auf, ohne Hilfe, und macht zögernd zwei Schritte, ohne Krücken, die ersten seit siebzehn Jahren. Ein drittes Mal steht sie auf, eine Bewegung, die ihr noch vor drei Minuten nicht möglich gewesen war. Sie richtet sich gerade auf und stellt sich fest auf die Beine. Es gelingt ihr, allein und ohne Krücken bis zum Pater Emiliano durchzukommen. Beide reichen sich die Hand. Er gibt ihr die Versicherung, daß alles vorbei ist, daß der Herr sie soeben geheilt hat. Schwester Helene spürt nämlich keine Schmerzen mehr. Sie kann ganz natürlich gehen. Nichts erinnert sie mehr an die Lähmung, und auch die Rückenschmerzen sind verschwunden.

— Was für ein seltsames Gefühl, nicht mehr zu leiden und gehen zu können! Das war mir nicht mehr möglich seit siebzehn Jahren, sechs Monaten und einer Woche, erkärt sie später mit der beklemmenden Präzision derer, die lange gelitten haben.

Einige Augenblicke später gibt Schwester Helene vor der Direktübertragung des Fernsehens das Zeugnis von ihrer Heilung. Sie kann das Weinen nicht zurückzuhalten, aber es sind Tränen der Freude. Schwester Maria-Petra, die sie begleitet, schluchzt und weint ebenso. Im Triumph kehren beide zurück. Alle haben sie am Fernsehen gesehen, und trotz der späten Stunde sind sie zum Kloster gekommen, um sie zu besuchen: Priester, Verwandte, Freunde und Bekannte, Ordensschwestern. Alle sehen die unglaubliche und plötzliche Verwandlung, die an Schwester Helene geschehen ist. Bei der Ankunft springt sie aus dem Wagen und steigt fröhlich die Stufen der großen Treppe empor, die zur Eingangstür des Klosters führt. Es sieht ganz so aus, als ob sie am liebsten noch mehr klettern wollte! Alle klatschen Beifall und lassen laute Freudenrufe ertönen! Ja, es ist wahr, sie geht, sie läuft, sie springt, sie rennt die Treppen empor! Keine Spur mehr von Behinderung! Diese Frau von sechzig Jahren läuft wie ein junges Mädchen, leichtfüßig und schnell. Das wird sich bald als sehr nützlich erweisen, wenn es gilt, die langen Flure ihres Christ-Königs-Klosters in Zouk zu putzen.

Ich bin zu ihrem Neurologen gegangen, Dr. Elias G.Bacha. Er ist der Leitende Arzt der Klinik und hat seine Examen in London abgelegt. Er ist Mitglied der britischen Vereinigung der Neurochirurgen. Ich will ihn fragen, was er vom Fall Schwester Helenes hält.

— Die arme Frau!, erklärt er mir ohne Umschweife. Was für einen Leidensweg muß sie gehen! Und die Zukunft ist noch düsterer, denn ihr Zustand verschlimmert sich mit gro- ßer Geschwindigkeit!

Ich bin sprachlos, denn ich begreife plötzlich, daß der Arzt von ihrer Heilung nichts weiß:

— Wissen Sie, daß Schwester Helene geheilt ist, vollstän- dig geheilt? Sie hat keinerlei Beschwerden mehr und läuft wie ein Hase!

— Wie denn das? Das ist doch vollkommen unmöglich! Sprechen wir überhaupt von der gleichen Person?

Er dreht sich um und nimmt aus seinem großen Schrank ein dickes Aktenbündel.

— Das hier ist ihre Krankengeschichte! Siebzehn Jahre Behandlung!

Ich muß ihm in einigen Worten von der Heilung bei Pater Tardif berichten, von dem er wie alle Leute schon gehört hat, und erkläre ihm, daß die Wunder auch medizinisch begutachtet werden. Er sperrt die Augen auf.

— Unglaublich! Und niemand hat mir etwas davon gesagt! Ich bin ja auch nur dazu da, wenn es Probleme gibt...

Schwester Helene, der es ja jetzt wieder blendend geht, hat natürlich ihren Arzt nicht mehr aufgesucht. Später wird er sie nochmals untersuchen: alles ist wieder normal geworden.

Ein Glück kommt niemals allein. Da ist auch Schwester Carmela Laham, eine andere Schwester aus der Kongregation vom heiligen Kreuz, eine Jordanierin, die ebenfalls von einem schweren Leiden geheilt wurde, an dem sie achtzehn Jahre lang gelitten hatte.

Im Alter von zwanzig Jahren begann sie an starkem Rheumatismus im Rücken, in den Armen und Beinen zu leiden. Besonders das rechte Bein konnte sie mit 26 Jahren nicht mehr bewegen. Das Rheuma wird immer schlimmer: sie vermag nur noch mit einem Stock zu gehen. Außerdem bekommt sie noch die Kollagenose, eine Bindegewebserkrankung, die zwölf Jahre lang mit Kortison behandelt wird. Diese Behandlung hat ihre Knochen geschwächt: seit dreieinhalb Jahren kann sie sich nur noch mit einem eisernen Korsett bewegen, da ihre Wirbelsäule sie nicht mehr trägt. Sie ist vollkommen hilflos geworden. Im Juni 1994 werden zwei Operationen gemacht, denn man will ihr eine Prothese in die rechte Hüfte einpflanzen, um zu versuchen, ob sie damit besser gehen kann. Die Operation mißlingt. Einen Monat später, im Juli, versucht man eine neue Operation.

Am 4. September entschließt sich Schwester Carmela, sich nach Jdaideh zu der Versammlung von Pater Tardif zu begeben. Sie geht nicht mit Schwester Helene zusammen, denn sie leben nicht in dem gleichen Kloster. Während es Schwester Helene gelungen ist, ganz vorne zu sitzen, hat Schwester Carmela nur ganz hinten, am Ende des Hofes, einen Platz gefunden. Sie sieht von dem Geschehen nichts, aber sie kann alles durch den Lautsprecher verfolgen.

Im Augenblick des Heilungsgebetes verspürt Schwester Carmela, wie eine große Hitze und so etwas wie ein elektrischer Strom ihr rechtes Bein durchzieht, es ist wie ein Prikkeln.

— Das hat etwas mehr als eine Minute gedauert, und ich bin sehr erschrocken, denn ich wußte nicht, was da mit mir geschah, erläutert sie.

Dann bemerkt sie, daß sie ihren rechten Fuß, der vorher bewegungsunfähig war, wieder bewegen kann. Es gelingt ihr, ohne Stock aufzustehen und einige Schritte zu tun.

— Unglaublich! Unglaublich!, stammelt sie.

Die Aufregung ist so groß, daß sie gar nicht an ein Wunder denkt. Sie ist ganz damit beschäftigt, aufzustehen und einige Schritte zu versuchen.

— Ich muß mich zum Ärztekomitee begeben, denkt sie.

Aber sie ist äußerst ängstlich.

— Wenn ich nun hinfalle?

Aber dann begibt sie sich doch ohne Hilfe zum Podium, um von ihrer Heilung Zeugnis abzulegen. Dazu muß sie in diagonaler Richtung den großen Hof durchqueren, der voller Menschen ist. Sie steigt die Treppen zwischen dem unteren und dem oberen Hof hinauf, wo das Podium aufgerichtet ist. Am Fuß des Podiums befindet sich das Ärztekomitee, mit dem sie eine kurze Begegnung hat. Bei der Rückkehr geht sie allein vom Kolleg bis zur Autobahn, wo das Auto des Klosters steht. Mehr als ein Kilometer zu Fuß, ohne Krücken und ohne irgendeine Hilfe! Sie ist geheilt! Ihr gelähmtes Bein kann gehen, die Hüfte hat ihre Beweglichkeit wiedergefunden, die Wirbelsäule hat sich gekräftigt. Zu Hause angekommen, ist es das erste, was sie tut, ihr eisernes Korsett auszuziehen. Sie leidet unter keinem der Krankheitssymptome mehr, welche ihr vorher so sehr zu schaffen machten.

Sie hat eine neue Arbeit in dem von ihrer Kongregation geleiteten Krankenhaus Unserer Lieben Frau von Antelias übernommen: es obliegt ihr, die Archive zu ordnen, was eine ständige Bewegung erforderlich macht. Sie muß immer wieder aufstehen, um die erbetenen Akten zu holen und um diejenigen, die zurückgegeben werden, wieder einzuordnen. Da sie nun aufs neue in der Lage ist zu reisen, begibt sie sich zum Weihnachtsfest 1994 nach Amman in Jordanien, um ihre Familie zu besuchen. Das ist ihre erste Reise seit zehn Jahren.

Schwester Carmela ist eine äußerst schüchterne Person, ganz im Gegensatz zu der sehr lebendigen und kontaktfreudigen Schwester Helene. Da sie schon sehr jung von der Krankheit befallen worden war, hat sie keine große Erfahrung. Sie hat etwas Zurückhaltendes in ihrem Wesen, sie ist gleichsam ausgelöscht. In Gegenwart von Menschen, die sie nicht kennt, wagt sie es nicht, sich auszudrücken, ja, nicht einmal, die Augen zu erheben. Daher ist es ihre Oberin, die neben ihr sitzende Schwester Elisabeth, die ihr Zeugnis übersetzt und sie ermutigt, selbst zu mir zu sprechen! In ihren Augen aber strahlt eine neue Glut. Die zarte Liebe Gottes scheint sich beeilt zu haben, diese junge Frau zu trösten, die in ihrer Schüchternheit einem kleinen verwundeten Vögelchen gleicht.

Einige Tage nach diesem berühmten 4. September glücklichen Angedenkens kommt das Fest der Kreuzerhöhung, der 14. September, der gleichzeitig auch der Festtag der Kongregation ist. Es wird eine feierliche Messe zur Danksagung für die Heilungen der beiden Schwestern zelebriert. Der Hauptzelebrant ist der Apostolische Nuntius, Mgr. Puente, und der lateinische Bischof des Libanon, Mgr. Bassim. Alle Schwestern sind anwesend, sowie auch zahlreiche Freunde. Bei der Opferung bringen Schwester Helene und Schwester Carmela die Opfergaben zum Altar. Sie schreiten durch den Mittelgang, ohne die leiseste Spur von Gehbeschwerden. Alle

Anwesenden kennen die Schwestern und wissen, daß sie behindert waren. Ein ergreifender Augenblick!

Am nächsten Tag fliegt Schwester Helene nach Frankreich und begibt sich dann sogleich nach Lourdes, um der Gottesmutter für ihre Heilung zu danken.

— Ich habe so oft gewünscht, nach Lourdes zu kommen! Aber es war ja nicht möglich mit meinem Rücken, der das Reisen nicht vertrug, nicht einmal eine Viertelstunde lang!

Schwester Helene wird in ihren Gebeten und in ihrer Arbeit niemals ihre Leidensgefährten vergessen, die ans Bett gefesselt sind oder sich mit Krücken fortbewegen müssen, hat sie doch selbst siebzehn Jahre lang ihre Leiden mit ihnen geteilt. Sie hat ihre Arbeit in ihrer Kongregation wieder aufgenommen, die sich dem Dienste an den Armen widmet.

— Es ist der Herr selbst, dem man in den Leidenden dient! Und um das tun zu können, ist es besser, sich auf seinen Beinen halten zu können, flüstert sie mit einem schelmischen Lächeln.

Kapitel XVI

Drei Heilungen an den Augen

— Kennen Sie einen gewissen Youssef Bitar, der von seiner Lähmung geheilt worden ist? Man hat mir gesagt, daß er hier behandelt worden war.

Anna-Sophia stellt diese Frage an Schwester Rachidi, die das physiotherapeutische Zentrum in Hadath leitet. Sie ist noch ganz außer Atem von dem langen Weg, bis sie bei sintflutähnlichem Regen hierher gekommen ist. Sie mußte ganz Beirut durchqueren, um in diesen westlichen Stadtteil zu kommen, der ganz nahe an Chiah liegt, der Hochburg der Hisbollah.

— Geh nicht alleine!, hatte man ihr geraten.

Aber niemand hatte sich bereit erklärt, sie zu begleiten. Es blieb ihr nichts anderes übrig, als sich in knatternde, mit Arbeitern vollbesetzte Taxis zu quetschen, und dann mußte sie noch lange zu Fuß weitergehen auf einer durch die Granateneinschläge mit Löchern übersäten Straße, um endlich zum Kloster der Schwestern von den Heiligsten Herzen Jesu und Mariä zu gelangen, wo dieses Zentrum sich befindet. Dort wird eine heilgymnastische Behandlung bei Funktionsstörungen und rheumatischen Erkrankungen angeboten. Hier bedient man sich der ausgeklügeltsten Apparate.

Schwester Rachidi ist 35 Jahre alt und kommt gerade aus Rouen in Frankreich zurück, wo sie ein Jahr lang eine Spezialausbildung in kinetischer Therapie erhalten hat. Sie scheint glücklich zu sein, einer Französin begegnen zu können und fragt Anna-Sophia nach dem Grund ihres Kommens. Diese erklärt ihr, daß sie mit Nachforschungen über die Heilungen beauftragt worden sei. Nachdem sie all die vielen Wohltaten beim Besuch von Pater Tardif kommentiert hat, sagt Schwester Rachidi ihr:

— Hören Sie, einen Herrn Youssef kenne ich nicht, aber warum gehen Sie nicht Leila besuchen?

— Leila?

— Leila ist eine unserer Pensionärinnen. Sie hatte das Glück, von einer sehr starken Kurzsichtigkeit geheilt worden zu sein. Eine wundervolle Sache!

Sie schenkt Anna-Sophia einen heißen Tee ein und reicht ihr einiges Gebäck, und dann erzählt sie ihr die Geschichte von Leila.

Leila Tanios Keyrouz stammt aus der Bekaa, dem Dorf Deir-el-Ahmar, 18 km von Baalbek entfernt. Der kleine Ort lebt von der Landwirtschaft, besonders vom Obstanbau. Böse Zungen verbreiten das Gerücht, daß auch einige Quadratmeter Mohn angebaut werden, um die schwierigen Monatsenden zu überbrücken. Alles Land um das Dorf herum gehört den Familien des Dorfes, in welchem nur maronitische Christen wohnen. Leilas Vater ist Hirte und hat neun Kinder, fünf Söhne und vier Töchter.

Leila ist von den Schwestern der Heiligsten Herzen aufgenommen worden. Sie lebt seit vier Jahren im Haus Unserer Lieben Frau in Hadath, zusammen mit ihrer älteren Schwester, die dort in der Zentrale arbeitet. Sie war ein junges Mädchen von neunzehn Jahren, sehr nervös, eigensinnig, cholerisch und zunächst recht schwierig, weil sie auch geistig ein wenig zurückgeblieben war. Da sie aus einer armen Familie stammte, haben ihre Eltern ihre Behinderung in ihrer frühen Kindheit nicht erkannt. Statt dessen sind Schläge und Vorwürfe auf dieses Kind herabgeregnet, das doch nichts verstehen konnte. Dadurch wurde sie schwer erziehbar und aggressiv. Bei den Schwestern, die sie aufgenommen haben, leistet sie kleine Dienste, aber man hat große Schwierigkeiten mit ihr. Der Charakter dieses jungen Mädchens kann ihre ganze Umgebung zur Verzweiflung bringen.

So ist es gewesen, denn seit dem 4. September 1994 hat sich bei Leila eine erstaunliche Änderung vollzogen. Jetzt ist das junge Mädchen ruhig, lächelnd und sehr umgänglich. Eine unglaubliche Umwandlung! Außerdem litt Leila seit ihrer Kindheit an einer angeborenen Kurzsichtigkeit. Sie trug eine starke Brille und erkannte nur mit Mühe die Menschen in ihrer Nähe.

Als Pater Tardif an diesem Sonntag, 4. September, die heilige Messe für die Kranken feiert, verfolgt Leila die Zelebration am Fernsehen, im Wohnzimmer, zusammen mit den Schwestern in Hadath. Schwester Alfred-Maria, die Oberin des Klosters, legt ihr ans Herz:

— Bitte Jesus, dir zu helfen, daß du deine Brille nicht mehr brauchst!

Leila ist sehr fromm, sie stimmt zu und betet, die Augen auf den Bildschirm gerichtet. Bald aber fühlt sie sich gestört: das Stimmengewirr und das Hin-und Herlaufen der Besucher hindert sie am Beten. Sie geht in ein anderes Zimmer, wo sie allein ist, und stellt das Radio an.

Nach der heiligen Messe kehrt sie zu den Schwestern und den paar Freunden dort im Wohnzimmer zurück. Sie hat ihre Brille abgenommen. Ohne ein Wort zu sagen, betrachtet sie alle anwesenden Personen und nennt dann alle bei ihrem Namen, ohne sich zu irren, sie, die doch vorher fast nichts sah. Schwester Alfred-Maria gibt ihrer Freude lebhaften Ausdruck und beglückwünscht sie mit herzlichen Worten:

— Leila! Du bist geheilt! Du siehst ja!

Antonia, ihre Schwester, die sich um sie kümmert, ist sehr beunruhigt. Sie glaubt es nicht:

— Setz augenblicklich deine Brille wieder auf! Du wirst hinfallen und dich verletzen und dir schließlich noch die Beine brechen!

— Nein! Ich sehe sehr gut, antwortet die Betreffende.

Die Brille wird in die Ecke eines Schrankes verstaut und braucht nie mehr hervorgeholt zu werden.

Ihr Arzt, Dr. Sami Nehmé, ist in Ärztekreisen eine Autorität. Er ist ein wegen seiner Arbeiten und Forschungen weltbekannter Augenarzt. Er lehrt an der Universität und ist soeben von einem Kolloquium in den Vereinigten Staaten zurückgekehrt.

— Ich habe in New York und in Paris den Fall der Leila Keyrouz zur Sprache gebracht! Diese Heilung ist menschlich gesprochen unmöglich! Eine angeborene Kurzsichtigkeit wird niemals geheilt. Die deformierte Hornhaut kann niemals ohne Operation korrigiert werden!

Der Arzt besitzt alle Ergebnisse der Untersuchungen, die er bei Leila gemacht hatte, ehe sie geheilt worden war. Da sie nicht lesen konnte, hat man ihr Bilder gezeigt: ein Flugzeug, eine Blume, eine Katze —, leuchtende Silhouetten auf dunklem Hintergrund. Sie ist niemals in der Lage gewesen, auch nur ein einziges Bild zu benennen.

— Nur Lichtpunkte vermochte sie zu erkennen, erläutert der Arzt.

Nach ihrer Heilung hatte er feststellen können, daß die Kurzsichtigkeit Leilas vollständig verschwunden war. Sie erkannte die kleinen leuchtenden Zeichen und konnte die auf die Wand projizierten Bilder richtig benennen.

— Aus wissenschaftlicher Sicht ist dieser Fall hochinteressant und vollständig unerklärlich, kommentiert Dr. Nehmé. Es ist ein Wunder, und ich wäge meine Worte ab! Ich habe meine «kleine» Reputation in der ganzen Welt, und meine Arbeiten werden überall veröffentlicht. Ich kann es mir nicht erlauben, dummes Zeug zu reden. Zwar kann das Schielen oder sonst eine gutartige Augenschädigung unter Umständen durch einen psychologischen Schock geheilt werden, aber bei einer angeborenen Kurzsichtigkeit, wie das bei Leila der Fall war, ist eine spontane Heilung niemals möglich. Vom gegenwärtigen Stand der Wissenschaft aus ist das unerklärlich. Nur durch ein göttliches Eingreifen — mag das auch manchen mißfallen —, kann etwas Derartiges geschehen!

Und was noch schöner ist, Leila hat an sich auch das erfahren, was man eine innere Heilung nennt; sie hat einen tiefen inneren Frieden gefunden, sie ist von den alten seelischen Verwundungen geheilt, welche diese schwer zu ertragende Aggressivität verursacht hatten. Keine Therapie vermochte in all den Jahren der Behandlung dieses Ergebnis zu erzielen. Leila ist jetzt ruhig, lächelnd und glücklich. Etwas Unsichtbares hat sie umgewandelt, eine Berührung des Herrn. Sie ist zwar geistig noch immer ein wenig zurückgeblieben, aber sie ist ein ganz anderes junges Mädchen geworden: aufgeschlossen, gefällig und fröhlich. Daher hat sie nun in ihr Dorf zurückkehren können, wo sie jetzt wieder bei ihrer Familie lebt, was wegen ihres schwierigen Charakters vorher nicht möglich gewesen war. Leila betet viel und lebt in einer Freundschaft, um nicht zu sagen in einer ganz besonderen Liebe zum Herrn. Man sieht, wie sie in die Dorfkirche geht, um zu beten, niemals lang, aber sehr intensiv.

Und so kommentiert Schwester Rachidi diese wundervolle Heilung:

— Was mich am stärksten berührt hat, ist die göttliche Wahl! Gott hat nicht das erwählt, was in der Welt groß und mächtig war, sondern das Kleinste, jemanden, der nichts tun und die Heilung nicht auswerten kann, um damit die Herrlichkeit Gottes zu verkünden. Ein ganz unscheinbares junges Mädchen wurde mit einer unwiderlegbaren Heilung seiner Augen und besonders seines Herzens beschenkt. Eine vollkommene Heilung, ein reines Geschenk!

Sie betont diese letzten Worte, gleichsam um deren ganze Tragweite zu unterstreichen.

— Ein reines Geschenk für die ärmste der armen Töchter eines armen Dorfes! Wie gut ist Gott! Ja, seine Wege sind nicht die unsrigen, ruft sie mit strahlendem Lächeln aus. Dr. Sami Nehmé hat uns noch auf eine andere Heilung bei seinen

Patienten aufmerksam gemacht, die des kleinen Elias
Khoury, sechseinhalb Jahre alt.
— Interessant! Aber natürlich nicht auf der gleichen Ebene
wie Leila! Gehen Sie jedoch hin, um ihn zu sehen, auf meine
Empfehlung hin! Er wohnt in Bourj Hammoud, dem armen Flüchtlingsquar-
tier, wo vor allem Armenier leben.

Endlich sind wir da: das «dritte Haus hinter dem Antonius-
Supermarkt in der Straße der Garage Chalhoub». Ein unge-
pflegtes Haus, eine Treppe ohne Beleuchtung, wo wir nur
tastend vorwärtskommen.
— Was für ein Drecknest!, ruft Anna-Sophia aus. Wo werden wir wohl landen?
Wir bleiben vor der Türe stehen, sie ist nur angelehnt und
führt in ein kleines Zimmer, in welchem zwei Kinder spielen.
— Familie Khoury?
Schreie, dann ein Flüstern, und die Kinder verschwinden
hinter einem Vorhang, von wo aus endlich eine Frau zum
Vorschein kommt, die sich ihre Hände mit einem Lappen in
der Türöffnung abtrocknet. Mit einigen arabischen Worten
erklärt Anna-Sophia den Zweck unseres Besuches. Ein brei-
tes Lächeln zieht über das Gesicht von Frau Khoury, als sie
erfährt, daß Pater Tardif aufgrund unserer Initiative in den
Libanon gekommen ist. Sie läßt uns in das einzige Zimmer
eintreten, das als Wohnung für die ganze Familie dient. Ein
paar Minuten später kommt auch ihr Mann ins Zimmer, man
hatte ihn nämlich verständigt. Er ist Syrer und gehört zur
griechisch-katholischen Gemeinde, er arbeitet in einer win-
zigen Werkstatt, wo er Fernsehapparate und Haushaltsge-
räte repariert. Seine Frau ist Palästinenserin. Ihre Eltern sind
im Jahre 1947 aus Haifa geflüchtet, zur Zeit der israelischen
Annexion. Sie sind ein junges Ehepaar, kaum dreißig Jahre
alt. Wissam, der Vater, erzählt das Abenteuer dieses Som-
mers:
— Elias ist unser erster Sohn. Er ist jetzt sechseinhalb Jahre
alt. Am 3. Juli dieses Jahres hatte er plötzlich heftige Leib-

schmerzen, die von einer fiebrigen Infektion herrührten, wahrscheinlich Typhus. Danach fing er stark zu schielen an. Ich habe mein Geschäft schließen müssen, um verschiedene Ärzte aufzusuchen, von denen ich hoffte, daß sie ihn behandeln könnten, und um alle nötigen Untersuchungen durchführen zu lassen: zuerst ging ich zum Kinderarzt unseres Stadtviertels, Dr. Elias Haddad, der schickte mich aber zu anderen Ärzten, bis ich schließlich zu dem berühmten Doktor Nehmé kam, einem der besten Augenärzte in unserer Gegend. Ein chirurgischer Eingriff war für den September geplant, um Elias von seinem Schielen zu befreien.

Wissam schöpft tief Luft, während Elias sich in seine Arme birgt. Er hat gut verstanden, daß man von seiner Heilung spricht.

— Die ganze Familie war voll Unruhe, nimmt Wissam das Gespräch wieder auf, mit einem Rest von Traurigkeit in den Augen bei der Erinnerung an diese schwierige Situation. Der kleine Elias war wirklich behindert. Und man mußte fünftausend Dollars auftreiben, mehr als das Jahreseinkommen der Familie.

Die Mutter fährt fort:

— Als wir uns am Fernsehen die Messe vom Sonntag, 4. September, mit Pater Tardif angesehen hatten, habe ich sofort an die Heilung von Elias gedacht. Und ich habe gebetet, gebetet, damit Jesus meinen Sohn heilt!

Und nun erzählt sie von diesem einmaligen Tag. Die ganze Familie beschließt, sich am Dienstag, 6. September, nach Jdaideh zu begeben: die aus Haifa gebürtige Großmutter, das Ehepaar und die beiden Kinder, Elias und die kleine Myriam, acht Monate alt. Unmöglich, in das Kolleg hereinzukommen, so voll ist es schon! Die Familie begibt sich zu einem benachbarten Haus und versucht, auf einem schon überladenen Balkon Platz zu finden. Bald fängt Myriam an zu weinen, denn sie ist müde und verstört von all dem Lärm und der Unruhe. Da stellt man fest, daß man in der Eile des Aufbruchs ihr Fläschchen vergessen hat. Man muß nach Hause zurück-

kehren. Glücklicherweise ist es nicht weit. Schnell wird der
Fernseher angestellt, die Großmutter kniet sich in der Nähe
des Bildschirms vor ein großes Kruzifix, Elias wird gegenüber
auf ein Sofa gesetzt. Gerade fängt das Gebet für die Kranken
an. Man hört, wie Pater Tardif betet:
— Segne alle kleinen Kinder, die hier sind, Jesus! Es sind
hier Leute, die kranke Augen hatten und fast nichts sehen
konnten. Ihre Augen werden jetzt geheilt...
    Die Eltern von Elias sind durch dieses Wort sehr beein-
druckt. Der kleine Elias sagt aber nichts. Die heilige Messe
geht zu Ende, und die Familie ist tief gesammelt. Es ist jetzt
Zeit, Elias ins Bett zu bringen. Myriam schläft schon längst im
Bett ihrer Mutter. Als sie sich aber über die Stirn des Elias'
beugt, um ihm seinen abendlichen Kuß zu geben, stößt sie
einen lauten Schrei aus, worauf ihr Mann eilig zu ihr läuft.
— Seine Augen! Seine Augen! kann sie endlich hervor-
bringen...
    Der klare Blick des Elias' wandert von seinem Vater zur
Mutter, und dann beugt seine Mutter sich über ihn. Die beiden Pupillen sind ganz parallel, in ihrer richtigen Lage. Elias
ist geheilt! Das bestätigt der am nächsten Morgen zu Rate
gezogene Arzt. Die Operation ist nicht mehr nötig. Da sendet
die Mutter ein aus tiefstem Herzen kommendes Lob- und
Dankgebet zu Gott, sie schlägt sich an die Brust und hebt die
Arme zum Himmel. Vor übergroßer Freude und Erregung
vermag sie nur noch zu stammeln:
— Danke! Danke, mein Gott! Gott hat uns nicht vergessen!
Wie gut ist er! Wie gut ist er!
    Auch die Großmutter und Wissam weinen vor Freude.
Elias ist ganz glücklich. Die Augen tun ihm nicht mehr weh,
und vor allem, er braucht jetzt nicht mehr ins Krankenhaus
zu gehen, vor dem er fürchterliche Angst hatte «wegen dieser
spitzen Instrumente, die einem in die Augen stechen». Dr.
Nehmé hat seine Augen untersucht und festgestellt, daß das
Schielen plötzlich verschwunden ist. Im Gegensatz zum Fall
von Leila Keyrouz jedoch, wo seine ärztliche Wissenschaft

nicht weiter wußte, ist das Schielen für ihn eine wesentlich weniger komplizierte Sache, denn es sind ja schon Fälle von spontaner Heilung beobachtet worden. Er leugnet indessen nicht die Möglichkeit eines übernatürlichen Eingreifens: das Kind ist ja noch sehr jung und auf psychologische Beeinflussung noch kaum ansprechbar. Es gab für ihn an diesem letzten 6. September keine besonderen Ereignisse, die etwa einen Schock hätten auslösen können; es war nichts da, das eine solche plötzliche Veränderung zu erklären vermocht hätte. Der Arzt läßt aber die Möglichkeit verschiedener Interpretationen offen. Es ist offensichtlich: Für ihn als Facharzt erregt dieser Fall keine übermäßige Aufmerksamkeit, während Leila für ihn eine Gelegenheit zu echtem Erstaunen ist.

In der Familie Khoury ist nun die Freude wieder eingekehrt.

— Fünftausend Dollars haben wir gespart, seufzt erleichtert der Vater des Elias', der noch nicht den ersten Cent dafür zurückgelegt hatte. Für diese Familie besteht kein Zweifel daran, daß die Heilung des Eilas' im Augenblick des Wortes der Erkenntnis geschehen ist. Elias verkündet seinen Glauben an den, der ihn geheilt hat, und erklärt seinen kleinen Klassenkameraden voller Überzeugung:

— Jesus hat mich geheilt!

Seit einem Jahr sind die Augen von Elias ganz gesund. Der Alpdruck ist vergessen!

Auch die 42jährige Affaf el Barcha hat eine wunderbare, unerwartete Heilung der Augen erfahren! Das ist die Frau, welche Anna-Sophia am Anfang ihrer Nachforschungen in den Palästinenserlagern um Tyrus herum mit so großer Mühe gesucht hatte!

Korpulent, sauber, mit kleinen braunen Locken um ihre goldenen Ohrringe herum, nähert Affaf sich uns mit schüchternem Lächeln. Wir betreten den Hof ihrer Wohnung. Er ist aus Beton, aber sauber gekehrt. Es riecht nach Wäsche und nach Putzmitteln. An der Wand hängt eine Reproduktion des «Abendmahl» von Leonardo da Vinci, sorgfältig eingerahmt unter einem bereits trüb gewordenen Glas. Dieses Bild findet man zu Tausenden in den armen christlichen Wohnungen überall auf der ganzen Welt. Sehr schnell kommen wir auf den Grund unseres Besuches zu sprechen. Veda, unsere Übersetzerin, führt das Gespräch, denn Affaf versteht kein Wort französisch:

— Wie geht es dir? Was machen deine Augen?

Affaf macht ein ernstes Gesicht und denkt nach. Sie tut einen tiefen Atemzug, als ob die Worte, die sie nun sagen will, zu wichtig seien, als daß man sie so leichthin aussprechen könnte:

— Aber warum ich? Sagen Sie mir, warum ich?

Sie beginnt mit diesem Schrei ihres Herzens, das war es, was sie seit ihrer Heilung am stärksten berührt hat:

— Es gibt so viele Leute, die mehr zu leiden haben als ich! Sehen Sie, ich bin zur heiligen Messe von Pater Tardif gekommen, um für meine Schwester Randa zu beten. Sie ist seit zehn Jahren verheiratet und hat noch keine Kinder. Ich habe niemals daran gedacht, daß ich selbst eine Heilung empfangen könnte. Aber der Herr hat sich mir zugeneigt. Warum?

Nun müssen wir also damit anfangen, zuerst mit ihr über das Warum dieser Heilung zu sprechen, denn diese Frage scheint sie sehr zu beschäftigen. Sie richtet einen fragenden Blick auf mich, sie glaubt wohl, daß ich in diesen Dingen ein wenig Erfahrung habe.

— Affaf, für ein Wunder gibt es niemals eine Erklärung. Die Liebe Gottes ist die gleiche für jeden, wir sind alle mit der gleichen Liebe geliebt. Ein Wunder will nicht besagen, daß Gott diese oder jene Person einer anderen vorzieht, welche ihre Krankheit behält. Die Krankheit ist manchmal ein geheimnisvoller Weg der Gnaden, wo Gott sich gibt auf besonderen und nicht zu begreifenden Wegen. Danke dem Herrn und bete darum, alle Tage seinen Willen zu tun!

Sie sieht nun beruhigt und fröhlicher aus. Aber sie hat soeben die Frage nach dem ganzen Problem des Bösen und des Leidens gestellt: Machtlosigkeit oder Allmacht Gottes angesichts des Menschen? Es ist ohne Zweifel leichter für den Herrn, ein steifes Knie oder ein krankes Auge zu heilen, als das falsche Herz eines nach Blut und Geld dürstenden Soldaten zu ändern oder das einer boshaften Frau, die von Eifersucht zerfressen ist, während sie doch alle die Freiheit haben, seinen Wegen zu folgen oder nicht. Und das Böse, das diese Menschen zu tun beschlossen haben, das kann Gott nicht verhindern, weil seine Liebe einen absoluten Respekt vor der Freiheit eines jeden hat. Ich füge hinzu:

— Jesus ist auferstanden! Er hat alles Übel auf sich genommen und es durch seine Auferstehung von den Toten besiegt. Heute zeigt er dir das durch die Heilung deiner Augen, gleichsam als Vorgeschmack auf die zukünftige Auferstehung und Befreiung von Sünde und Tod!

Affaf macht einen gesammelten Eindruck. Es ist erstaunlich, wie gut sie diese schwierigen theologischen Begriffe in einer Art von Intuition versteht. Alles, was mit Gott zu tun hat, beeindruckt sie tief. Angesichts des Wirkens Gottes ist sie von einem Gefühl der Furcht und der Bewunderung erfüllt. Ja, Gott hat sich über sie gebeugt. Sie fühlt sich aufs neue verpflichtet, auf ihr Leben zu achten, um eine «bessere» Christin zu werden. Wie es bei May Khalil, der jungen, von der Kinderlähmung geheilten Frau gewesen war, so suche ich auch sie zu beruhigen:

— Nein, Affaf, tu nichts Besonders. Liebe den Herrn aus deinem ganzen Herzen, aber ganz natürlich, ohne dich zu zwingen. Sei aufmerksam. Es ist letzten Endes Er, der dir jeden Tag zeigen wird, was er von dir erwartet!

Das tägliche Leben von Affaf ist hart. Es kommt nur wenig Geld ins Haus. Der Krieg ist hier noch nicht zu Ende. Fast jede Woche werden die Palästinenserlager von Tyrus, wo sie wohnt, bombardiert. Man verkriecht sich im Haus, und beim Einschlagen der Bomben schnürt die Angst einem die Kehle zu. Und das dauert nun schon achtzehn Jahre lang!

Sie stammt aus einer orthodoxen Familie von Tyrus, sie wohnt am Rande des Lagers von Elbuss. Sie hatte die Freude, sechs Kinder zu bekommen, drei Söhne und drei Töchter, sie sind heute zwischen acht und 22 Jahre alt. Affaf arbeitet in einer kleinen Keramikwerkstatt. Ihr Mann ist Arbeiter in einer Tischlerei.

Als Affaf acht Jahre alt war, bemerkte man, daß sie kurzsichtig war, sie konnte nämlich in der Schule nicht lesen, was an die Wandtafel geschrieben war. Man bemerkt auch, daß sie schielt. Da es nicht besser wird, schreitet man zu einer Operation, um die Pupillen wieder in ihre parallele Stellung zu bringen. Die Operation gelingt, aber sie leidet immer noch an Migräne und Juckreiz in den Augen. Durch das Tragen einer Brille wird es allerdings etwas besser. Ohne Brille sieht sie aber nicht viel und ist unfähig, etwas zu lesen. Anna-Sophia kommt nun auf das Wesentliche zu sprechen:

— Was ist während der Messe von Pater Tardif in der St.-Thomas-Basilika in Tyrus mit dir geschehen?

— Ich bin mit meinem Mann und meinen fünf im Libanon lebenden Kindern dorthin gegangen. Es waren an diesem Tag so viele Leute da, daß wir nicht in die Kirche hineinkommen konnten. Da ich wußte, daß das bei Gott nichts zu bedeuten hat, habe ich angefangen, für meine Schwester zu beten. Als nun Pater Tardif für die Kranken gebetet hat, da habe ich so etwas wie «ein großes Feuer» gespürt, das sich von meinem Kopf bis zu den Zehen ausbreitete. Ich fühlte ein gewaltiges Stechen in den Augen, als ob man Pfeffer hineingestreut hätte. Das hat ein paar Sekunden gedauert. Zuerst wußte ich gar nicht, was da geschah. Als ich wieder zu Hause angekommen war, öffnete ich die Bibel. Und da, welche Überraschung, der Herr hat mich wirklich geheilt! Ohne Brille konnte ich die kleinen Buchstaben des Buches lesen!

Der moslemische Arzt von Saida, Dr. Ali Dagher, der Affaf behandelt, konnte nicht anders, als eine erstaunliche Besserung der Sehfähigkeit und das Verschwinden der Kurzsichtigkeit festzustellen. Er wagt dazu keinen Kommentar zu geben.

Diese drei Augenheilungen bei Leila Keyrouz, Elias Khoury und Affaf el Barcha haben dazu geführt, daß nicht nur die Betroffenen selbst, sondern auch ihre ganzen Familien eine tiefe geistliche Umwandlung erfahren durften. Was Leila, Elias und Affaf gemeinsam haben, ist ohne Zweifel ihr großes Gottvertrauen. Diese so bescheidenen Menschen haben es gewagt, alles vom Herrn zu erwarten. Gott ist nicht kleinlich. Wie immer, so hat er auch diese Menschen beschenkt, weit über alle ihre Erwartung hinaus.

Kapitel XVII

Von dämonischer Besessenheit geheilt

Jessie stößt einen Schrei aus. Im Türrahmen sieht sie eine bedrohliche Gestalt, mit einem weißen Tuch bedeckt. Der Kopf, der daraus hervorschaut, ist durch eine abscheuliche Grimasse entstellt.

— Rita, ich bringe dich um! Du hast mich heute schon wieder betrogen!

Jessie läuft herbei, um sich zwischen sie und ihren Vater zu stellen, der in einem Anfall von Wahnsinn auf ihre entsetzte Mutter losstürmt, die in der Ecke des Sofas sitzt. Es ist zwei Uhr morgens. Wenn Waël seinen Wahnsinnsanfall hat, dann wagt niemand, zu Bett zu gehen. — Dann dreht er sich plötzlich um, geht in sein Zimmer und läßt sich mit lautem Krachen auf sein Bett fallen. Kurz darauf hört man sein lautes Schnarchen. Waël ist eingeschlafen. Jessie seufzt und stottert:

— Papa wird gefährlich! Was können wir tun?

Lydia seufzt:

— Wir wollen beten! Gott allein kann uns helfen. Die Krankheit deines Vaters ist etwas so — Besonderes!

Jessie senkt nachdenklich den Kopf. So viel ist seit ihrer frühen Kindheit mit ihrem Vater geschehen, den sie doch so zärtlich liebt. Keiner der zu Rate gezogenen Psychiater hat die Ursache dieses zusammenhanglosen Verhaltens erkennen können. Es ist auch klar, warum!

Waël leidet nämlich seit fünfzehn Jahren an dämonischer Besessenheit. Es handelt sich um eine echte spirituelle Krankheit, die zwar selten ist, aber die Quelle unermeßlicher Leiden. Waël war ein vorzüglicher und reicher Geschäftsmann, ein bedeutender Experte im internationalen Finanzgeschäft. Er reiste in der ganzen Welt umher. Vor siebzehn Jahren hatte er ein schönes und frommes junges Mädchen geheiratet, mit der er bald drei Kinder bekam. Ein glückliches Familienleben, das elegante Leben der großen Welt und viel Geld ermöglichten dem jungen Paar ein sorgloses Leben, das von keinem Schatten getrübt wurde.

Zwei Jahre nach seiner Heirat macht Waël die Bekanntschaft eines sympathischen Geschäftsmannes mit Namen Raffic. Die beiden Männer verstehen sich gut. Raffic macht Waël das Angebot, ihm bei der Aufnahme gewisser Verbindungen behilflich zu sein. Er gewinnt einen immer größeren Einfluß auf ihn. Immer sind diese beiden Männer zusammen. Raffic ist in Wirklichkeit ein Medium und ein Magier. Er ruft die Geister an und erhält von den Dämonen eine gewisse Macht. Das erlaubt ihm, die Leute unter dämonischen Einfluß zu bringen und aus der Ferne den Geist derer zu kontrollieren, die ihm aus Unkenntnis und Naivität Vertrauen entgegenbringen.

Fasziniert und von Neugier getrieben, entdeckt Waël eine Welt, in der es möglich ist, Gegenständen zu befehlen, sich anderswohin zu begeben und wo man denen, die gewisse spiritistische Praktiken auszuüben bereit sind, Wohlstand, Glück und Schutz in Aussicht stellt. Diese Praktiken bestehen darin, gewisse Schriftstücke herunterzuschlucken oder sie in seinen Kleidern zu verbergen. Diese Schriften sind mit «geheimen» Schriftzeichen bedeckt, die aber in Wahrheit Pakte mit dem Teufel sind, wobei man auch dem Medium gehorchen muß.

Waël tut alles, was Raffic ihm vorschreibt. Er wird ständig abhängiger, während der «Freund» immer größere Anforderungen an ihn stellt. Rita sieht ihren Mann kaum noch daheim. Waël hat ja seine Freiheit einem skrupellosen, von einer teuflischen Macht angetriebenen Individuum ausgeliefert. Statt Wohlstand und Glück, wie sie ihm versprochen worden waren, tritt bald das Gegenteil ein: Waël verliert alles, was er besitzt!

Raffic flüstert Waël zu, daß er Rita im Verdacht hat, sich mit Liebhabern zu treffen; er macht Andeutungen, er nennt Namen. Waël schließt seine Frau im Hause ein. Da verliert sie ihre Arbeit, einen ausgezeichneten Arbeitsplatz im geschäftlichen Bereich. Dieser Mangel an Vertrauen ihres Mannes ist für Rita eine Quelle unerträglicher Leiden. Das Klima im Hause wird gewalttätig. Der Einfluß des «Freundes» auf Waël wird immer mächtiger. Raffic nimmt ihm all sein Geld weg, indem er ihn in undurchsichtige Geschäfte verwickelt, wo Waël immer der Verlierer ist. Er bringt ihn sogar dazu, seine eigenen Schulden zu unterschreiben. Die Familie ist endgültig ruiniert. Waël ist nur noch ein Schatten seiner selbst. Er scheint weder handeln noch überhaupt nachdenken zu können. Die Katastrophen häufen sich.

Eines Tages bedroht Raffic Waël:

— Wenn du mir nicht einen Scheck von fünftausend Dollars ausstellst, dann wirst du einen Unfall haben und dir das Bein verletzen!

Waël zuckt mit den Schultern und dreht sich um.

Am nächsten Tag tut Waël einen unerklärlichen Fall; er erleidet mehrere Knochenbrüche am linken Schienbein und Wadenbein. Ein schwerer Unfall, der ihn hinkend zurückläßt.

— Sag deiner Frau, sie soll mir ihren Mercedes geben, anderenfalls wird sie das Kind verlieren, das sie erwartet!

Waël zwingt seine Frau, es zu tun. Der schreckliche sogenannte Freund verbietet Waël alle ehelichen Beziehungen und führt ihm einige junge, blonde und sehr teure Frauen zu.

— Dieser Mensch ist ein Teufel, beginnt Rita zu denken.

Waël verliert mehr und mehr seinen Verstand, er wird zu Hause gewalttätig und unberechenbar. Besonders nachts:

zwischen Mitternacht und drei Uhr morgens scheint er nicht mehr er selbst zu sein; er richtet sich in seinem Bette auf, läuft im Zimmer auf und ab und stößt unzusammenhängende Worte aus. Ein wirkliches Delirium!

— Mein Kopf explodiert, sagt er.

Die Familie ist am Ende ihrer Kräfte. Waël ist sich indessen der Tatsache bewußt, daß irgend etwas nicht richtig ist. Aber er ist verblendet und erkennt nicht die wahre Ursache seines Unglücks.

— Am Anfang verstand ich nicht, was da vor sich ging. Ich hatte aber bald die Ahnung, daß mein Mann von einer Kraft besessen war, die stärker ist als er selbst. Wenn wir gemeinsam eine Entscheidung zu treffen hatten, zum Beispiel, wohin wir in die Ferien fahren wollten, dann sagte Waël: «Ich muß darüber mit Raffic sprechen.» Da wußte ich, daß alles zu Ende war, daß alles anders geworden war —, und mein Mann wurde noch unentschiedener und noch unglücklicher. Ich habe mit allen Mitteln versucht zu erreichen, daß Waël ihn nicht mehr zu sehen bekäme, aber vergeblich. Eine unsichtbare Kette hielt meinen Mann in der Sklaverei. Ich war das letzte Hindernis, das noch beseitigt werden mußte, damit Raffic meinen Mann vollständig kontrollieren konnte.

Durch diese Kämpfe ist Rita vollständig erschöpft. Seit zehn Jahren tun ihr die Nieren weh. Seit sieben Jahren leidet sie an Inkontinenz und kann den Urin nicht zurückhalten, und das wird immer schlimmer. Sie muß fünfzehn- bis zwanzigmal in der Nacht aufstehen und verliert den Schlaf. Ein dumpfer, stechender Schmerz durchbohrt ihr das Herz. Was hat nur ihr Mann, den sie doch trotz allem noch liebt?

Angesichts so vielen Unglücks, das die Familie sich nicht erklären kann, suchen Waël und Rita Hilfe bei gewissen Mullahs, welche die Magie ausüben: geheime Schriften, Hypnosesitzungen, Anrufungen des Teufels, und all das muß teuer bezahlt werden. Sie wissen nicht, daß sie mit dem Feuer spielen, daß das alles von der Kirche in ihrer weisen Voraussicht verboten ist. Diese Mittel erreichen nichts. Im Gegenteil,

sie verschaffen dem Teufel immer neue Gelegenheiten, sich
ihrer zu bemächtigen: finanzielle Katastrophen, Streit und
Eifersucht, und Waël wird geisteskrank. Die Situation der
Familie verschlechtert sich zusehends.

In der Tat, Waël ist einer wirklichen Besessenheit anheimgefallen, die ihm seine ganze Freiheit genommen hat, sowie
jede Fähigkeit, zu denken und etwas aus eigenem Antrieb zu
tun. Er steht unter der Gewalt des Magiers, der mit ihm
macht, was immer er will, der ihm seinen Besitz wegnimmt
und seine Persönlichkeit zerstört.

Rita aber hat einen Glauben, der trotz all dieses Unglücks
nicht resigniert. Sie hört nicht auf, zum Herrn zu beten und
den Schutz der Gottesmutter anzurufen. Sie beginnt es zu
ahnen und wird bald die Sicherheit haben: ihr Mann ist das
Opfer der Dämonen. Das wird ihr an jenem Tag bestätigt, wo
sie eine heilige Messe für die Familie lesen läßt und wo sie
bei ihrer Rückkehr das ganze Haus durcheinandergewühlt
vorfindet: die Bilder liegen auf dem Boden, die Stühle sind
umgeworfen, die Vasen zerbrochen. Die Ikone der Gottesmutter liegt zertreten auf dem Parkett. Sie ist aber sicher:
niemand ist an diesem Nachmittag in ihre Wohnung gekommen. Sie selbst hat, ehe sie zur Kirche ging, das Haus sorgfältig verschlossen, und die Schlösser sind nicht aufgebro-
chen worden. Waël und die Kinder waren auf dem Lande.
Wer konnte nur eine solche Wut gegen eine heilige Messe
haben, dieses machtvollste Gebet der Kirche, das Opfer Jesu
Christi selbst, wenn nicht der Teufel in Person?

Als Waël nach Hause kommt und das Durcheinander in der
Wohnung sieht, sagt er seltsamerweise nichts, während die
Kinder vor Angst schreien. Waël ist wie abwesend, gleichgül-
tig wie stets. In der folgenden Nacht tritt wieder der Wahnsinnsanfall auf, und zwar wie üblich zwischen Mitternacht
und drei Uhr am Morgen. Die entsetzte Familie wagt mit
niemandem darüber zu sprechen.

Schließlich wendet sich Rita mit der Bitte um Rat an einen
in Beirut lebenden Jesuiten, der für sein Wissen und seine

Weisheit berühmt ist. Waël weigert sich hartnäckig, ihn zu sehen. Inzwischen ist Raffic, der von der libanesischen Polizei wegen Betrügereien gesucht wird, nach Venezuela entflohen. Das Böse, das er getan hat, bleibt aber weiter bestehen. Die Netze der Zaubereien, die er auf Waël ausgebreitet hatte, halten ihn weiterhin gefesselt: Angstzustände, Willenlosigkeit, Alpdruck... Waël ist krank, sehr krank. Kein Medikament kann ihm helfen, denn die Wurzel des Übels liegt im geistlichen Bereich.

Rita läßt diskret den Jesuitenpater zu sich in die Wohnung kommen, damit er dort einen Exorzismus durchführt: liturgische Gebete, Besprengung mit Weihwasser. Man entdeckt allerlei Gegenstände der schwarzen Magie: mit einer Stange durchstoßene Puppen, die jedes einzelne Familienmitglied repräsentieren, mit Zaubersprüchen bedeckte Talismane, Stoffetzen, die mit Schriftzügen beschrieben sind, die ein Uneingeweihter nicht zu entziffern vermag. Es sind in der Tat «Einladungen» an den Teufel, von diesem Orte Besitz zu ergreifen. Überall sind sie zu finden. Die ganze Wohnung ist voll davon, zur größten Überraschung von Rita. Nun wird alles ausgeräumt und verbrannt. Rita fragt:

— Ist das nun ein alberner Scherz, oder haben diese Dinge wirklich Macht über uns?

Der Jesuit, ein Intellektueller, der großes Ansehen genießt und gelehrte Bücher geschrieben hat, die in Frankreich veröffentlicht worden sind, ein Mann, der für abergläubische Geschichten oder ähnliche Albernheiten nichts übrig hat, antwortet mit dem ganzen Gewicht seiner Autorität:

— Rita, Sie sind in Gefahr! Was hier geschieht, ist sehr schwerwiegend, ähnlich den schlimmsten Praktiken, denen man in gewissen Gegenden Afrikas begegnen kann, wo die schwarze Magie kriminelle Ausmaße annimmt. Durch die Besessenheit von Waël ist jeder in Ihrer Familie bedroht.

Erst im Jahre 1993 ist Waël damit einverstanden, sich mit dem Priester zu treffen. Waël ist am Ende seiner Kräfte, unglücklich, ruiniert, nahe daran, geschieden zu werden. Ein

Exorzismus wird an ihm durchgeführt, eine qualvolle Sitzung mit krampfhaften Zuckungen und tierhaften Schreien. Nach eineinhalb Stunden kommt die Erlösung. Das ist aber erst der Beginn der Befreiung. Waël hat noch immer Angst. Die geschäftlichen Unternehmungen, die er zu tätigen versucht, sind eine nach der anderen ein Mißerfolg. Die Stimmung im Hause ist nach wie vor sehr gedrückt. Das Ehepaar denkt daran, sich zu trennen.

Am Sonntag, 4. September, nimmt Rita ihren Mann nach Jdaideh mit, zur heiligen Messe von Pater Tardif. Sie hat das Buch von Pater Tardif gelesen: *Jesus hat aus mir seinen Zeugen gemacht,* als sie im Krankenhaus lag, sie hatte nämlich gerade eine Operation hinter sich.

Pater Tardif verkündet die Heilung von zutiefst verletzten Ehepaaren, die schon an Scheidung gedacht hatten.

— Jesus erneuert die Liebe in Ihrer Ehe und heilt die emotionalen Wunden, die die Ursache Ihrer Schwierigkeiten waren! — Rita fühlt in diesem Augenblick ein starkes Stechen in der Bauchnarbe, die von der Operation herrührt. Dann spürt sie eine intensive Wärme, die ihren ganzen Körper durchströmt. Sie ist darüber sehr erstaunt, und sie kann sich nicht erklären, was da geschieht. Sie kehrt nach Hause zurück und verbringt das erstemal seit mehr als zehn Jahren eine ausgezeichnete Nacht mit tiefem Schlaf. Vom nächsten Morgen an ist ihr klar, daß der Herr sie endgültig von ihrer Inkontinenz geheilt hat.

Auch das Ehepaar ist geheilt. Waël bringt es fertig, diesem niederträchtigen Individuum zu verzeihen, das ihm so viel Böses getan hat. Er sieht jetzt klar, was in diesen verlorenen Jahren geschehen ist. Er ist endgültig von seiner Besessenheit geheilt. Die Macht der Zauberei ist gebrochen. Rita ist körperlich geheilt worden, Waël aber in geistlicher Hinsicht. Beide fühlen sich von neuer Hoffnung belebt. Rita und Waël versöhnen sich und loben gemeinsam den Herrn.

— Wir sind von neuem geboren! Danke, Herr!

Sie sind zwar ruiniert, aber glücklich und lieben sich mehr als je zuvor. Es ist jetzt der Zeitpunkt gekommen, die Familie auf gesunden Grundlagen wiederherzustellen.

Die Lehre der Kirche verbietet in ihrem Bestreben, die Gläubigen vor allem Übel zu bewahren, kategorisch jeden Umgang mit Magiern, Heilern und sogenannten Wahrsagern. Deren «Kunden», die zu ihnen kommen, wenn sie sich im Elend befinden, tun damit nichts anderes, als aus Unkenntnis, Naivität oder einfacher Neugier großes Unglück auf sich herabzuziehen; denn ohne daß sie es wissen, rufen sie den Teufel an, der den Menschen an sich ziehen will und seinen Durst nach geistlichen Dingen durch alle Arten von Verführungen zu stillen sucht. Damit wird es ihm ermöglicht, den Menschen zu beherrschen und ihn von Gott abzuwenden, gegen der er selbst sich aufgelehnt hatte. Jesus ist der einzige Herr, der Gesundheit, Wohlergehen und Glück zu geben vermag. Wer anders als er könnte es auch schenken, da er ja sein eigenes Leben dahingegeben hat, damit wir gerettet würden?

Auch Pater Dumont, dieser befreundete Jesuit, hat sich sehr über die Heilung von Waël und Rita gefreut: die widerliche Geschichte von einer Dauer von fünfzehn Jahren, dieses ganze Netz von Leiden, Lügen und Irrsinn endet schließlich für dieses Ehepaar in der Freude und im Glück einer wiedergefundenen Freiheit und einer erneuerten Liebe.

Kapitel XVIII

Zwillinge, nach sechzehn Jahren der Unfruchtbarkeit

— Es war unser großer Kummer, daß wir keine Kinder hatten, erzählt Therese. Simon und Therese sind seit sechzehn Jahren verheiratet. Keinem der zu Rate gezogenen Ärzte ist es gelungen, die Sterilität von Simon zu heilen. Die Samenflüssigkeit bei Simon enthält fast keine Spermien. Und diese wenigen sind zu schwach, um auf natürlichem Wege zur Gebärmutter vorzudringen und dort die Eizelle zu befruchten. Schließlich nehmen sie ihre Zuflucht zu einer Befruchtung *in vitro*. Eine große Zahl von Mißerfolgen, nämlich mehr als fünfzig, ließ sie schließlich entmutigt resignieren. Da sie nur wenig informiert sind, wissen sie gar nicht, daß die Kirche in ihrer mütterlichen Wachsamkeit die Anwendung dieser Methoden nicht erlaubt. Auch Therese hat gynäkologische Probleme: die Eizelle kann sich nicht im Eileiter festsetzen. Beide sind 37 Jahre alt, und sie können sich nicht damit abfinden, daß sie niemals Kinder haben werden.

— Gott kann uns doch nicht vergessen!, ruft Therese voll Glauben aus. Sie ist eine große Frau mit langen kastanienbraunen Haaren und unregelmäßigem Gesicht. In plötzlicher Hoffnung entschließt sie sich, wie schon oft, zu Füßen der Statue des heiligen Elias' in der benachbarten Pfarrkirche eine Kerze anzuzünden.

— Verschaffe mir durch die Hilfe Gottes ein Kind!, bittet sie flehentlich.

Therese verehrt ganz besonders den heiligen Elias, zu dem sie eine Novene nach der anderen hält. Auch pilgert sie zu den Wallfahrtsorten, die zu seiner Ehre errichtet worden sind.

Man kann sagen, daß der heilige Elias und der heilige Georg die im Libanon am meisten verehrten Heiligen sind. Wer hätte auch in seiner Familie oder unter seinen Freunden nicht zumindest einen, der diesen Vornamen trägt? Auch in den abgelegensten Dörfern befindet sich immer eine Statue oder ein Bild von diesem Heiligen, wie er über einem am Boden liegenden Heiden das Schwert in die Höhe hebt. Der heilige Elias ist die Verkörperung dessen, der das Recht verschafft, er ist der Lieblingsheilige der Unterdrückten. Der Tradition zufolge hat dieser große Prophet des Alten Testamentes eine Zeitlang im Libanon gelebt. Als er von Achab und dessen Frau Jezabel, deren Götzendienst er bekämpfte, verfolgt wurde, hat er bei einer armen Witwe in Sarepta, in der Nähe von Sidon in Phönizien, eine Zuflucht gefunden. Dort hat er zwei Wunder gewirkt, ehe er auf einem feurigen Wagen lebendig in den Himmel entführt worden ist, wie die Bibel es berichtet. Sein Fest wird am 20. Juli gefeiert. Haben die Amerikaner, als eifrige Bibelleser, nicht den 20. Juli 1969 gewählt, um mit dem Raumfahrzeug *Apollo* die erste Expedition zum Mond zu unternehmen, bei welcher zum ersten Mal Menschen auf dem Mond umhergehen konnten, nämlich Neil Armstrong und Edwin Aldrin, und zwar unter dem Patronat jenes Heiligen, der die Erde «in einem feurigen Wagen» verlassen hat! Und sieben Jahre später, am gleichen Tag, nämlich am 20. Juli 1976 — auch dieses Datum wurde zu Ehren des heiligen Elias' gewählt —, hat sich das erste Raumfahrzeug, Wiking I, auf dem Mars niedergelassen, um von dort aus Fotos auf die Erde zu senden.

Für Therese, Buchhalterin in einem Unternehmen, das sich mit der Verteilung von Medikamenten befaßt, wird diese Prüfung immer schwerer zu ertragen, denn die Chance, doch noch ein Kind zu bekommen, wird immer geringer. Die Sekte der Zeugen Jehovas lädt, durch Vermittlung von Nachbarn, Simon und Therese ein, an ihren Versammlungen teilzunehmen. Wenig informiert, lassen sie sich durch die Liebenswürdigkeit und die Ansprachen, die sie dort hören und die eine solche Autorität ausstrahlen, dazu verleiten, darüber nachzudenken, sich eventuell dort zu engagieren. Was Therese zurückhält, ist die Tatsache, daß man dort die Heiligen nicht liebt und den heiligen Elias schon gar nicht. Daher gehen die Eheleute nur von Zeit zu Zeit zu den Versammlungen der Sekte, die jedoch immer wieder Kontakt zu ihnen sucht.

— Es war wie in einer Familie. Untereinander liebte man sich sehr. Und außerdem geben sie viele Erklärungen über das Leben in Gott. Ich hatte niemals jemanden so sprechen gehört, und es war sehr interessant. Dazu kam noch die materielle Hilfe; sie geben ihren Mitgliedern einen bedeutenden Geldbetrag. Manche, die kommen, tun es zunächst aus diesem Grund.

Im Libanon beginnt die Propaganda der Sekten unter den Christen aus armem Milieu in der Tat zunächst mit Geldspenden. Da die Angesprochenen keine ausreichende religiöse Belehrung erhalten haben, sehen sie im ersten Augenblick nicht den Unterschied zu den traditionellen Kirchen. Sie hören dort sorgfältig ausgearbeitete, überzeugende Vorträge, und die Leute sind begeistert davon. Plötzlich verfügt man über Argumente, Grundlagen für eine Diskussion, die in einem wenig gebildeten Milieu großen Eindruck hinterlassen. Es sind Schlagwörter ohne biblische Grundlage, die von jedem, der auch nur ein wenig nachzudenken vermag, ohne weiteres widerlegt werden können. Für Simon und Therese sind es nicht die Ungereimtheiten in der Lehre, die sie daran hindern, bei den Zeugen Jehovas einzutreten, es ist vielmehr die Tatsache, daß sie den heiligen Elias nicht verehren, eben diesen Zerschmetterer der heidnischen Häresien. Ohne es zu wissen, ist es diese Verbundenheit mit der ganzen Tradition ihres christlichen Glaubens, die sich für sie im heiligen Elias verkörpert, die sie daran hindert, dieser Sekte anheimzufallen.

An diesem Dienstag, 6. September, sind Simon und Therese im Gebirge. Sie verfolgen am Fernsehen die Messe von Pater Tardif. Bei ihnen befinden sich ihre Freunde, die Zeugen Jehovas. Therese hofft auf ein Wunder. Thereses Mutter ist aus Bußgesinnung barfuß nach Jdaideh gegangen, um Gott anzuflehen, das so sehr erwartete Kind zu schenken. Beim Heilungsgebet verkündet Pater Tardif, daß es Ehepaare gebe, die bis jetzt keine Kinder bekommen konnten, die aber im folgenden Jahr ein Kind haben würden.

— Das ist für mich! Gott heilt uns!

Therese jubelt und geht hinaus, um den Zeugen Jehovas, die draußen stehen und Kaffee trinken, ihre Hoffnung auf eine baldige Mutterschaft zu verkünden. Sie lachen Therese aus:

— Unmöglich! Wunder gibt es heute nicht mehr!

Die Sekte glaubt nicht an das Eingreifen eines lebendigen Gottes, der dem heutigen Menschen so nahe sein kann.

— Hör auf zu träumen!

Therese zuckt zusammen, als ob sie jemand ins Gesicht geschlagen hätte. Im Tiefsten ihres Herzens weiß sie, daß Gott lebt und daß es Wunder gibt. Therese hört nicht mehr auf sie. Sie erklärt mit Nachdruck:

— Ich träume nicht! Jesus Christus lebt, er ist auferstanden, und er kann uns heilen!

Ja, Jesus lebt, und ein paar Wochen später weiß Therese, daß sie gesegneten Leibes ist. Sie hatte nie gezweifelt, und die Bestätigung des Arztes hat sie nicht erstaunt. Und da Gott immer weitaus großzügiger ist, als man es für möglich hält, ist es nicht nur _ein_ Kind, sondern sind es gleich zwei, die neun Monate später zur Welt kommen, zwei wunderschöne Zwillinge, Eliane und Elisa, die, wie ihr es wohl schon erraten habt, zu Ehren des lieben heiligen Elias' so genannt worden sind!

Was aber die Zeugen Jehovas betrifft, so haben sie nun einen Stützpunkt in diesem Stadtteil verloren, denn alle ihre Mitglieder dort konnten sich der Tatsache nicht verschließen: der Gott der Christen ist ein lebendiger Gott. Und sie haben die Sekte verlassen!

— Auch das hat der heilige Elias bewirkt!, erklärt Therese aus voller Überzeugung.

Kapitel XIX

In Paray-le-Monial, am 4. August 1995

Elf Monate nach seiner Ankunft im Libanon, ist Pater Tardif jetzt, am 4. August 1995, wieder in Frankreich, in Paray-le-Monial. Der Pater ist im Laufe des Jahres um die ganze Welt gereist. Er war in acht asiatischen Ländern, in Australien und in Lateinamerika. Heute sind 25000 Personen in Paray-le-Monial zusammengekommen. Anna-Sophia ist auch da. Sie kommt eben aus dem Libanon. Ihre beiden Jahre des freiwilligen Einsatzes sind beendet. Ein Stück ihres Herzens ist aber dort geblieben, wie es immer der Fall ist, wenn man sich hingibt und wenn das Volk, das einen aufgenommen hat, so gastfreundlich, so einfach und so liebenswürdig ist. Heute leitet sie das Team des ersten Programms des französischen Fernsehens. Diese bedeutende Fernsehanstalt ist nämlich gekommen, um eine Reportage über dieses Ereignis zu senden. Die heilige Messe für die Kranken ist voll Prachtentfaltung, die Gesänge sind erhebend. Es scheint, daß das Heilungscharisma von Pater Tardif sich immer mehr bestätigt und immer stärker wird. Er hört nicht auf, immer neue Heilungen anzukündigen, die der Herr in der Versammlung bewirkt.

— Ein Mann, der an einer starken Diabetes litt, wird jetzt geheilt. Du hattest ein Geschwür am Fuß, das brandig geworden war. Der Herr ist dabei, dich jetzt vollständig zu heilen. Wo bist du?, fragt Pater Tardif am Mikrofon die Menge.

Zehn Minuten später zeigt sich auf dem Podium ein Mann von etwa fünfzig Jahren. Er ist es!

Pater Abi Akar, ein libanesischer Priester, den ich im Flugzeug von Paris nach Beirut getroffen habe, wird mir drei Wochen später erzählen:

— Ich war an jenem Tage in Paray-le-Monial mit Ali, einem jungen Libanesen moslemischer Herkunft, der vor zwei Jahren in Frankreich um die Taufe gebeten hatte. Sein Adoptivvater, ein Franzose, war sechs Monate zuvor an einem durch eine Diabetes verursachten brandigen Geschwür am Fuß gestorben. Als Ali dieses Wort der Erkenntnis gehört hatte, brach er in Tränen aus:

— Wenn mein Vater sechs Monate länger gelebt hätte, dann wäre er vielleicht geheilt worden, dachte er.

In diesem Augenblick geht ein neben Pater Tardif sitzendes junges Mädchen zum Mikrofon. Das Charisma des Wortes der Erkenntnis beginnt sich heute immer mehr zu verbreiten. Sie verkündet:

— Es befindet sich hier ein Mann, der sehr betrübt ist, weil einer seiner Angehörigen, den er sehr geliebt hat, vor kurzem an der gleichen Krankheit gestorben ist, von der unser Bruder jetzt geheilt wurde. Der Herr will es dir an diesem Nachmittag noch einmal sagen, wie sehr er dich liebt mit ganz besonderer Liebe, und wie nahe er deinem Leiden ist. Er wird dich auf ganz besondere Weise trösten und dir eine neue Freude schenken, die du dir gar nicht vorstellen kannst. Vertrauen, mein Bruder, und sieh!

Dieses Wort dringt tief in das Herz des jungen Libanesen. Er zittert vor Freude. Er weiß, daß es Jesus ist, der zu ihm gesprochen hat, daß er nicht verlassen ist und daß der Herr ihm niemals so nahe gewesen war. Ein unermeßliches Glück, eine Fülle, ein echter Trost durchdringen ihn in den zutiefst verletzten Bereichen seines Wesens. Ali tut einen Freudenschrei, er springt auf und stürzt sich in die Arme von Pater Abi Nakar, der ihn voller Liebe umarmt. Es ist für Ali ein radikaler Ruf:

— Wie gut ist der Herr! Ich werde ihm mein Leben schenken, flüstert er.

Pater Abi Akar ist nicht erstaunt. Er selbst wurde erst spät berufen, als er etwa fünfzig Jahre alt war, nachdem er auf wunderbare Weise von einem Krebsleiden geheilt worden war, bei dem es bereits Metastasen gegeben und keine Hoffnung auf Genesung mehr bestanden hatte. Als er geheilt worden war, beschloß er, Priester zu werden, um dem Herrn noch besser zu dienen.

— Mein kleiner Ali, wir werden sehen! Jetzt aber wollen wir uns freuen mit der Freude, die der Heilige Geist uns allen schenkt!

Ein schüchternes, spindeldürres junges Mädchen kommt am Abend dieses Tages zu Anna-Sophia:

— Man hat mir gesagt, daß ich mich an Sie wenden soll, um mein Zeugnis zu geben...

Die Untersuchungen zur Feststellung von Heilungen, die ein Jahr lang mit so viel Sachkenntnis von Anna-Sophia im Libanon durchgeführt worden waren, sind in Frankreich nicht unbemerkt geblieben. Man bittet sie fortzufahren. Sie ist also damit beauftragt, diejenigen Personen zu empfangen, die der Überzeugung sind, geheilt worden zu sein.

— Guten Tag! Herzlich willkommen! Bitte nehmen Sie Platz! Ich höre Ihnen zu!

— Ich heiße Maria Lambert, ich bin aus Bordeaux. Ich wurde vor zwei Jahren von Aids geheilt. Meine Eltern, Eduard und Anna Lambert, sind hierher, nach Paray-le-Monial gekommen, um für mich zu beten. Ich selbst habe nämlich damals an nichts geglaubt. Wissen Sie, seit ich fünfzehn Jahre war, habe ich Drogen genommen. Ich war schließlich bei sieben oder acht Heroinspritzen am Tag angelangt. Seit 1989 war ich seropositiv, und im Jahre 1992 ist dann die Aids-Krankheit ausgebrochen.

Maria wartet ein wenig. Anna-Sophia hält den Atem an. Sie ist unmittelbarer Zeuge des Wirkens der Liebe und der

Macht Gottes. Man wird ja niemals spontan von Aids geheilt!
Nur im Fall eines Wunders! Die Aids-Krankheit ist wirklich der Aussatz des 20. Jahr-
hunderts, mit ihrem ganzen Gefolge von Ausschließung,
Verzweiflung und Tod. Das Evangelium berichtet von vielen
Aussätzigen, denen Jesus besonders häufig begegnete, um
sie zu heilen und aufzurichten. Maria erzählt weiter:

— Ich mußte mich jeden Monat zu serologischen Untersuchungen ins Pasteur-Hospital nach Bordeaux begeben. Die
betreffende Dienststelle überbrachte mir durch Vermittlung
der Sozialarbeiterin in Verbindung mit der Aids-Assoziation
in Aquitanien die Untersuchungsergebnisse. Diese wurden
immer katastrophaler. Die Krankheit schritt sehr rasch
voran. — Ende September 1993, drei Wochen nach dem Tag
für die Kranken in Paray-le-Monial wird die Sozialarbeiterin
zum Arzt gerufen:

— Sie haben aber eine seltsame Kranke da! Der Maria
Lambert fehlt überhaupt nichts! Alle Tests sind negativ!

Ich war auf unerklärliche Weise geheilt worden, von der
Aids-Krankheit vollständig geheilt!

Anna-Sophia vertieft sich in den folgenden Tagen in die
Krankengeschichte von Maria Lambert und läßt sie auch von
Ärzten begutachten. Alle bestätigen, daß Maria wirklich von
Aids befallen war und daß sie es jetzt nicht mehr ist. Es gibt
bis jetzt nur drei Aids-Kranke, die, soweit gegenwärtig
bekannt, durch das Gebet von Pater Tardif geheilt worden
sind: einer in Miami, einer in New York und Maria aus Bordeaux. Maria scheint in psychologischer Hinsicht wenig
belastbar zu sein:

— Und die Droge, Maria, wie steht es denn jetzt damit?

— Schluß! Basta! Der Herr hat mich davon befreit, und
zwar ein Jahr nach meiner Heilung von der Aids-Krankheit,
im September 1994. Meine Eltern haben mich in eine Gebetsgruppe mitgenommen, wo man für die Kranken betete, und
ich war einverstanden mitzugehen. Ich hatte schreckliche
Schmerzen in den Kiefern. Sechzehn Jahre des Drogenge-

brauchs hatten mir die Knochen geschwächt und die Zähne gelockert. Aus dem Zahnfleisch trat Eiter heraus, meine Lippen waren so verklebt, daß ich mich nicht mehr ernähren konnte. Ich war am Ende. Man hatte uns vorgeschlagen, den Herrn um das zu bitten, was man ersehnte. Ich habe ausgerufen:

— Trinken können!

Und ich bin nach vorne gegangen, damit man für mich betete. Es waren nämlich Kinder da, die für diejenigen Kranken beteten, die es wünschten. Das Evangelium sagt, daß die Kinder rein sind. Ihr Gebet steigt unmittelbar auf zu Gott. Zwei Kinder von ungefähr sechs Jahren haben mir die Hände aufgelegt, und dann bin ich an meinen Platz in der Kirche zurückgekehrt. Einige Augenblicke später habe ich die Zunge im Munde bewegt: mein Zahnfleisch war ganz gesund geworden, während ich es vorher nicht einmal leise berühren konnte. Ich habe meinen Vater gebeten, mit aller Kraft auf das Zahnfleisch im Oberkiefer zu drücken, dort hatte ich nämlich die meisten Schmerzen gehabt. Es tat überhaupt nicht weh! Ich war vollständig geheilt. Das Beste war, daß ich in wenigen Augenblicken auch vollständig von der Droge geheilt worden war. Und zwar endgültig! Ich bin von einem Tag zum anderen von acht Heroinspritzen täglich zur vollständigen Drogenfreiheit gelangt, ohne die geringsten Entzugserscheinungen. Bei einer so starken Drogenabhängigkeit, wie es die meinige war, ist das fast unmöglich. Ich hatte auch stark entzündete Augen und mußte eine Brille tragen. Jetzt aber sehe ich sehr gut!

Anna-Sophia ist voll Staunen. Sie hat schon so viele Großtaten Gottes gesehen, aber was sie heute erlebt hat...

— Manchmal sage ich mir, daß niemand mir glauben würde, wenn ich in meiner Umgebung all das, was ich erlebe, erzählte, denkt sie. Dann sagt sie zu Maria:

— Und jetzt, Maria, was gedenkst du zu tun?

Das junge Mädchen schaut mit einem klaren Blick über den Kopf von Anna-Sophia hinweg und scheint einen fernen

Punkt am Himmel zu betrachten. Das Gesicht, das noch von den sechzehn Jahren der «Sklaverei» gezeichnet ist, von Diebstahl, Prostitution, Krankheit und Unstetigkeit, nimmt einen gesunden, glücklichen und zutiefst friedvollen Ausdruck an. Nach einem kurzen Schweigen, das wie ein Gebet aussieht, flüstert sie:

Ich habe die Liebe des Herrn entdeckt. Diese Liebe, nach der ich auf der Suche war. Vor allem die bedingungslose Treue habe ich endlich gefunden, ich, die ich immer wieder verraten und verlassen worden war. Was Gott für mich getan hat, das will ich mit der ganzen Kraft meines Wesens nun den anderen weitergeben. Ich war in der Hölle, wissen Sie! Das Himmelreich ist aber mitten unter uns. Gott war es, der mich suchte, und ich wußte es nicht! Ich habe eine Probezeit von vier Monaten in einem Karmel verbracht. Ich habe mich dort vollständig an meinem Platz gefühlt. Dort ist es, wohin mich Jesus ruft. Ich werde im nächsten Oktober dort eintreten. Jesus ist der Weg zum Glück!

Das Heil! Das Beispiel der Heilung, ganz unverfälscht! Jesus ist gekommen, um die zu retten und zu heilen, die verloren waren. Er entreißt diejenigen aus der Hölle, die hineingefallen waren. Er erhebt sie und krönt sie mit Herrlichkeit!

Wie kommt es nur, daß unsere Gesellschaft, der es so gut gelungen ist, sich Gottes, dieses Störenfriedes, zu entledigen, noch immer fortfährt, diese wahre, lebendige und tätige Liebe des Herrn zu leugnen und sich statt dessen einigen elenden Ersatzbefriedigungen zuzuwenden? Wirklich, es gibt keine beklagenswerteren Gehörlosen als die, die nicht hören wollen, keine beklagenswerteren Blinden als die, die nicht sehen wollen. Diese Macht Gottes, die sich in seinen Wohltaten ausdrückt, zeigt seine unbegrenzte Fähigkeit, den Menschen zu lieben, wenn dieser nur zustimmt, sich lieben zu lassen...

Das Evangelium verkündet den Armen eine frohe Botschaft. Gleichzeitig aber ruft es zu einem bedürfnisloseren

Leben auf, ohne Kompromisse und ohne Begehrlichkeit. Wenn wir von aller Anhänglichkeit befreit sind, vermögen wir in Fülle zu leben. Das wird jetzt die radikale Wahl Marias sein. Sie steht nun mit glücklichem Lächeln auf, diese so kleine, so zarte Gestalt, und sie entfernt sich unbemerkt.

Am nächsten Tag habe ich Gelegenheit, in Paris mit Pater Tardif zu sprechen, der am 5. August 1995 aus Paray-le-Monial zurückgekommen ist. Er spricht noch einmal mit Begeisterung von den wundervollen Tagen, die er im Jahre zuvor im Libanon verbracht hatte.

— Einer der früheren Oberen meiner Kongregation konnte all diese Wundergeschichten, die meine Person umgaben, nicht mehr ertragen. Für ihn bestand ein priesterlicher Dienst darin, mit menschlichen Mitteln im sozialen Bereich für die Armen tätig zu sein. Natürlich, das ist wichtig, aber er hatte nicht verstanden, daß man auch dem Herrn eine Initiative gewähren muß, um ihn wirken zu lassen. Drei Wochen nach meinem Besuch im Libanon hat auch er sich dorthin begeben. Man sprach von nichts anderem als von dem, was sich zugetragen hatte. Als er mir vor kurzem in Rom begegnete, hat er zu mir gesagt:

— Emiliano, ich habe verstanden, wie wichtig dein Gebetsapostolat im Libanon gewesen ist. Es ist dort unglaublich viel Gutes geschehen. Es ist wirklich ein neues Pfingstfest, das der Herr dieser Kirche, diesem Volke geschenkt hat! Was dich betrifft, so habe ich jetzt meine Ansicht geändert, und ich kann nicht anders, als voll Bewunderung sein über all das, was geschieht!

Pater Tardif zwinkert mir mit den Augen zu:

— Das hier ist auch ein kleines Wunder!

Rasch entgegne ich:

— Kommen Sie recht bald wieder in den Libanon. Diese Christen im Vorderen Orient haben es so nötig, gestärkt und ermutigt zu werden!

Ich sage das gleichsam als Scherz, ohne wirklich daran zu glauben, denn die Zeit des Paters ist so ausgefüllt, daß er seine Predigtreisen mehrere Jahre im voraus plant. Zu meiner großen Überraschung sagt er zu mir:

— Diese Region ist von solcher Wichtigkeit! Vielleicht gelingt es mir, mich am nächsten 14. und 15. Oktober freizumachen, wenn ich in Rom Exerzitien halten werde. Und von Rom nach Beirut, das sind drei Stunden, nicht wahr?

Eine Bagatelle für diesen unermüdlichen Reisenden! Unverzüglich werden die nötigen Verbindungen mit dem Erzbischof von Beirut aufgenommen. Per Fax kommt die Bestätigung. Alle sind einverstanden. Das wunderbare Abenteuer wird in einigen Wochen wieder neu beginnen. Nun muß ich schnell nach Beirut zurückkehren, um alles vorzubereiten! Während das Flugzeug sich vom Boden erhebt, flüstere ich ein Gebet, den Kopf noch ganz voll von den Wundern Gottes, welche ich vor kurzem gesehen habe, und das Herz übervoll von einer unermeßlichen Hoffnung:

— An dir ist es jetzt zu handeln, Herr Jesus! Fahre fort, alle diejenigen zu heilen und zu retten, die sich zu dir wenden!

Anmerkungen des Autors:

Alle in diesem Bericht enthaltenen Tatsachen sind ganz exakt. Einige Eigennamen sind auf Bitten der betreffenden Personen abgeändert worden.

Inhaltsverzeichnis